O ORGASMO MÚLTIPLO DA MULHER

Mantak Chia e Rachel Carlton Abrams

O ORGASMO MÚLTIPLO DA MULHER

Segredos para você sentir mais desejo e tirar todo o proveito dele

Tradução
Claudia Martinelli Gama

FONTANAR

EDITORA OBJETIVA LTDA. Rua Cosme Velho, 103
Rio de Janeiro – RJ – CEP: 22241-090
Tel.: (21) 2199-7824 – Fax: (21) 2199-7825
www.objetiva.com.br

Título original
The Multi-orgasmic Woman

Capa
Tita Nigrí

Imagem de capa
Sergio Greif

Ilustrações
Karen Kuchar

Revisão
Catharina Epprecht
Lilia Zanetti
Cristiane Pacanowski

Editoração eletrônica
Abreu's System Ltda.

CIP-BRASIL. CATALOGAÇÃO-NA-FONTE
SINDICATO NACIONAL DOS EDITORES DE LIVROS, RJ

C453o Chia, Mantak
O orgasmo múltiplo da mulher : segredos para você sentir mais desejo e tirar todo o proveito dele / Mantak Chia e Rachel Carlton Abrams ; tradução de Claudia Martinelli Gama. - Rio de Janeiro : Objetiva, 2008.
270p. : il.

Tradução de: *The Multi-orgasmic Woman*
Anexos
Contém exercícios
ISBN 978-85-7302-909-3

1. Educação sexual da mulher. 2. Mulheres - Comportamento sexual. 3. Orgasmo feminino. 4. Sexo - Aspectos religiosos - Taoísmo. I. Abrams, Rachel Carlton. II. Título.

08-2291. CDD: 613.954
CDU: 613.88-055.2

Para Mild, Eliana e Kayla,
para as mulheres que vocês se tornarão

SUMÁRIO

CAPÍTULO 9

ANEXO 1

LISTA DE EXERCÍCIOS

ADVERTÊNCIA

Estes são exercícios poderosos. As técnicas apresentadas neste livro podem melhorar profundamente sua saúde e também sua sexualidade. Mas se você tem algum problema físico, deve consultar um médico. As pessoas que têm pressão alta, doença cardíaca ou constituição física frágil devem fazer com cautela os exercícios contidos neste livro. Se tiver alguma dúvida sobre os exercícios ou se encontrar alguma dificuldade, você deve entrar em contato com um instrutor do Tao universal na sua região.

A prática faz o prazer. Como este livro se baseia em uma tradição de 3 mil anos de experiência sexual efetiva, os autores têm plena consciência do esforço envolvido — por mais prazeroso que possa ser — para mudar a sua vida sexual. Aprender segredos sexuais é uma coisa, mas usá-los é algo bem diferente. As técnicas neste livro foram testadas e refinadas por incontáveis amantes, ao longo de milhares de anos, no laboratório da vida real. Tentamos apresentá-las da maneira mais clara e simples possível, mas o único modo de tirar proveito delas é usá-las para valer.

PREFÁCIO

Muitas pessoas se perguntam por que uma médica moderna e de formação ocidental resolveria escrever um livro sobre antigas práticas sexuais taoístas. A razão é simples: como uma médica apaixonada pela saúde e sexualidade femininas, eu me interesso pelo que dá certo para as mulheres. Como mulher, porém, fico profundamente impressionada pelo incrível prazer e harmonia proporcionados pelos métodos taoístas de fazer amor. Meu primeiro contato com a sexualidade taoísta ocorreu durante o curso de medicina, quando Doug, meu marido, começou a trabalhar com o mestre Mantak Chia em um livro sobre a sexualidade masculina. A princípio, eu via com ceticismo as afirmativas tradicionais de que as práticas sexuais taoístas melhoram a saúde, mas elas são, de fato, as técnicas mais eficazes para a cura e a transformação sexuais que já vi, tanto na vida pessoal quanto na vida profissional.

À medida que aumentaram as exigências em minha vida, incluindo a residência médica e o nascimento dos nossos três filhos, comecei a explorar os princípios sexuais e energéticos taoístas especificamente para mulheres. Os benefícios para o meu nível de energia e bem-estar, tanto na cama quanto fora de casa, foram enormes. Fiquei extremamente grata pela alegria e pelo prazer que as práticas taoístas trouxeram à minha vida. Em seguida, depois que passei a clinicar como médica de família com especialização em saúde feminina, meu interesse pela sexualidade taoísta se tornou profissional e pessoal. Enquanto assistia ao imenso sofrimento e frustração que tantas mulheres viviam em suas vidas sexuais, percebi a necessidade de uma compreensão mais saudável e mais holística da energia sexual e do prazer sexual das mulheres.

Aprendi essas práticas com o mestre Chia, que começou o estudo das práticas taoístas quando criança e está sempre estudando com muitos grandes mestres taoístas (assim como com mestres iogues e budistas). Ele é o fundador de um sistema abrangente de prática e cura taoístas chamado Tao universal (anteriormente chamado Tao curador). No Tao universal, ele refinou a essência da sabedoria sexual taoísta para criar um sistema único que ele chama Amor curador. Ao longo dos últimos trinta anos, ele tem ensinado o Amor curador a centenas de milhares de pessoas pelo mundo afora. Primeiramente, mestre Chia escreveu *O orgasmo múltiplo do homem*, em co-autoria com meu marido, para divulgar entre os homens uma compreensão mais equilibrada e mais satisfatória da sexualidade masculina. Depois da ampla recepção daquele livro, Doug e eu, em co-autoria com Mantak Chia e Maneewan Chia, escrevemos *O orgasmo múltiplo do casal*, para oferecer aos casais uma oportunidade de explorar as relações mais íntimas e profundas que os homens haviam descoberto no primeiro livro. Percebi, porém, que era impossível, em um livro para casais, abordar a rica, sutil, variada e às vezes difícil sexualidade feminina com a profundidade que ela merece. Desde então, ficou claro para mim, ouvindo as histórias de inúmeras leitoras, pacientes e amigas, que muitíssimas mulheres enfrentam dificuldades para aceitar e cultivar a plenitude do próprio desejo, e dificuldades ainda maiores para experimentar orgasmos múltiplos. Minha esperança é que este novo livro, escrito especificamente para mulheres, vá ajudar todas as mulheres a experimentar um nível de alegria e satisfação que talvez não soubessem ser possível.

A sexualidade taoísta serve para lembrar que só podemos levar uma vida verdadeiramente saudável, dinâmica e significativa se estivermos ligadas à fonte de todo o nosso desejo e vitalidade — ou seja, nossa energia sexual. Nossa energia sexual não é opcional, não é um luxo. É nada menos do que uma importante fonte da energia que temos na vida como um todo. É um manancial de incrível poder e alegria para nós, se soubermos cultivá-la. Os exercícios simples irão ensiná-la a usar as próprias reservas energéticas do seu corpo para aumentar o seu prazer sexual e curar o seu corpo profundamente. Você conseguirá desenvolver e ampliar a sua capacidade de orgasmo e, então, usar o seu prazer e a sua energia sexual para trazer alegria e vitalidade a toda a sua vida.

Ao longo do livro, irei entremeando as histórias das minhas pacientes e alunas em suas viagens rumo a maior prazer e realização por meio da prática sexual taoísta. Embora as percepções e os exercícios sejam oriundos tanto de um mestre taoísta quanto de uma médica ocidental, decidimos que eu escreveria este livro na primeira pessoa. Achamos que isso é importante para o nível de franqueza e intimidade que é essencial para um tema tão pessoal e profundo quanto a sexualidade. Embora seja médica e estudante do taoísmo, espero que você me veja simplesmente como uma amiga e uma companheira na sua viagem para experimentar todo o seu desejo, prazer e vitalidade.

Ao arranjar tempo para explorar o seu prazer e liberar a sua energia sexual, você dará a si mesma um presente extremamente precioso. Estará também dando um presente a todas as outras pessoas da sua vida — não só a seu parceiro, se o tiver, como também a todos de que gosta e que gostam de você. Quanto mais realizada você estiver — sexual, emocional e espiritualmente —, mais energia e alegria terá para partilhar com todos na sua vida. *O Orgasmo Múltiplo da Mulher* foi escrito para ajudá-la a aceitar a paixão e explorar o potencial que toda mulher tem para atingir a realização sexual e pessoal.

Rachel Carlton Abrams
Dezembro de 2004, Santa Cruz, Califórnia

AGRADECIMENTOS

Desejo manifestar a minha gratidão às muitas gerações de mestres taoístas que transmitiram o seu conhecimento, possibilitando que ele chegasse a mim. Gostaria também de manifestar o meu reconhecimento às instrutoras do Tao universal Sarina C. Stone, Saida E. Desilets e Jutta Kellenberger, e a muitos outros instrutores de Tao, pelas suas perceptivas contribuições a este livro. E agradeço especialmente à co-autora, dra. Rachel Carlton Abrams, os seus esforços inestimáveis para assimilar e integrar esses pontos particularmente sensíveis e importantes ao redigir este livro.

M.C.

Gostaria de agradecer a todas as mulheres maravilhosas que partilharam comigo as suas experiências e seus desafios sexuais, em seminários, entrevistas e na minha clínica. Os seus relatos me animaram a ensinar estes exercícios e as suas palavras enchem este livro com percepções e humor inigualáveis. Agradecimentos especiais às mulheres das manhãs de domingo pelo amor, pelo riso e pela disposição para tentar praticamente tudo. Muitos agradecimentos também a Heather, Victoria, Molly e Charlea pela inestimável (e impiedosa) preparação dos originais, pelos conselhos e apoio. E não sei como eu teria completado todos os preparativos sem o trabalho fundamental de Janet.

Gostaria especialmente de agradecer às instrutoras do Tao universal que contribuíram para o livro com a sua sabedoria e inestimável experiência — Angela Wu, Dena Saxer, Lee Holden, Marcia Kerwit, Raven Cohan, Sarina Stone, Saida Desilets e Saumya Comer —, assim como aos muitos outros instrutores que vêm trabalhando há muitos anos para simplificar e aperfeiçoar os exercícios aqui apresentados.

Gostaria de agradecer à nossa talentosa agente Heide Lange, cujo animado interesse pelo livro me persuadiu a escrevê-lo. Muitos agradecimentos às nossas editoras na Rodale Press, a Stephanie Tade pelo grande entusiasmo e apoio, e a Jennifer Kushnier pela editoração minuciosa e o empenho infatigável para dar a este livro a alta qualidade que ele tem. Gostaria também de agradecer à excelente equipe da Rodale, que trabalhou com tanto afinco para tornar este livro um sucesso e lançá-lo no mundo.

Acima de tudo, quero agradecer à minha família — a meus filhos, Jesse, Kayla e Eliana, pela paciência durante as centenas de horas de redação, bem como pelos muitos abraços de encorajamento. À minha irmã, Lisa, a voz sensata na minha mente e no meu coração quando as coisas ficavam meio loucas. A papai, que me ama aconteça o que acontecer. E a mamãe, meu anjo protetor, como posso agradecer-lhe o suficiente? — pelo apoio inabalável a mim e à minha família sob a pressão de prazos de entrega, e pela insistência em que eu posso fazer qualquer coisa a que me dedicar. E, mais que tudo, a Douglas, o amor da minha vida, minha inspiração, meu melhor editor e meu maior apoio ao escrever este livro. Obrigada pelo seu amor, sua paixão e seu companheirismo no caminho espiritual.

R.C.A.

INTRODUÇÃO

O PODER DO PRAZER

O prazer de uma mulher é tão poderoso e arrebatador quanto qualquer força na Terra. Talvez você ainda não o sinta, mas no seu íntimo existe um manancial de vitalidade que pode transformar o seu prazer sexual e iluminar a sua vida. Com freqüência, pensamos no sexo como algo separado do resto da nossa vida, mas nada poderia estar mais longe da verdade. A vida sexual reflete a nossa saúde em geral, nossos relacionamentos e bem-estar emocional no nível mais profundo. Sem dúvida, é verdade que quem somos e o que vivenciamos afeta a nossa sexualidade, mas é também verdade que fazer modificações na nossa vida sexual pode transformar as outras partes da nossa vida, inclusive os nossos relacionamentos.

O taoísmo, um antigo sistema chinês de cura e espiritualidade, sempre compreendeu o fato de que a sexualidade é parte integrante da nossa saúde e nosso bem-estar. Os médicos chineses antigos faziam perguntas sobre desejo e atividade sexual como parte rotineira da avaliação da saúde de uma pessoa. Eles até prescreviam relações sexuais em determinados momentos do dia, ou em determinadas posições, para tratar doenças. Neste livro, Mantak Chia e eu juntaremos esse conhecimento taoísta com descobertas da medicina moderna para oferecer um programa eficiente que acenderá o seu desejo e aumentará o seu prazer sexual.

Como médica holística, estou empenhada em oferecer o melhor das medicinas tradicional e complementar para abordar as questões mais urgentes na vida das mulheres. Percebi que diversas vezes a saúde e o bem-estar da mulher como um todo são tremendamente afetados pela qualidade e a freqüência das suas experiências sexuais. E, lamentavelmente, um número excessivo de mulheres não está experimentando o prazer e a satisfação sexual de que precisam e que merecem. Segundo pesquisas, 25% de todas as mulheres dos Estados Unidos nunca tiveram um orgasmo, mais da metade não tem orgasmo regularmente e ainda menos mulheres, somente 20%, têm orgasmos múltiplos.

Algumas de nós experimentam a alegria, a união e a harmonia espiritual mais profundas durante as relações sexuais. Muitas de nós talvez tenham percebido apenas raros vislumbres do que é possível na união sexual íntima. E ainda outras de nós podem ter sido impedidas de reivindicar o nosso pleno potencial sexual devido a experiências sexuais dolorosas. Este livro irá conduzi-la na sua viagem pessoal para descobrir seu poder e prazer sexual e lhe mostrará como usar esse poder para transformar a sua vida.

No capítulo 1, você vai elaborar um plano pessoal de satisfação sexual que a ajudará a escolher os capítulos, as técnicas e os exercícios que mais lhe serão úteis. Nos capítulos 2 e 3, você vai aprender a desenvolver o seu desejo e equilibrar a sua energia. Nos capítulos 4 e 5, vai descobrir o que a impede de obter o pleno prazer de seus orgasmos e aprender as melhores técnicas para ter orgasmos com facilidade — e com freqüência. Nos capítulos 6 e 7, mostrarei como expandir esses orgasmos em orgasmos do corpo inteiro e como ampliá-los, com a respiração, em orgasmos múltiplos mais longos e mais intensos. Por fim, nos capítulos 8 e 9, eu a ajudarei a manter a saúde sexual e o bem-estar ao longo da vida e lhe mostrarei como pode começar a usá-los para o seu crescimento emocional e espiritual.

O desenvolvimento da sua capacidade de orgasmos múltiplos exige que examinemos a sua energia sexual e anatomia do prazer. Com "energia sexual", quero simplesmente dizer o seu desejo, a sua paixão ou sua libido, como os médicos as vezes chamam. Quanto mais energia sexual ou desejo você tiver, mais fácil lhe será ter orgasmos. Os taoístas consideram a energia sexual a fonte mais poderosa da nossa energia vital total, ou *chi*, que é responsável pela nossa saúde e disposição. Se a sua energia está sendo drenada por um trabalho exigente, responsabilidades familiares, pressões financeiras, saúde precária ou vícios, será mais difícil para você ter a energia sexual de que precisa para relações sexuais satisfatórias.

A baixa energia sexual não só torna mais difícil ter orgasmo, como torna menos provável que você sequer queira fazer sexo. Um recente e detalhado estudo concluiu que o motivo número um por que casais não fazem sexo é a fadiga. Esse é, sem dúvida, o caso das mulheres que procuram a minha clínica. Em parte devido à exaustão física e emocional, muitas dessas mulheres estão menos interessadas em fazer sexo e, quando se interessam, não conseguem ter orgasmos regularmente ou nunca os têm. As práticas taoístas que Mantak Chia e eu explicaremos ao longo deste livro vão ensinar você a extrair energia e inspiração do desejo dentro do seu corpo.

Como especialista nas várias opções médicas e complementares disponíveis, posso afirmar que as práticas sexuais taoístas, denominadas Amor curador, têm uma capacidade única de ajudar mulheres com baixa energia e baixa libido a ter relações prazerosas com orgasmos múltiplos, e a aumentar a sua vitalidade geral. Carol, uma enfermeira de Pittsburgh com 44 anos, contou-me sobre a sua experiência com a prática. "Comecei a praticar o Amor curador alguns meses atrás e não consigo me lembrar da última vez em que me senti tão animada! Eu me sinto tão sensual, feminina e bem-disposta. Até os meus amigos notaram que a minha pele está com uma cor melhor. Estou corada!" Para mulheres que já têm níveis altos de energia sexual, as práticas do Amor curador vão ajudá-las a canalizar essa energia e utilizá-la quando e como quiserem, como uma fonte de vitalidade em todos os aspectos da sua vida.

Embora considere o orgasmo uma fonte importante de alegria, energia e saúde para as mulheres, o Amor curador não minimiza nem de forma alguma ignora o resto de sua experiência sexual. As práticas do Amor curador apresentadas aqui vão permitir que você desfrute o seu prazer antes, durante e após o orgasmo. Como você vai ver, o orgasmo não é o objetivo do sexo. É simplesmente um dos pontos altos em uma viagem de prazer e descoberta pessoal.

Outra parte dessa viagem até a satisfação sexual envolve explorar a sua "anatomia do prazer" — isto é, o padrão particular de resposta sensual do seu corpo — e saber o que a estimula. Nos capítulos 4 a 7, mostrarei como intensificar a sua fruição sexual até chegar ao orgasmo, em crescendos progressivos. Você vai descobrir quais são os seus "pontos quentes" particulares e usar as mais recentes — e algumas das mais antigas — técnicas das tradições ocidental e oriental para guiá-la no seu prazer. Seja qual for a sua experiência com o orgasmo até então — quer nunca tenha tido nenhum, quer já tenha orgasmos múltiplos —, as técnicas e os exercícios ao longo deste livro vão ajudá-la a desfrutar a felicidade sempre maior no seu corpo que é seu direito inato.

SEGREDOS TAOÍSTAS DA SEXUALIDADE

O taoísmo é a base da filosofia e da medicina chinesas. É um abrangente sistema físico e espiritual que ajuda os indivíduos a alcançar seus potenciais mais altos. O taoísmo talvez seja mais conhecido aqui como a base da medicina tradicional chinesa, que inclui acupuntura, fitoterapia, nutrição, massagem, a meditação energética chamada *chi kung* e a arte marcial chamada *tai chi chuan*. O sistema Tao universal foi desenvolvido por Mantak Chia a fim de ensinar técnicas de meditação e exercícios taoístas para equilibrar o corpo e aumentar a energia vital, ou chi. A prática sexual, ou Amor curador, é uma parte essencial desse sistema.

Chi, a palavra chinesa para energia vital, é a força dentro de nós e dentro do universo que gera a vida. A palavra tem muitas traduções, como energia, ar, respiração, vento ou essência vital. Em todo o livro, vou usar a palavra "energia" ao me referir ao chi, pois é o termo mais aproximado no nosso idioma. Mas chi não é equivalente a energia; é mais sutil, semelhante à força por trás de toda vida e movimento. Existem 49 culturas no mundo que entendem o conceito de chi de uma forma ou de outra; os exemplos incluem *Ki* (japonês), *Prana* (sânscrito), *Lung* (tibetano), *Neyatoneyah* (lakota sioux), *Num* (kalahari kung) e *Ruach* (hebraico).

A cultura ocidental, com a medicina alopática, freqüentemente chamada medicina ocidental ou convencional, é uma das poucas culturas que não tem um conceito semelhante, embora reconheça o papel da energia no nível molecular. A medicina ocidental é extremamente eficaz para tratar doenças agudas e lesões traumáticas. No entanto, creio que é, em parte, a ausência desse conceito de força vital que limita a eficácia da medicina ocidental no tratamento de enfermidades crônicas. A medicina ocidental está apenas começando a reconhecer o que os taoístas sabem há mais de 2 mil anos — que direcionar o fluxo da nossa força vital, nosso chi, pode melhorar nossa saúde e vitalidade. Um método para direcionar essa força vital é a acupuntura, uma tradição curativa taoísta que usa agulhas finas para direcionar o fluxo do chi no corpo. Na década passada, estudos clínicos padronizados demonstraram a eficácia da acupuntura para um grande número de doenças. Começamos até a explicar exatamente o que ocorre no corpo quando o chi flui; a acupuntura regula sutis processos corporais, como o fluxo sanguíneo, a liberação de hormônios, a ativação nervosa e a estimulação do sistema imunológico.

Você provavelmente ficará aliviada ao saber que *não* vamos sugerir que use agulhas de acupuntura na sua prática sexual. É possível controlar o fluxo de chi no corpo e obter esses benefícios energéticos e salutares sem usar agulhas. Mantak Chia e eu vamos ensiná-la, com exercícios simples, a usar a concentração e a respiração para ativar e mover a sua energia; essa prática é denominada chi kung. Ela envolve exercícios de concentração e movimentos simples para facilitar o fluxo de chi. Usado em toda a China e já praticado amplamente nos Estados Unidos, o chi kung é uma prática antiga e eficaz. Freqüentemente eu me refiro à prática sexual do Amor curador como "chi kung para a cama".

Depois de tomar consciência do chi, você verá que é bastante fácil percebê-lo e senti-lo. Experimente este exercício simples. Esfregue vigorosamente as palmas das mãos uma contra a outra, até produzir calor. Em seguida, separe devagar as palmas até elas ficarem a uma distância de cerca de 2,5cm. Você deve sentir entre elas uma "almofada" de ar que pode parecer pressão, calor ou vibração. Essa sensação é o chi passando entre as suas mãos.

Na medida em que você aumenta e movimenta o chi, você também conseguirá mexer na sua energia sexual, chamada *jing chi*. A habilidade de expandir e movimentar sua energia sexual é o que lhe permite aumentar o seu prazer e intensificar seus orgasmos. Isso também proporcionará mais energia além da cama, em sua vida mundo afora.

Mantak Chia aperfeiçoou as práticas do Amor curador incluídas neste livro ao longo de três décadas de ensino. Recomendo que você tente todas as práticas e exercícios da maneira que são apresentados. O propósito deste livro, porém, não é que você faça todos os exercícios corretamente. É experimentar e adaptar esses ensinamentos para sentir a alegria exuberante da sua força vital, a sua energia sexual, fluindo pelo seu corpo e para poder usar essa energia para encontrar a realização na sua vida. Para fazer isso, você precisa tomar consciência das suas reações durante a prática dos exercícios. Deve extrair das práticas aquilo de que precisa e acrescentar tudo o que achar adequado, para verdadeiramente torná-las suas. O propósito de fazer essas práticas taoístas não é se tornar uma especialista em taoísmo, e sim se tornar mais completamente quem você é.

Os exercícios utilizam a energia natural do seu corpo e são seguros quando praticados de maneira equilibrada e com atenção. Ensinarei as práticas Sorriso interior e Sons curadores porque estimulam uma amorosa visão de si e ajudarão você a refinar sua energia. Essas práticas melhoram a qualidade do chi, enquanto as práticas sexuais geram uma quantidade maior de chi. Se você aprender o Sorriso interior e os Sons curadores e praticá-los, provavelmente terá menos dificuldades com os exercícios sexuais porque seu chi estará mais refinado e fluirá melhor.

Ao longo do livro, dou orientações sobre como manter a prática divertida e eficiente. Contudo, como cada corpo humano é diferente e todos nós trazemos as nossas experiências para a prática, pessoas diferentes encontrarão dificuldades em diferentes partes da prática. No livro, eu forneço um "guia para solução de problemas", desde "Não consigo sentir meu chi" até "Meu chi está me mantendo acordada durante a noite". Se por algum motivo você tiver embaraços com a prática, talvez seja útil ter um instrutor para guiá-la na prática e para consultar, se surgirem problemas. Uma relação de instrutores do Amor curador está disponível no fim do livro. Há centenas de instrutores em toda a América do Norte e Europa e na maioria dos países pelo mundo afora.

Você pode integrar os achados e as práticas deste livro da maneira que convenha a suas necessidades e sua vida. Como estará aprendendo várias práticas ao longo do livro, recomendo que tente cada uma delas para descobrir o que dá certo no seu caso. Elas são ricas e intensas o bastante para durar horas diariamente, mas flexíveis o suficiente para energizá-la ou ajudar a aliviar o estresse físico ou emocional em minutos. A princípio, leva certo tempo para as práticas sexuais serem compreendidas e sentidas no seu corpo, mas então elas podem ser suavemente integradas às relações sexuais com resultados assombrosos: mais prazer, intimidade e vibração do que você jamais experimentou.

Independentemente de onde você esteja no seu desenvolvimento sexual, as sugestões neste livro vão ajudá-la a sentir mais desejo e mais satisfação e a ter tantos orgasmos quanto quiser. Começamos a nossa viagem fazendo um teste de personalidade sexual, a fim de ajudá-la a traçar o seu caminho pessoal para a realização sexual.

CAPÍTULO 1

A SUA IMPRESSÃO DIGITAL SEXUAL

Quem você é sexualmente? A individualidade sexual é tão interessante e variada quanto a singularidade de cada personalidade ou impressão digital. As nossas preferências sexuais são influenciadas pelas nossas experiências passadas, relacionamentos, a cultura em que vivemos e as reações bioquímicas no nosso corpo. Duas mulheres não compartilham a mesma experiência de desejo nem o mesmo padrão de orgasmo. Noções falsas sobre a maneira "correta" de ter um orgasmo e expectativas sobre "libido normal" levam muitas mulheres a se sentirem inadequadas. Com este livro, quero auxiliá-la a descobrir a *sua* individualidade sexual ideal. Não importa quem você é e quais foram as suas experiências: o seu corpo é inteira e plenamente capaz de dar e receber grande prazer exatamente como ele é. O propósito deste livro não é encaixar o seu corpo na experiência de prazer de uma outra pessoa, mas despertar seu desejo e sua energia natural, para que você possa ter uma vida sexual completa que seja verdadeiramente sua.

O seu modelo preferido de prazer pode ser de longas horas de relações sexuais intensas de duas em duas semanas, ou "rapidinhas" duas vezes por dia. Ou você pode praticar o auto-aperfeiçoamento (como os taoístas se referem à masturbação) de forma tão satisfatória que o sexo em parceria é agradável, mas de forma alguma necessário. Não existe nenhuma maneira "correta" de ser uma mulher sexual. O teste de personalidade sexual neste capítulo se destina apenas à sua leitura atenta, para ajudá-la a examinar onde você se acha sexualmente e identificar a individualidade sexual que gostaria de revelar.

Fazer um teste sobre algo tão sutil e sempre variável como a sexualidade pode ser difícil. Como observou uma das minhas alunas, embora a nossa sexualidade possa ser tão única quanto uma impressão digital, ela nem de longe é tão permanente quanto uma impressão digital! A maneira como experimentamos o desejo muda ao longo da vida e até mesmo em semanas. Encare este teste como simplesmente um instantâneo seu neste momento. Quando você consegue compreender quem você é no presente, é possível dar os passos em direção a quem você quer vir a ser na sua viagem sexual. Nem todas as respostas se ajustarão perfeitamente a você, portanto escolha a que parecer mais próxima de sua verdade no momento.

Faça todo o possível para não se julgar em relação a suas respostas. É fácil imaginar que você é a única pessoa com desafios sexuais, mas eu garanto que isso está longe de ser verdade. Passo boa parte das consultas conversando com as pacientes sobre as suas dificuldades particulares quanto à sexualidade. À medida que crescemos e mudamos física e emocionalmente, nossa vida sexual sem dúvida nenhuma nos oferecerá alguns desafios, por mais que achemos que somos sexualmente confiantes ou capazes. Se, por exemplo, você faz sexo raramente e nunca teve um orgasmo, essa não é mais uma oportunidade para lamentar isso, mas sim uma ocasião para se orgulhar. Você está decidindo ler este livro e procurar auxílio para a sua sexualidade, algo que talvez não lhe seja nada fácil. Espero que este capítulo e este livro a ajudem a ficar animada com o mundo sensual que pode desabrochar dentro do seu corpo.

Faça o teste, assinalando as respostas que mais se aproximam de sua experiência. Some os números das respostas e coloque-os no espaço para o subtotal, ao fim de cada item ou utilize uma folha de papel à parte. Verifique o subtotal ao ler as duas discussões que se seguem a cada um dos cinco itens. Cada sessão se dirige àquelas que ficaram dentro de determinado limite para aquele item. Recomendo, porém, que você leia ambas as discussões, pois muitas coisas debatidas na outra parte podem ser também relevantes ao seu caso.

Se não quiser fazer o teste, mesmo assim não deixe de ler as discussões. Nelas, eu estabeleço as "regras básicas" para apoiá-la cuidadosamente durante a sua exploração sexual. E, lembre-se, este teste é uma sondagem, não uma classificação. Encare-o com curiosidade e sem julgar a si mesma.

As suas respostas ao teste vão ajudá-la a identificar as barreiras que a impedem de vivenciar todo o seu prazer. As respostas também ajudarão a guiá-la até as partes do livro que serão mais úteis na sua viagem. Talvez seja interessante para você fazer este teste de novo depois de ter lido o livro e integrado algumas dessas práticas à sua vida. De onde você está partindo agora e onde poderia chegar? As possibilidades são tão infinitas quanto a vasta paisagem da sua imaginação. Como dizem os taoístas: "A viagem de mil quilômetros começa com um passo." Então vamos começar.

TESTE DE PERSONALIDADE SEXUAL

SEXUALIDADE

1. Com que freqüência você faz sexo com um parceiro ou se masturba?

1. Quase nunca.
2. Uma ou duas vezes por mês.
3. Uma ou duas vezes por semana.
4. Três vezes por semana ou mais.

2. Compare a freqüência das suas experiências sexuais agora (quer na relação em parceria, quer na masturbação) com um período de sua vida em que sentiu mais desejo sexual. A freqüência sexual atual é:

1. Muito menos freqüente do que no auge do seu desejo.
2. Um pouco menos freqüente do que no auge do seu desejo.
3. Quase tão freqüente quanto no auge do seu desejo.
4. A mais freqüente que já esteve.

3. Depois da relação, qual percentual do tempo você se sente completamente satisfeita?

1. Menos de 25%.
2. Cerca de 50%.
3. Cerca de 75%.
4. Quase 100%.

4. O que descreve melhor o seu padrão de orgasmo?

1. Nunca ou raramente tenho orgasmo.
2. Às vezes tenho orgasmo.
3. Em geral tenho orgasmo, mas não consigo ter orgasmos múltiplos regularmente.
4. Tenho orgasmos múltiplos sempre que eu quero.

Some os números para cada uma das suas respostas e coloque o subtotal aqui.

Sexualidade: _____.

SEXUALIDADE

Se o seu subtotal é inferior a 10:

Parabéns. Este livro é um ótimo lugar para começar a descobrir ou redescobrir o seu prazer sexual. Não existe um número exato de vezes que uma pessoa precisa fazer sexo por semana para se considerar um ser sexual plenamente satisfeito. O nosso desejo de relações sexuais vai mudar ao longo da vida e vai depender das nossas experiências diárias. No entanto, todos podem desfrutar de um nível vibrante de energia sexual e desejo, que é parte da plenitude da expressão humana, da paixão pela própria vida. É a nossa paixão que nos permite nos envolver totalmente no mundo, trabalhar bem e nos divertir. Podemos usar os instrumentos da psicologia e saúde ocidentais junto com princípios taoístas para encontrar e expandir a nossa energia sexual. Para animar a sua paixão, sugiro que você examine na íntegra os exercícios e as recomendações no capítulo 2, sobre avivar o fogo interior. Os exercícios taoístas que ensinam a identificar e expandir a energia sexual — a Órbita microcósmica e o Movimento ascendente orgástico, no capítulo 6, e a Respiração ovariana, no capítulo 8 — são extremamente úteis para aumentar a plenitude e a presença do desejo.

A falta de satisfação com a relação sexual pode, por outro lado, muitas vezes ser decorrente de dificuldades com o seu parceiro (ver "Perfil do Parceiro", na p. 33) ou de conhecimento insuficiente sobre o que você precisa para sentir prazer. Nos capítulos 4 e 5, discutirei em detalhe como chegar a conhecer o seu corpo e as suas reações. Se for o orgasmo que é às vezes difícil, exponho no capítulo 5 técnicas específicas que comprovadamente ajudam o orgasmo das mulheres, quer estejam sozinhas, ou com um parceiro. Em seguida, no capítulo 7, revelo os segredos para orgasmos múltiplos.

Se o seu subtotal é 10 ou mais:

A sua viagem sexual está em curso e eu posso ajudá-la a intensificar e animar o seu prazer sexual. Se você já foi capaz de grande desejo, mas no momento lhe falta seu pleno desejo, o capítulo 2 é dedicado a descobrir o que pode estar bloqueando o fluxo da sua paixão. Vou ensiná-la a alimentar a sua paixão e mantê-la plena ao longo da sua vida. Se o seu desejo é exuberante, comece a aprender as técnicas taoístas que a ajudarão a refinar a sua energia sexual para relações de maior êxtase. Os Sons curadores no capítulo 3 vão prepará-la para aprender as práticas sexuais taoístas no capítulo 6. Se você tem dificuldades com o orgasmo, o capítulo 4 discute algumas das dádivas fisiológicas e energéticas do orgasmo e os bloqueios comuns que impedem as mulheres de terem orgasmos regularmente. Se você já tem orgasmos, vá para o capítulo 5, que ensina como descobrir os seus pontos sensíveis (alguns dos quais você talvez ainda não tenha descoberto) e ter orgasmos com facilidade. No capítulo 6, mostro, passo a passo, como usar a sua energia sexual para expandir os orgasmos e sentir o seu prazer vibrante do nariz até os dedos dos pés (e em alguns outros lugares no caminho). O capítulo 7 ensina os segredos para orgasmos múltiplos, como ter prazer que se expande além do orgasmo e, para aquelas que estiverem interessadas, as "coordenadas" da ejaculação feminina.

SUA RELAÇÃO COM O SEU CORPO

5. Em que grau você se sente à vontade ao ficar nua com um amante?
1. Prefiro ficar parcialmente vestida ou apagar as luzes quando estou nua.
2. Fico mais ou menos à vontade quando estou nua com um amante.
3. Em geral fico à vontade quando estou nua com um amante.
4. Quase sempre gosto de partilhar o meu corpo com um amante.

6. Como você se relaciona com o seu corpo?
1. Detesto o meu corpo e/ou muitas vezes penso em medidas radicais (cirúrgicas ou de outro tipo), a fim de tornar o meu corpo aceitável para mim.
2. Às vezes me sinto bem com o meu corpo, mas freqüentemente critico a minha aparência.
3. Em geral me sinto bem com o meu corpo, mas às vezes critico a minha aparência.
4. Adoro estar no meu corpo e aprecio tudo o que ele pode sentir e fazer.

7. Em que grau você se sente à vontade ao tocar os seus órgãos genitais?
1. Só me toco quando é absolutamente necessário.
2. Fico mais ou menos à vontade ao tocar os meus órgãos genitais, mas raramente me toco por prazer.
3. De vez em quando eu me dou prazer ou me masturbo.
4. Freqüentemente eu me dou prazer e gosto de me tocar sozinha e quando estou com meu parceiro.

Some os números para cada uma das respostas e coloque o subtotal aqui.
Sua relação com o seu corpo: ______.

SUA RELAÇÃO COM O SEU CORPO

Se o seu subtotal é inferior a 8:

Se você mora nos Estados Unidos ou na Europa (e, cada vez mais, no resto do mundo), o ideal cultural do que é belo está tão distante da mulher comum que a maioria de nós se sente inadequada em comparação. Pode ser um desafio enorme, como mulher, sentir-se bem com o próprio corpo e apreciá-lo. Além disso, muitas tradições culturais e religiosas nos ensinam que o corpo e os seus prazeres são perigosos e que a masturbação é pecaminosa. Na verdade, o corpo é o tesouro mais precioso que você tem, *seja qual for a sua aparência.* Todo corpo é capaz de dar e receber prazer. O taoísmo nos ensina que o corpo é sagrado e que o prazer sexual é uma parte necessária da nossa vivacidade e integridade. O primeiro passo para reclamar a posse do seu corpo é se amar como você é.

No capítulo 5, você vai examinar o seu corpo em detalhes, para poder conhecer os seus pontos de prazer. E, embora você não *precise* se masturbar (ou se auto-aperfeiçoar, como os taoístas preferem chamar) para ter uma vida sexual satisfatória, isso certamente ajuda; permite que você se dê prazer ou ensine um amante a lhe dar o máximo prazer. Você vai praticar a atenção amorosa e o toque amoroso consigo mesma no capítulo 5.

Se o seu subtotal é 8 ou mais:

Amar o seu corpo e estar disposta a partilhar o seu prazer são elementos fundamentais para ter relações sexuais arrebatadoras. Mesmo aquelas de nós que apreciam imensamente o próprio corpo às vezes criticam a sua aparência ou a maneira como ele funciona. Como o seu prazer sexual seria afetado se você se sentisse, o tempo todo, uma mulher sensual e extraordinariamente bonita? Como o seu prazer sexual seria afetado se você confiasse que o seu corpo sabe exatamente o que está fazendo e que você poderia relaxar e entregar-se inteiramente ao seu prazer durante a relação? Nossos corpos são dádivas preciosas, seja qual for a sua aparência ou quais desafios eles possam enfrentar.

Na minha clínica, cuido de mulheres de todas as idades, todas as aparências e todas as cores, e posso assegurar-lhe que o grau em que uma mulher domina o seu prazer sexual e confiança nada tem a ver com o tipo do corpo. Muitas das mulheres mais desejosas (e desejáveis, segundo os seus parceiros) que conheci têm excesso de peso, pouco busto ou mais de 55 anos. Um estudo recente analisou a satisfação sexual de mulheres que estavam entre 20 e 50 quilos acima do peso. O estudo mostrou que as mulheres estavam sexualmente satisfeitas, independentemente do seu peso, contanto que a sua imagem do corpo fosse positiva e elas tivessem boa comunicação com os parceiros, *exatamente como todas as demais*. Estar com um excesso de peso significativo não lhes prejudicava a fruição sexual; ficar aborrecida com o seu corpo ou ter dificuldades com o parceiro prejudicava a satisfação. As mulheres são desejáveis quando experimentam e se sentem com direito ao seu prazer. *Sex appeal* não tem a ver com o tipo de corpo; tem a ver com a maneira como você se movimenta, fala e se manifesta quando *se sente* desejável.

Sugiro que, durante a leitura deste livro, você dê folga às críticas ao corpo. Não expresse em voz alta pensamentos críticos sobre o seu corpo, para si mesma ou para qualquer outra pessoa. Sem dúvida alguma, você ainda terá pensamentos críticos, mas quando eles surgirem, tente expressar admiração por aquilo que estiver criticando. Por exemplo, você poderia olhar no espelho e pensar: "Tenho uma bunda enorme." Em vez disso, tente achar um meio de valorizar: "Que nádegas lindas e macias para o meu amor afundar as mãos!" Quando substituímos pensamentos negativos por pensamentos positivos (mesmo quando nos *forçamos* a ser positivas), novas associações começam a se formar. Assim, na próxima vez em que estiver com o seu amor e ele ou ela estiver olhando para as suas nádegas, você *poderia* simplesmente pensar: ele ou ela "mal pode esperar para botar as mãos na minha bunda maravilhosa". O olhar positivo em relação ao seu corpo alimenta o seu desejo em vez de extingui-lo, porque a ajuda a se sentir desejável e, portanto, com legítimo direito a sentir o seu desejo sexual. Em suma, a sua capacidade de se sentir desejável influencia diretamente a sua capacidade de sentir desejo. E uma mulher que sente o próprio desejo é intrinsecamente mais desejável. O seu brilho vem de dentro, com o poder da sua paixão.

Se você está um pouco hesitante quanto ao auto-aperfeiçoamento (masturbação), saiba que ele é absolutamente essencial para descobrir de que você gosta e atender às suas necessidades sexuais. Muitas mulheres são ensinadas a achar que só os nossos parceiros têm permissão para nos estimular sexualmente. A capacidade de nos tocarmos, porém, permite que tenhamos o nosso prazer independentemente do nosso parceiro. Se só o seu parceiro pode lhe dar prazer, isso significa que você precisa controlá-lo para que suas necessidades sexuais sejam atendidas. E é provável que o seu parceiro não goste de ser controlado. Quando você e o seu parceiro têm níveis de desejo diferentes no relacionamento (e vocês sempre terão, em um momento ou outro), cada um tem de ser capaz de se satisfazer, ou inevitavelmente haverá conflito. E, ao contrário da suposição comum, o auto-aperfeiçoamento não diminui a freqüência do sexo em parceria. Talvez até ele avive o fogo e o mantenha aceso para depois. Como discutirei no capítulo 5, tocar-se durante a relação a dois é também uma das melhores maneiras de ter orgasmos múltiplos.

PASSADO SEXUAL

8. Minha família ou famílias de origem me educaram quanto à sexualidade de um modo franco e amoroso.

1. Isso não é verdadeiro de forma alguma.
2. Isso é mais ou menos verdadeiro.
3. Isso é na maior parte verdadeiro.
4. Isso é inteiramente verdadeiro.

9. Minha família ou famílias de origem tinham limites apropriados a respeito de discussão e comportamento sexual de modo que me senti segura desenvolvendo-me como um ser sexual.

1. Isso não é verdadeiro de forma alguma.
2. Isso é mais ou menos verdadeiro.
3. Isso é na maior parte verdadeiro.
4. Isso é inteiramente verdadeiro.

10. Na minha vida:

1. Fui estuprada ou vítima de incesto.
2. Muitas vezes concordei em fazer sexo quando não queria.
3. De vez em quando concordei em fazer sexo quando não queria.
4. Praticamente nunca fiz sexo quando não queria.

11. Gostei de:

1. Muito poucos dos meus encontros sexuais.
2. Alguns dos meus encontros sexuais.
3. A maioria dos meus encontros sexuais.
4. Praticamente todos os meus encontros sexuais.

Some os números para cada uma das suas respostas e coloque o subtotal aqui.

Passado sexual: ______.

PASSADO SEXUAL

Se o seu subtotal é inferior a 9:

As nossas experiências passadas influenciam quem nós somos e também como vivemos no nosso corpo. O estudo da neuropsicologia está apenas começando a avaliar como as nossas experiências emocionais e físicas no passado influenciam as sensações que passam pelo nosso corpo hoje. É bem sabido que as mulheres que sofreram experiências sexuais traumáticas, como estupro ou incesto, com freqüência têm dificuldades para se sentir seguras e emocionalmente presentes durante a relação sexual. Também há fortes indicações de que mulheres que sofreram trauma sexual têm mais distúrbios *físicos* na área genital, como dor vaginal crônica, menstruação dolorosa ou infecções freqüentes. O taoísmo ensina que, quando o corpo é ferido física ou emocionalmente, o fluxo da energia vital nessa área fica bloqueado, levando a disfunções. Por exemplo, se a sua família de origem lhe ensinou que os seus órgãos sexuais eram "sujos" ou "feios", é possível que as suas associações negativas com os órgãos sexuais bloqueiem parcialmente o fluxo de chi na sua área genital.

As experiências negativas com a sexualidade podem contribuir para o baixo desejo e dificuldade com o orgasmo, mas ainda sobre espaço para a esperança. Muitas das minhas pacientes sofreram extenso trauma sexual e, através do seu trabalho psicológico e espiritual, têm agora vidas sexuais extremamente satisfatórias. A chave desse processo é tomar consciência do que foram as experiências e obter ajuda de amigos, parceiros ou terapeutas, para analisar todos os sentimentos perturbadores e às vezes apavorantes que essas experiências podem provocar. Se você foi estuprada ou vítima de incesto e não discutiu isso com ninguém, recomendo que você entre em contato com um terapeuta com quem possa analisar os muitos sentimentos que, sem dúvida, surgirão durante a leitura deste livro. Se está mantendo um relacionamento com uma pessoa digna de confiança, também é importante partilhar com ela o que você sofreu. Examinar essas experiências é um trabalho emocional difícil, mas se livrar desse domínio alheio sobre a sua individualidade sexual vital pode ser estimulante e até milagroso.

Para muitas das minhas clientes que tiveram experiências negativas com a área genital, usar os Sons curadores da maneira descrita no capítulo 3 se revelou uma prática muito transformadora. Ela pode ser particularmente eficaz quando combinada com a prática do Ovo de jade, no capítulo 8. De um ponto de vista taoísta, essas práticas permitem que as emoções presas e as energias de raiva e medo sejam liberadas e que a energia sexual na área genital possa fluir livremente.

Se você não foi estuprada nem vítima de incesto, mas fez sexo quando realmente não estava a fim, os mesmos processos podem ocorrer. Quando não se sente desejo, o sexo pode ser doloroso ou pode deixar a pessoa sentindo-se física ou emocionalmente tolhida. Em qualquer caso, o seu corpo "aprende" a associar a estimulação dos órgãos sexuais à dor, ao medo ou retraimento emocional. Isso também pode bloquear o fluxo de chi para a área genital e tornar mais difíceis a excitação e o orgasmo. É possível, porém, reverter esse processo, alterando as suas escolhas e experiências. Comece por nunca fazer sexo se não quiser. O seu corpo precisa aprender que agora todo toque genital é seguro e que você pode escolher quando ocorre o toque genital. Nessa circunstância, é ainda mais importante aprender a se tocar por prazer, de modo que você possa sentir sensação sexual em um ambiente inteiramente seguro quando você tem controle sobre o que está acontecendo. Isso a ajudará a fazer o exercício de Exploração do corpo, descrito no capítulo 5.

Se o seu subtotal é 9 ou mais:

Na maioria das sociedades, é rara a mulher que teve somente experiências sexuais positivas. A elaboração de experiências difíceis que você possa ter sofrido pode liberar o seu desejo e satisfação naturais. Se foi vítima de estupro ou incesto, você talvez queira consultar a discussão acima, mas é também útil relembrar as concepções do seu corpo que permeavam sua juventude. Os seus órgãos sexuais eram considerados "feios" ou "sujos", ou foram simplesmente ignorados? Como você os chamava? A palavra "vagina" vem da palavra latina para "bainha" — significando o lugar para colocar a espada (neste caso, o pênis de um homem). Parece estranho que o centro sexual poderoso de uma mulher seja denominado somente em referência a um homem. E o termo "vagina", apesar de anatomicamente preciso para a passagem vaginal, está longe de descrever a totalidade dos nossos órgãos sexuais, que incluem o clitóris, a abertura para a uretra (por onde sai a urina) e os lábios vaginais. (Para uma discussão mais completa dos nossos tesouros genitais, veja o capítulo 5.) Já o taoísmo se refere à vagina como o "portão de jade" e ao clitóris como a "pérola negra" (uma pedra preciosa). Os textos tântricos[1] se referem aos órgãos genitais externos da mulher como *yoni*, que significa "lugar sagrado". Considerando-se que os órgãos genitais da mulher são o portal para toda a vida humana, esses nomes parecem mais apropriados. Que nome você daria aos seus órgãos sexuais? Se viesse a ter filhas, como gostaria que elas encarassem os seus órgãos genitais? Uma das minhas colegas se refere afetuosamente à sua vagina como "Viv". É claro que você não precisa dar um nome à sua vagina, mas pode começar a pensar nos seus órgãos sexuais como a fonte sagrada que eles são?

É sempre útil compreender as noções culturais sobre sexualidade com que fomos criados. Depois que compreendemos as origens dos nossos sentimentos, podemos começar a reformulá-los. Poderia ser útil conversar com uma mulher de um ambiente cultural semelhante ao seu, sobre as experiências dela. De forma alternativa, tomar conhecimento de uma experiência cultural diferente realça o que é particular na nossa experiência. Uma amiga, de uma família católica mexicana, contou-me que aprendeu a nunca se tocar "lá em baixo" e, se o fizesse, tinha de ir confessar-se e contar ao padre — uma mensagem bastante direta de que os seus órgãos genitais estavam reservados para o homem na sua vida. Uma amiga protestante recordou que não tinha nenhuma palavra para os seus órgãos genitais simplesmente porque ninguém na sua família jamais os mencionava (assim como o sexo jamais era discutido). Ela interiorizou a impressão de que os seus órgãos genitais, e o sexo em geral, eram maus e deviam ser evitados. Examinar a sua herança familiar e

---

1 Tantra refere-se às práticas espirituais e sexuais originadas na Índia. A tradição tântrica também tem uma longa história de práticas meditativas e curativas.

cultural pode ajudá-la a compreender os seus sentimentos sobre a sexualidade e o seu corpo.

Se teve experiências sexuais principalmente positivas, você recebeu uma grande dádiva. Se as suas associações habituais à intimidade física são desejo e afeto, você não precisará ocupar-se do seu passado sexual e pode concentrar-se totalmente no presente. Considere, então, como gostaria que fosse a sua vida sexual atual. Você é capaz de se abandonar totalmente ao seu desejo? De quanto prazer é capaz? Algo a impede do seu pleno potencial sexual? Tenha em mente as suas respostas a essas perguntas enquanto pratica os exercícios deste livro. A sua capacidade de se entregar completamente ao seu prazer é equivalente à sua capacidade de expandir a sua energia orgástica.

PERFIL DO PARCEIRO

12. Meu parceiro atual (ou anterior) e eu discutimos (discutíamos) a nossa vida sexual de maneira aberta e construtiva.

1. Nunca.
2. Raramente.
3. De vez em quando.
4. Regularmente.

13. A seguinte frase descreve melhor o(s) meu(s) relacionamento(s) atual(is) ou passado(s):

1. Com freqüência tenho medo de ser magoada pelo meu parceiro e não lhe confio o meu corpo ou emoções.
2. Às vezes confio a meu parceiro o meu corpo e prazer, mas tenho medo de ser magoada física ou emocionalmente.
3. Em geral posso confiar a meu parceiro o meu corpo e prazer.
4. Confio totalmente a meu parceiro o meu corpo e prazer.

14. A seguinte frase me descreve melhor no meu relacionamento atual (ou mais recente):

1. Quase nunca peço ou mostro (com o meu corpo ou sons) o que eu quero do meu parceiro sexualmente.
2. Tenho dificuldades em pedir ou mostrar o que eu quero sexualmente.
3. Em geral consigo pedir ou mostrar o que eu quero sexualmente.
4. Quase sempre peço ou mostro o que eu quero sexualmente.

Some os números para cada uma das suas respostas e coloque o subtotal aqui.

Perfil do parceiro: ______.

PERFIL DO PARCEIRO

Se o seu subtotal é inferior a 8:

A base de todo relacionamento é a confiança e o aspecto mais fundamental dessa confiança é a convicção de que a outra pessoa não quer lhe fazer mal. Todos os relacionamentos, sexuais ou não, em algum momento irão suscitar medo e dor emocional no processo natural do crescimento. Mas se você tem medo de que o seu parceiro queira intencionalmente lhe fazer mal, seja física ou emocionalmente, é quase impossível realizar o delicado trabalho de despertar o fogo sexual juntos. Às vezes ocorre que não confiamos em nosso parceiro porque ele ou ela não é digno(a) de confiança e nos maltratou, física ou emocionalmente. Se essa for a sua situação, não deixe de procurar o conselho benéfico de amigos, da família ou de um terapeuta. Viver com medo físico ou emocional de um parceiro irá tolher o seu crescimento em muito mais aspectos do que na sua vida sexual e vocês dois vão ter de achar meios alternativos de se comunicar se continuarem juntos.

Acontece também que, às vezes, não confiamos no nosso parceiro, não porque ele ou ela não seja confiável, *mas porque perdemos a capacidade de confiar em razão de agressões anteriores*. Durante o nosso desenvolvimento, todos nós sofremos ofensas emocionais ou físicas de outra pessoa: um amigo que a traiu, um parente que a humilhou ou um ex-amor que a rejeitou. Depois de ser "escaldada", é fácil ficar na defensiva para se proteger de nova dor. Em um relacionamento íntimo, porém, essa atitude defensiva emocional impedirá a proximidade de que você precisa para ligar-se e experimentar a sua paixão total. Se souber que o seu parceiro é seguro, pode ser melhor para você discutir abertamente os seus medos e expressar o que precisa dele para ficar relaxada e se abrir para a confiança.

Jean é uma mulher de quase 60 anos cujo marido, Charlie, a ama e se sente atraído por ela, mas com freqüência olhava para outras mulheres ou fazia comentários sobre elas quando o casal saía junto. Jean foi criada por uma mãe que sempre fazia críticas à sua aparência e Jean se sentia constrangida com a sua apresentação em comparação com essas outras mulheres. Por causa do medo de não ser atraente o bastante, Jean relutava em ficar nua ou ser sexual com o marido. Charlie, por sua vez, se sentia rejeitado como amante e estava irritado com a deterioração da vida sexual de ambos. A mágoa de Jean (temendo que o marido achasse outras mulheres mais atraentes) a levava a retirar afeto do marido e ele, por sua vez, negava a admiração e o afeto por que ela ansiava. Como resultado, a integridade do casamento estava ameaçada. Se ambos tivessem continuado a "defender-se" contra o que consideravam um "ataque" do outro, o casamento teria acabado.

Felizmente, Jean e o marido encontraram coragem para expressar os seus medos e pedir aquilo de que precisavam. Reconheceram que se amavam e queriam que o casamento desse certo, o que iniciou o processo de restabelecer a confiança. Jean pediu que Charlie não olhasse para outras mulheres nem fizesse comentários sobre elas na sua presença e que demonstrasse, com palavras e carinho, a sua atração por ela. Charlie pediu que Jean também fosse carinhosa e que eles restabelecessem a ligação sexual. Esse sincero entendimento mútuo sobre os medos e as necessidades de ambos suscitou um nível inteiramente novo de compromisso no casamento e isso se refletiu em maior comunicação e espontaneidade na intimidade sexual. Desde então, suas brincadeiras sexuais nunca foram tão satisfatórias ou tão íntimas.

Pense no seu relacionamento atual ou, se tiver mais de um, pense naquele que for mais importante para você. O que a está impedindo de experimentar uma proximidade e intimidade total com essa pessoa? Você poderia levantar o assunto com ele ou ela? O que você precisa dele ou dela para estar amorosamente presente na ligação sexual? Como discutirei ao longo do livro, a sua vida sexual não é separada do resto da sua vida ou dos seus relacionamentos. Aumentar a energia sexual só ampliará o que já está ocorrendo na sua vida emocionalmente. É importante empenhar-se em qualquer trabalho emocional que precise fazer com o seu parceiro enquanto avança na sua prática sexual.

Se você se sente ligada ao seu parceiro, mas fica simplesmente sem graça para falar da sexualidade, esta é uma ótima oportunidade para se arriscar a pedir o que quer. Se não consegue fazer isso verbalmente, pense na possibilidade de escrever uma carta à pessoa amada. Como você acha que o seu parceiro reagiria se pedisse *exatamente o que quer* sexualmente? Alguns parceiros podem, a princípio, recear não conseguir realizar o que você deseja, mas a maioria dos parceiros encontra grande satisfação em verdadeiramente atender às necessidades eróticas dos amantes. Se fizer um pedido paciente, amoroso e sincero, você realmente pode obter o que quer.

Se não tem certeza do que precisa ou quer para se realizar sexualmente, o capítulo 2 a ajudará a descobrir o seu desejo e o capítulo 5 a orientará (e ao seu parceiro, se você quiser) para explorar detalhadamente as reações do seu corpo. Mesmo que saiba o que você quer, a idéia de pedir isso ao parceiro pode ser assustadora. Talvez seja útil o seu parceiro também ler o capítulo 5, para se familiarizar com várias técnicas sexuais que vocês podem experimentar juntos. Não há realmente nenhum substituto, porém, para comunicar ao seu parceiro o que você gosta e o que não gosta. Se for difícil fazer isso com palavras, faça uso de gemidos e sons, remexa os quadris ou use a sua mão. Todos esses podem ser meios bem-sucedidos de expressar as suas carências e necessidades. Tente concentrar-se no que você quer que o seu parceiro faça, em vez de criticar o que ele ou ela está fazendo. Todos se sentem vulneráveis quando estão nus, quer estejam recebendo ou dando prazer.

Se o seu subtotal é 8 ou mais:

Se você escolheu um parceiro em quem pode confiar na maior parte do tempo e com quem pode discutir o que quer sexualmente, isso será uma grande dádiva enquanto explora o seu potencial sexual. Para a maioria de nós, continua havendo meios de aperfeiçoar a nossa capacidade de sermos sinceros com os nossos parceiros a respeito do que estamos sentindo. Essas sutilezas são básicas para o funcionamento de qualquer relacionamento, mas são particularmente importantes quando se trata da vulnerável área da sexualidade. Um aperfeiçoamento na comunicação em qualquer nível contribuirá para a clareza e satisfação do relacionamento sexual, como ficou ilustrado no relacionamento de Jean e Charlie. Encarar os nossos medos mais profundos a respeito do relacionamento e da sexualidade, quaisquer que sejam, pode estimular um ressurgimento de amor e paixão no relacionamento.

Ser sincera com o seu parceiro sobre como você se sente sexualmente é especialmente importante. Na discussão anterior, incentivei as mulheres a evitarem fazer sexo quando realmente não têm vontade; isso é especialmente importante se você sofreu trauma sexual. É igualmente importante nunca fingir desejo ou simular um orgasmo em consideração ao seu parceiro. Quando faz isso, você "leva" o seu corpo a experimentar as sensações físicas da relação sexual sem o calor do desejo. O resultado é que os seus órgãos genitais aprendem a ficar "insensíveis", a serem tocados e não sentir nada. Essa é uma prática perigosa para mulheres que estão procurando aprimorar o desejo e o prazer porque torna os sensíveis órgãos sexuais menos receptivos.

Se você deixar de ter sensação nos órgãos genitais ou experimentar dor durante a relação, pare e mude a estimulação. Se também se sentir emocionalmente desligada do seu parceiro, pare e tente religar-se antes de continuar. Um modo simples de fazer isso é se encararem (deitados ou sentados) e se olharem nos olhos. Se conseguir falar sobre o que está sentindo — "Essa posição machuca e fiquei assustada" ou "Lembrei que esqueci de pagar a conta do telefone e me distraí" —, as informações serão úteis para você e seu parceiro. Restabeleça a ligação com toques delicados até estar pronta para retomar a relação. É importante ser sincera, até consigo mesma, sobre o que está ou não sentindo. Só então você pode realmente começar a explorar o que necessita para a satisfação. Lembre-se de discutir com o seu parceiro a sua intenção de alterar a forma da relação quando a sua sensação diminuir, para que ele ou ela entenda o que você está fazendo e possa contribuir para descobrir o seu desejo.

Recomendo que você discuta a relação sexual com o seu parceiro e peça exatamente o que precisa para estar presente e com prazer total. De forma recíproca, perguntar ao seu parceiro o que você pode fazer para ajudá-lo(a) sexualmente facilitará o processo do encontro mútuo da paixão. Em situações em que o seu parceiro tem dificuldade em compreender e atender as suas necessidades, pode ser útil registrar por escrito exatamente o que você está pedindo. Lembre-se de ser paciente, pois a mudança verdadeira leva tempo.

Em alguns casos, o seu parceiro talvez não possa dar-lhe o que você quer, por alguma razão. Você deve então atender as suas próprias necessidades eróticas na medida em que puder, usando o auto-aperfeiçoamento. Quando você respeita e arranja tempo para o auto-aperfeiçoamento como um caminho sexual legítimo, isso pode ser extremamente prazeroso e permitir-lhe integrar as práticas taoístas neste livro segundo as suas condições. Você também precisará decidir se a incapacidade do seu parceiro em agradá-la sexualmente é uma questão de "tudo ou nada" no relacionamento. Nenhum relacionamento consegue suprir todas as necessidades de uma pessoa. Você precisa decidir quais das suas necessidades são tão importantes que não consegue manter um relacionamento íntimo se elas não forem atendidas.

Quando começamos a explorar as nossas necessidades no que diz respeito a intimidade e sexualidade, isso é assustador porque nunca temos certeza se o nosso parceiro irá acompanhar-nos na nossa viagem sensual. Na maior parte das vezes, os parceiros ficam gratos pela nova percepção e paixão que esse crescimento acarreta, pois fazer esse trabalho sem dúvida vai "sacudir" qualquer relacionamento estagnado. Espero sinceramente que o resultado, para você, seja uma parceria mais dinâmica e estimulante. Se você receia que o relacionamento não consiga agüentar a força do seu novo crescimento, creio que ainda seja importante fazer esse trabalho. Se você pretende crescer e desabrochar em uma individualidade mais completa e vibrante e recusa esse crescimento a fim de "salvar o relacionamento", o resultado será a sua estagnação e insatisfação. Você está crescendo em todos os momentos da sua vida e, se parar de crescer, inicia o processo de morrer. O seu crescimento pode levar seu parceiro a superar os próprios medos e aceitar também a própria individualidade integral e sensual. Enquanto você lê este livro, seu parceiro pode tirar proveito da leitura de *O*

Orgasmo Múltiplo do Homem, *O Orgasmo Múltiplo do Casal* ou até mesmo de acompanhar a leitura com um segundo exemplar deste livro. Quando ambos se empenham em desenvolver a sexualidade taoísta, os resultados podem ser profundos. Se o seu parceiro não estiver interessado, ainda é possível você realizar a prática sexual energética sozinha ou mesmo durante a relação, com o apoio dele(a). Use a prática taoísta para desenvolver a sua compaixão pelos sentimentos do seu parceiro. Se ele testemunhar sua transformação em uma parceira mais amorosa e vital, é muito mais provável que se interesse pela prática.

Comunicar-se com o parceiro pode ser uma experiência complicada e, às vezes, exasperante. Se você quiser mais auxílio para lidar com a sua complexidade emocional enquanto administra todos os relacionamentos ricos e, às vezes, difíceis que temos (dentro e fora da cama), o capítulo 3 ensina a prática dos Sons curadores. Eles são uma maneira quase milagrosa de acalmar as emoções desordenadas quando a razão não basta. Eles utilizam um antigo conhecimento taoísta sobre os locais onde guardamos as emoções e oferecem meios práticos de liberá-las e equilibrá-las. Os Sons curadores são um acompanhamento essencial da prática sexual, pois ajudam a equilibrar e firmar a energia sexual.

SAÚDE FÍSICA

15. Considero a minha saúde física:

1. Precária.
2. Razoável.
3. Boa.
4. Excelente.

16. Faço exercícios durante pelo menos 20 minutos:

1. Quase nunca.
2. De uma vez por semana a uma vez por mês.
3. Uma a duas vezes por semana.
4. Três vezes por semana ou mais.

17. A dieta ideal para cada pessoa é um tanto diferente, mas quase todo mundo precisa de um equilíbrio de frutas e vegetais frescos, fontes de proteínas magras e grãos integrais. A maioria de nós precisa limitar a ingestão de doces, gorduras saturadas (sólidas), colesterol (gordura animal), alimentos industrializados (que em geral contêm os itens mencionados) e fast-food. Levando em conta essas diretrizes, considero a minha dieta:

1. Precária.
2. Razoável.

3. Boa.
4. Excelente.

18. Muitos distúrbios e alterações hormonais normais podem afetar a libido e a capacidade de orgasmo de uma pessoa. Depois de examinar a lista desses distúrbios na p. 253, eu tenho:

1. Quatro ou mais distúrbios que podem afetar a minha saúde sexual.
2. Dois ou três distúrbios que podem afetar a minha saúde sexual.
3. Um distúrbio que pode afetar a minha saúde sexual.
4. Nenhum dos distúrbios listados.

19. Todas as drogas listadas nas páginas 254 e 255, tanto recreativas quanto receitadas, podem afetar a saúde sexual e física de uma pessoa. Depois de examinar a lista, observo que estou ingerindo:

1. Quatro ou mais drogas que podem afetar a minha saúde sexual.
2. Duas ou três drogas que podem afetar a minha saúde sexual.
3. Uma droga que pode afetar a minha saúde sexual.
4. Nenhuma das drogas listadas.

Some os números para cada uma das suas respostas e coloque o subtotal aqui.

Saúde física: ______.

SAÚDE FÍSICA

Se o seu subtotal é inferior a 12:

Se você está tendo problemas em relação a libido ou orgasmo, é extremamente provável que parte das suas dificuldades resulte da sua saúde física. Seja qual for sua idade ou seu estado físico, certo grau de exercício físico pode melhorar a sua saúde. Já ficou demonstrado que o exercício moderado — refiro-me a 20 minutos de atividade aeróbica pelo menos três vezes por semana — aumenta a libido, reduz a depressão de forma tão eficaz quanto o Prozac, melhora doenças cardíacas, melhora ou elimina o diabetes, reduz a perda óssea osteoporótica, reduz a dor artrítica e muscular, favorece o metabolismo e a perda de peso e, acima de tudo, faz com que você se sinta mais viva. A maioria de nós, malhadores inconsistentes, já observou que é difícil começar exercícios regulares depois que ficamos sedentários mas, após o primeiro mês, isso se torna tão agradável que o corpo suspira por eles. Praticamente qualquer tipo de corpo pode encontrar um exercício adequado, de caminhada e ioga a andar de bicicleta e hidroginástica. Se você não está fazendo exercícios no momento e quer reforçar a sua saúde sexual, pense em acrescentar exercícios à sua agenda da maneira que lhe for possível. Simplesmente ser mais ativa durante o dia pode ajudar: subir a escada em vez de usar o elevador, caminhar em vez de andar de carro, ou cuidar pessoalmente do seu jardim.

Quando o corpo se sente bem, o chi flui e a energia sexual fica mais disponível. Mesmo alterações pequenas na dieta ou no nível de atividade podem fazer diferença. Muitos dos distúrbios listados no fim do livro podem ser tratados, e até curados, com alterações no estilo de vida. Se você sofre de hipertensão, doença cardíaca, diabetes, colesterol alto, fadiga crônica, fibromialgia ou artrite degenerativa (todos podem afetar a satisfação sexual), o seu estado pode melhorar ou ser revertido com exercícios, uma dieta saudável e a suspensão de comportamentos de dependência (de cigarros, álcool em excesso e outras drogas). Se você está grávida, amamentando, na menopausa ou na pós-menopausa, poderá ler sobre as questões sexuais que são específicas para a sua etapa da vida no capítulo 8. Os efeitos sexuais de mudanças hormonais podem, com freqüência, ser melhorados e equilibrados mediante práticas taoístas. A prática da Respiração ovariana no capítulo 8, por exemplo, é um modo natural e eficaz de melhorar a dor menstrual, irregularidades e sintomas da menopausa, incluindo a libido reduzida. No capítulo 9, também examino em detalhes a saúde ginecológica.

Muitos medicamentos podem também influenciar a sexualidade e vários médicos simplesmente não conhecem os efeitos colaterais sexuais de todas as drogas que receitam. Converse com o seu médico sobre alternativas para remédios que você está tomando e sinta-se à vontade para, na próxima consulta, levar a lista de medicamentos nas páginas 254 e 255 para ver se, juntos, vocês conseguem achar alternativas. Se você não fizer as perguntas, o médico pode supor que tudo está bem e que você está de todo contente com o que está tomando. Enquanto isso, não deixe de continuar tomando os medicamentos atuais, pois eles estão contribuindo para a sua saúde total, mas tente aproveitar ao máximo os outros comportamentos "favorecedores da libido" discutidos no capítulo 2.

Se o seu subtotal é 12 ou mais:

Você tem uma saúde razoavelmente boa, o que é uma grande vantagem em todos os aspectos de sua vida. Como já apontei, a sua vibração sexual e a sua saúde geral estão intimamente entrelaçadas, sobretudo à medida que você envelhece. Cuidar-se bem agora, com exercícios regulares, uma dieta saudável e evitando comportamentos de dependência, pode significar que você seja mais receptiva sexualmente hoje e permaneça assim à medida que envelhece.

Desenvolver bons hábitos de saúde é importante para o seu bem-estar físico e para a saúde psicológica. Além de evitar a depressão e a ansiedade, os exercícios e bons hábitos de vida significam que você está *se amando e se cuidando*. Usamos comportamentos nada saudáveis (consumir doces e comidas calóricas de baixo valor nutritivo, fumar cigarros, ver televisão demais, usar drogas) para tentar escapar ao que estamos sentindo no momento, seja raiva, tristeza, auto-aversão ou tédio. Contribuímos para o fardo do nosso "des-conforto" acumulando comportamentos autodestrutivos por cima de experiências emocionais negativas.

Discuto os fundamentos da saúde sexual no capítulo 9. Se você acha que está se saindo bem na manutenção da saúde física, talvez queira aprender as práticas de Respiração ovariana e Ovo de jade no capítulo 8, que se destinam a aumentar a saúde vaginal, dos seios, ovariana e uterina. Há milênios as práticas têm sido usadas por mulheres na China, para ajustar delicadamente os hormônios e o prazer sexual. Se você sofre com menstruação dolorosa ou abundante, TPM, ou está passando pela menopausa, a prática da Respiração ovariana pode ser muito útil.

REGRAS BÁSICAS PARA UMA VIDA SEXUAL SATISFATÓRIA E CHEIA DE VITALIDADE

Espero que esse teste lhe tenha proporcionado um conhecimento das áreas de sua sexualidade em que você pode se concentrar para aumentar o seu prazer e ampliar a sua capacidade de orgasmo. Use os resultados do teste para guiá-la até as partes do livro — quer seja o próximo capítulo ou um pedaço perto do fim — que lhe possam ser mais úteis. Sugiro que você refaça o teste vários meses depois de integrar as práticas deste livro à sua vida, para ver como você cresceu na sua realização sexual.

Talvez seja igualmente útil para o seu parceiro fazer o teste, de modo que vocês possam comparar as suas experiências. Todas as perguntas são também aplicáveis aos homens, inclusive aquela sobre orgasmos múltiplos. Se o seu parceiro está interessado em ter orgasmos múltiplos e ampliar o próprio prazer sexual, indique-lhe *O Orgasmo Múltiplo do Homem*; as práticas básicas são muito semelhantes e é muito mais divertido fazê-las juntos. Ter um parceiro que a anima ao fazer essa prática é ótimo, mas ter um parceiro disposto a aprender a prática com você é extraordinário.

Durante as discussões ao longo deste capítulo, estabeleci algumas das "regras básicas" que espero que você siga enquanto aprende a prática sexual. Vale a pena repeti-las, pois elas devem ajudá-la a se manter no caminho do desenvolvimento de uma vida sexual satisfatória e cheia de vitalidade.

1. Não critique verbalmente o seu corpo.
2. Afirme o seu corpo sempre que possível.
3. Nunca faça sexo se não estiver com vontade.
4. Se sentir dor ou falta de sensação nos órgãos genitais durante a relação ou auto-aperfeiçoamento, pare, mude a estimulação e restabeleça a ligação com o seu parceiro.

Pense nelas como promessas para a sua individualidade sexual, que está se abrindo. Se conseguir cumpri-las, você terá criado um espaço seguro para o seu desejo desabrochar em plenitude. Vamos começar o processo aprendendo a avivar o fogo da sua paixão.

CAPÍTULO 2

COMO AVIVAR O FOGO INTERIOR

Você consegue se lembrar de alguma vez em que se sentiu tomada pela força da paixão, quando sentiu uma dor cálida pulsando entre as coxas, os seios formigando ou se dilatando, na expectativa do toque de alguém? O desejo é uma parte rica e potente da experiência humana. Como aprendemos na Introdução, os taoístas vêem o desejo, denominado energia sexual ou jing chi, como parte da nossa energia vital, ou chi. Estar apaixonado é estar cheio de chi. As palavras "desejo" e "paixão" conotam um sentimento de anseio e ardor que inclui sexo, mas elas também refletem os nossos sentimentos mais fortes sobre a vida. Quando estamos apaixonados por algo — a família, o trabalho, a espiritualidade, uma causa social importante —, estamos investindo o nosso chi nessa experiência. A paixão é o que nos impulsiona para a ação e, em última análise, é o que nos dá alegria. Somos apaixonados pelas coisas que mais têm importância para nós.

Quando peço a minhas alunas para descreverem qual é a sensação do desejo no seu corpo, elas usam uma porção de palavras (e sons) para descrever as suas experiências. A lista no quadro na p. 44 inclui uma coleção de experiências que refletem a complexidade da nossa humanidade. Muitas das palavras expressam prazer, mas algumas também expressam irritação. Como o desejo nos impulsiona à ação, quando ele é frustrado, pode também parecer irritante. A energia sexual é muito mais do que a força que nos leva à cama. Freqüentemente falamos em "ficar cheio de fogo" como se estivéssemos sendo invadidos por alguma força lasciva e demoníaca, mas a energia poderosa da excitação é básica para a nossa humanidade. Não é, como ensinam algumas religiões, uma força sombria que nos separa de Deus, mas é a essência do que nos pode levar a ter vidas dinâmicas e produtivas. O fato de a energia sexual ser tão poderosa é que tem levado a maioria das principais religiões a controlar e restringir o comportamento sexual, especialmente o comportamento das mulheres. Restabelecer a ligação com o nosso desejo é parte da recuperação do nosso poder pessoal.

É verdade que o desejo sexual pode ser usado de maneira nociva e exploradora. Mas é também verdade que uma pessoa que compreende a natureza da energia sexual pode usar esse poder no seu corpo e no mundo para fazer grande bem. As práticas do Amor curativo podem ensiná-la a direcionar e refinar a sua energia sexual de modo que você possa se beneficiar das suas dádivas. Embora o mundo moderno sofra, de um lado, de ignorância a respeito da sexualidade e, de outro lado, de exploração descarada da sexualidade, o Amor curativo oferece uma sabedoria de milhares de anos sobre como viver no nosso corpo como seres sexuais e usar a nossa paixão para nos tornarmos as pessoas que queremos ser.

QUAL A SENSAÇÃO DA EXCITAÇÃO SEXUAL NO SEU CORPO?

Corada	Zumbidora	Desperta
Viva	Profunda	Natural
Aberta	Mm, mm, mmmm	Impetuosa
Ligada	Deliciosa	Cálida
Ondas de energia	Plena	Suculenta
Formigamento	Cantante	Úmida
Densa	Vibratória	Tesão
Expressada	Pungente	Frustrada
Alheamento	Apreciada	Irritada
Confiante	Completa	Magnética
Libertadora	Real	Ardente louvor
Poderosa	Prazer	Feliz
Decidida	Juntando energia	Leve

O QUE INIBE O SEU DESEJO?

A queixa sexual mais comum que ouço das mulheres na minha clínica é que elas têm muito pouco interesse por sexo. Algumas mulheres nunca tiveram um grande desejo por sexo e outras se preocupam porque o desejo que costumavam sentir está, por alguma razão, ausente. Desejo sexual reduzido é a queixa sexual mais comum, segundo a Pesquisa Nacional sobre Saúde e Vida Social, a maior e mais bem dirigida pesquisa de comportamento sexual nos Estados

Unidos. Nesse estudo, 43% das mulheres disseram que haviam enfrentado problemas sexuais nos 12 meses anteriores. O problema mais comum era a falta de interesse por sexo (33%), seguido por uma incapacidade de ter orgasmo (24%) e pelo fato de o sexo não ser prazeroso (21%). Outra pesquisa com mulheres que buscavam atendimento ginecológico de rotina nos Estados Unidos verificou que 87% tinham problemas com desejo sexual reduzido e 83% tinham dificuldade para chegar ao orgasmo.

Por que o desejo sexual é tão difícil para tantas mulheres? Provavelmente porque o desejo sexual é um barômetro para muitos aspectos do bem-estar de uma mulher. Quando se está feliz, descansada, relaxada, saudável e num relacionamento encorajador e amoroso, é bem mais fácil sentir desejo sexual. A maioria das mulheres, no entanto, leva uma vida em que é desafiada em pelo menos um aspecto, e freqüentemente em muitos aspectos, dessa lista. Além disso, muitos fatores físicos podem afetar o desejo, por mais que você se sinta ótima sob outros pontos de vista.

Se você viesse à minha clínica queixando-se de redução crônica da libido, ou da perda de uma libido antes saudável, primeiro eu examinaria que fatores físicos poderiam estar diminuindo o seu desejo, em especial os fatores hormonais. Na verdade, passo bastante tempo aconselhando mulheres na menopausa e na pós-menopausa com libido reduzida. (Isso é tão importante para tantas mulheres que incluí no capítulo 8 uma discussão extensa sobre libido e outras questões da menopausa.) Mães que amamentam também sofrem uma redução no desejo em conseqüência de influências hormonais. Felizmente, a maioria das mulheres recupera a libido assim que os bebês são desmamados.

Eu também perguntaria sobre doenças crônicas e medicamentos ou ervas que você possa estar tomando. São tantos os medicamentos que afetam a libido que eu os relacionei no anexo 1, no qual também aponto distúrbios que interferem no impulso sexual. Se verificar que um ou vários dos itens naquelas listas lhe dizem respeito, recomendo que discuta o assunto com o seu médico ao iniciar as práticas neste livro.

Dois dos problemas mais comuns com efeitos sobre o desejo que vejo na minha clínica são depressão e ansiedade. O impulso sexual diminuído é uma manifestação tão comum da depressão que é incluído entre os critérios determinantes para o diagnóstico. A depressão é hoje tratável com psicoterapia e medicamentos. Assisti a mulheres praticamente "voltarem dos mortos", como elas descrevem o próprio quadro, depois de receberem, durante um mês, atenção adequada aos seus sintomas depressivos. Freqüentemente, a melhora na disposição de ânimo é acompanhada de um aumento no desejo sexual. Muitos antidepressivos comuns, contudo, podem diminuir o impulso sexual e a capacidade de ter orgasmos. Se a depressão é um problema para você, procure tratamento adequado. Não deixe de comentar com o seu médico se achar que o medicamento antidepressivo pode estar afetando seu impulso sexual. Existem antidepressivos disponíveis, como Wellbutrin, que têm menor probabilidade de causar esse efeito.

Dor ou infecções vaginais crônicas, por motivos óbvios, impedem que as mulheres queiram ser sexualmente ativas. Esses distúrbios são tão comuns e tão mal compreendidos, pelas pacientes e pelos médicos, que dediquei o capítulo 9 a discutir abordagens holísticas para conservar a saúde sexual e o prazer.

Depois de investigar quais poderiam ser os desafios físicos e emocionais que lhe diminuem o prazer, eu recomendaria que você examinasse a sua vida como um todo. Como o trabalho e a rotina diária afetam a sua capacidade de sentir desejo? Você está cronicamente cansada? Sente-se estressada na maior parte do tempo? Se tem um relacionamento, como a interação com o parceiro favorece ou reduz o seu desejo? Como se sente em relação ao seu corpo e a partilhá-lo com um amante? Começamos a discutir esses temas no teste no capítulo anterior e vamos discutir cada um deles com mais detalhes à medida que examinarmos a sua paixão.

Todas nós temos experiências de vida que turvam nossa capacidade de sentir desejo. Às vezes, a vida é tão sobrecarregada ou tão monótona que pode dar a impressão de que você nunca sentirá desejo de novo. Creio que toda pessoa é capaz de sentir desejo, independentemente de quais possam ser as suas barreiras físicas ou emocionais. A seção seguinte vai levá-la a uma visualização que a ajudará a lembrar o desejo intrínseco ao seu corpo.

A PAIXÃO ESTÁ EM TODOS NÓS

Por mais exausta, sobrecarregada ou aborrecida que você esteja, existe no seu íntimo a semente do desejo. A capacidade para o desejo e a paixão é intrínseca à natureza humana. Antes de sentir o desejo, você precisa relaxar o corpo e a mente. Um bom ponto de partida é um exercício de relaxamento simples mas eficaz, chamado Respiração abdominal. Existe ampla pesquisa científica (e milênios de sabedoria oriental) para demonstrar que a respiração profunda pode levar ao relaxamento. A Respiração abdominal é uma técnica a ser utilizada sempre que você se sentir ansiosa, particularmente enquanto experimenta a sua sexualidade. Tal como em todos os exercícios neste livro, é conveniente fazer esse exercício em um espaço confortável que favoreça a sua individualidade sensual (como um

EXERCÍCIO 1

RESPIRAÇÃO ABDOMINAL

1. Sente-se numa posição confortável e relaxe os ombros.
2. Coloque as mãos sobre o abdome, logo abaixo do umbigo.
3. Respire profundamente pelo nariz, indo até o abdome, de modo que a barriga empurre suavemente as suas mãos.
4. Expire lentamente pelo nariz ou pela boca, deixando a barriga voltar à posição normal.
5. Inspire e expire nove ou 18 vezes (ou quantas vezes precisar), sentindo o corpo relaxar. Enquanto expira, imagine que está liberando a tensão junto com a respiração.

quarto, com velas acesas). Mas se o máximo que se consegue é ficar escondida das crianças atrás da porta fechada do banheiro, então faça assim. A maioria desses exercícios pode ser feita em praticamente qualquer lugar.

Você vai notar que, neste exercício e em quase todos os seguintes, fará as repetições em múltiplos de nove. Fazemos assim porque, no taoísmo, nove é o número que significa "sem fim". Embora não haja inconveniente em repetir quantas vezes quiser, em geral é útil ter um número para definir o início e o fim da prática.

Depois de relaxar, siga o exercício da Meditação guiada na página seguinte. Arranje um local isolado, onde não seja perturbada por 15 minutos. Essa meditação guiada funciona melhor se você puder ouvi-la e deixar a sua imaginação vaguear. Sei que pode ser difícil fazer este exercício e os seguintes enquanto lê as etapas em um livro. Como alternativa, você pode gravar as palavras da meditação com um gravador de voz e tocá-las depois. Se isso não for possível, tente manter-se num estado de espírito livre e imaginativo enquanto lê o texto e faz o exercício. Tente deixar a mente divagando e disponível. Deixe as imagens surgirem, sem levar em conta a opinião que possa ter sobre elas na sua vida presente. Esse exercício é sobre sentir o desejo em qualquer contexto em que ele possa aparecer. Se puder gravar a meditação e tocá-la, relaxe e feche os olhos. Se não, feche os olhos de vez em quando durante a leitura, para poder concentrar-se melhor no que visualiza.

Depois do exercício da Meditação guiada, relembre as particularidades do encontro que visualizou. Onde você estava? Qual era a hora do dia? Você estava com um amor de longa data ou com uma pessoa estranha? Era algo planejado ou não? Fazia parte da sua vida normal (incluindo trabalho, família etc.), ou você estava longe de casa? E o mais importante: como você se sentiu — ingênua ou sensual, vulnerável ou confiante, amorosa ou lasciva, meiga ou decidida? Quem era *você* nesse encontro? Como o ambiente emocional e físico difere do último encontro sexual que você teve? Como ele se compara com o seu encontro sexual "típico", seja com outra pessoa ou com você mesma?

Em uma folha de papel separada, quero que você relacione, com o máximo de detalhes que puder, as características particulares que tornam esse encontro erótico. Leve em conta o cenário, o parceiro (se você tinha um parceiro), o seu estado emocional, como se sentia quanto ao seu corpo e o que fizera antes da relação sexual — qualquer coisa que tenha contribuído para a sua experiência. Pense em quais dessas características você poderia incorporar já à sua vida. Algumas experiências não podem ser repetidas — tal como ser uma adolescente no banco traseiro do carro dos pais. Mas relembre o que era erótico nesse encontro: a emoção de ser descoberta ou de fazer sexo num

EXERCÍCIO 2

UM MOMENTO DE DESEJO TOTAL: UMA MEDITAÇÃO GUIADA

Comece deixando que lhe venha uma lembrança de um momento em que se sentiu apaixonada e sexualmente viva. Deixe a mente passear pela sua história até você achar uma lembrança com que possa estabelecer ligação e ver com clareza na sua mente. Pode ser que lhe venham várias lembranças. Você não tem necessariamente de escolher uma delas. Você poderia estar com alguém ou poderia estar sozinha. Se está encontrando dificuldade para lembrar um momento em que se sentiu apaixonada, é também possível imaginar qual seria a sua melhor fantasia sexual.

Agora quero que você se sintonize com essa lembrança.

Você está sozinha ou com um parceiro? Se está com alguém, quem é a pessoa?

Como é o ambiente? Descreva-o com o máximo de detalhes que puder. Você está num local fechado ou ao ar livre? Como é o aposento ou o ambiente externo? Que cores você vê? Como é a luz – suave ou bem viva? Está frio ou faz calor? É calmo e silencioso, ou há sons em volta?

Agora quero que você observe como se sente por dentro do seu corpo. Observe as sensações da pele, dos lábios, dos órgãos genitais. Permita-se sentir o seu desejo. Você sente calor, formigamento ou vibração? Em que ponto do corpo você sente a sua paixão? Quero que você se agarre à energia do seu desejo. E, lembrando todos os detalhes da experiência, volte ao presente.

ambiente externo. Pode ser que algumas das características — um ex-amante, talvez — você não queira integrar à sua vida atual, mas pode haver algo que você queira incluir: a sua reação àquele parceiro, ou a atenção ou habilidade particular dessa pessoa, por exemplo.

Sugeri esse exercício a uma das minhas pacientes, Sharon, uma animada vendedora de 40 anos, casada e mãe de dois filhos com menos de 6 anos. Desde o nascimento do primeiro filho, Sharon e o marido tinham muito menos tempo a sós juntos e relações sexuais menos freqüentes. No ano anterior, em particular, eles haviam brigado mais sobre as responsabilidades domésticas e a falta de intimidade sexual. Depois de visualizar a sua experiência erótica, Sharon fez uma lista que incluía as seguintes características eróticas.

CARACTERÍSTICAS ERÓTICAS
Confiança no parceiro
Folga (uma pausa na vida)
Gostar do meu corpo

Você anotou as características eróticas do seu encontro na folha de papel. Agora quero que pense a respeito e inclua na lista quaisquer características eróticas que, na sua opinião, melhorariam a sua vida sexual atual, mas não faziam necessariamente parte desse encontro. Sharon acrescentou ser massageada pelo marido, algo que sempre a ajudava a relaxar e apreciar mais a relação sexual.

Agora quero que você avalie com que freqüência, na sua vida atual, você precisaria dessa característica erótica específica a fim de favorecer plenamente a sua libido. Em seguida, liste as coisas que a impedem de ter essa característica com a freqüência de que gostaria. A lista de Sharon era parecida com esta:

Características eróticas	Com que freqüência quero isso?	O que me impede de ter isso com a freqüência que eu quero?
Confiança no parceiro	Sempre	Comunicação precária
Folga (uma pausa na vida)	Quatro vezes por ano, num fim de semana	Fazer o esforço, dinheiro, conseguir quem cuide das crianças
Gostar do meu corpo	Sempre	Falta de exercício, autocrítica
Receber uma massagem	Duas vezes por mês	Receio de pedir (porque então ficarei devendo um favor a ele)

A seguir, quero que você avalie o que significará se não tiver essa característica erótica na sua vida. O que acontecerá com você, com o seu desejo, ou com o relacionamento, se você *não* tiver essa característica específica com a freqüência de que gostaria? E, por último, o que poderia acontecer se você tivesse essa característica erótica na sua vida com a freqüência de que gostaria? O que poderia revelar-se para você, para o relacionamento, ou para a sua paixão sexual? Anote isso na folha de papel.

Características eróticas	**Com que freqüência quero isso?**	**O que me impede de ter isso com a freqüência que eu quero?**	**Qual é a conseqüência de não ter isso?**	**O que experimentarei se tiver isso?**
Confiança no parceiro	Sempre	Comunicação precária	Perder o relacionamento	Paz, uma base sólida
Folga (uma pausa na vida)	Quatro vezes por ano, num fim de semana	Fazer o esforço, dinheiro, conseguir quem cuide das crianças	Impulso sexual reduzido, ficar irritadiça	Intimidade, harmonia e paixão
Gostar do meu corpo	Sempre	Falta de exercício, autocrítica	Sentir-me deprimida e nada sensual	Curiosidade e extroversão
Receber uma massagem	Duas vezes por mês	Receio de pedir (porque então ficarei devendo um favor a ele)	Não relaxar durante o sexo, não me sentir cuidada	Gratidão ao marido, mais desembaraço na nossa sexualidade

Por fim, quero que você faça uma lista de prioridades para a sua individualidade sensual que a ajudará a incluir na sua vida mais comportamentos favoráveis à libido. Use a lista de características eróticas e procure descobrir do que precisa para fazê-las acontecer. A lista de prioridades de Sharon era parecida com esta:

PRIORIDADES

1. Arranjar tempo para conversar com Michael sobre o nosso relacionamento e vida sexual.
2. Telefonar para mamãe e ver se ela pode ficar com as crianças durante um fim de semana no próximo mês.
3. Começar a fazer caminhadas de manhã, duas vezes por semana.
4. Pedir a Michael para fazer uma massagem neste fim de semana.

Sharon percebeu que poderia estar em perigo não só a sua individualidade erótica, mas talvez também o casamento. O seu interesse incentivou a motivação para fazer mudanças. A sua lista pode parecer muito diferente da de Sharon. Por exemplo, Sasha, uma artista plástica de 28 anos, descreveu a sua lembrança erótica como um encontro espontâneo com um ex-amante que não era emocionalmente íntimo, mas permitira que a sua energia sexual em estado bruto fluísse. Sasha descobriu que com o marido, a quem ama profundamente, tem dificuldade em desligar a mente e atingir o mesmo impulso sexual intenso. A sua lista de características eróticas incluía ligar-se ao seu fundamental desejo físico de sexo. Inconscientemente, Sasha fixara limites em torno de como se manifestar sexualmente com o marido. Uma das suas prioridades era explorar fantasias e encenação de papéis que lhe permitissem atingir a sua energia sexual intensa na vida atual. Discutiremos a importância da fantasia (e algumas orientações saudáveis) mais adiante neste capítulo.

Quero que você examine a sua lista de características eróticas e integre pelo menos uma delas à sua vida nesta semana. É mais fácil fazer isso com alguns itens do que com outros. Você talvez não consiga encontrar um parceiro disposto e amoroso até a tarde de terça-feira, mas pode decidir dormir o suficiente ou reservar certo número de horas para dedicar ao sexo. Sharon, por exemplo, resolveu contratar uma babá para poder ter encontros sábado à noite, e Sasha se matriculou num curso de dança erótica para alcançar um pouco da sua energia sexual em estado bruto.

Quero que você também escolha um item que pareça absolutamente essencial para alcançar o seu potencial erótico, mas que talvez exija certo tempo para se realizar. Você pode precisar encontrar um parceiro, mudar de trabalho ou gostar do seu corpo. Pense com cuidado sobre um passo menor que possa dar nesta semana para avançar em direção a esse objetivo, tal como dar uma olhada nos anúncios pessoais ou avisar os amigos que você está procurando alguém (e *quem* você está procurando). Comece a sondar empregos ou reserve tempo para fazer uma lista das características necessárias em um novo emprego. Comprometa-se a evitar críticas ao corpo durante uma semana, ou a tomar um banho relaxante pelo menos uma noite por mês.

Depois de fazer esse exercício, Jill, uma mulher vibrante de 49 anos que estava à procura de uma nova parceira, comprometeu-se a dizer a todos os amigos exatamente que tipo de mulher estava procurando. Como acontece tantas vezes quando espalhamos aos quatro ventos as nossas intenções, uma semana depois Jill conheceu uma nova e atraente amante. Ter a intenção de desenvolver a sua vida erótica e dar passos mesmo pequenos nessa direção ampliará em muito as chances de conquistar a individualidade apaixonada e vibrante que você merece.

É muito importante que você amplie a paixão usando as características eróticas que funcionam para você. Como médica e professora, tenho visto muitas mulheres redescobrirem e aumentarem a paixão de diversas maneiras. Algumas são tão importantes e eficientes que as discutirei em detalhes: o uso da imaginação erótica, o atrativo da novidade e a importância de se cuidar.

AVIVAR A PAIXÃO COM A IMAGINAÇÃO

Uma das maneiras mais diretas de aumentar o desejo sexual é estimular o que os terapeutas sexuais muitas vezes chamam de o mais importante órgão sexual — o cérebro. As mulheres, em particular, têm imaginação ativa sobre intimidade e relacionamentos. É por isso que as novelas e os romances e filmes sentimentais são considerados "diversão feminina". A fantasia sexual tem um efeito tão potente que algumas mulheres podem ter orgasmo exclusivamente a partir da fantasia. Estudos mostram que a fantasia sexual ajuda muitas mulheres a atingir a excitação e o orgasmo durante o sexo em parceria.

Como vivemos em uma sociedade ainda dominada por convenções sociais estritas sobre sexo, muitas mulheres têm vergonha ou medo de se excitar com fantasias sexuais. A chama sexual, contudo, não obedece aos códigos morais que regem a nossa vida. Na verdade, a imaginação sexual é muito freqüentemente movida por situações que *zombam* dos códigos morais tradicionais: sexo em público, sexo grupal, adultério ou sexo sadomasoquista. Toda mulher deve decidir sobre como quer exprimir fisicamente a sua individualidade sexual na vida, mas eu quero incentivá-la a soltar um pouco as rédeas na sua imaginação sexual.

Quando censuramos a imaginação sexual, limitamos o acesso total à energia sexual. Uma das chaves para avivar a libido é libertar a imaginação sexual, e existem muitas maneiras de fazer isso. Pense em anotar algumas das suas fantasias. Se tem um parceiro, você pode querer partilhá-las ou encená-las com ele ou ela. Modifique o ambiente de modo que ele inspire a sua individualidade sensual. Se aprecia ler literatura erótica ou alugar filmes eróticos, faça isso. Se gosta de encenar papéis com o seu parceiro, vá em frente. Pode parecer bobagem, mas a imaginação erótica é de fato muito poderosa e você se surpreenderá com as reações "realistas" que pode obter. Fortes indícios mostram que o cérebro e os hormônios reagem à realidade imaginada de forma semelhante a como reagem à realidade vivida.

Algumas das fantasias sexuais podem desafiar os nossos limites. Muitas mulheres receiam que só de *pensar* em fazer sexo com uma pessoa (ou pessoas) proibida(s) irão agir sob essa influência. Eu afirmaria que, na realidade, o contrário é verdade. Quando reprimimos as nossas vidas de fantasia e nos recusamos a reconhecê-las, as fantasias se tornam ainda mais poderosas. E temos menos controle sobre o poder que exercem porque elas são agora fantasias *inconscientes*. Quando as exploramos, obtemos acesso à energia sexual que elas possuem. Também as tornamos *conscientes*, aumentando assim o nosso poder de tomar decisões sobre elas. Se você tem um relacionamento, partilhar essas fantasias com o seu parceiro em um ambiente seguro pode ser um estimulante extraordinário e também muito liberador.

Foi o que aconteceu com um casal que conheço, Sarah e Caleb, casados há oito anos. Depois de fazer algumas sondagens, Caleb descobriu que uma das fantasias sexuais de Sarah era estar com dois homens. A princípio, ele se sentiu ameaçado por isso. Iria Sarah buscar a sua fantasia fora do casamento? Depois de alguns anos, sentindo-se seguro de que Sarah estava tão comprometida com a monogamia quanto ele, Caleb encenou a fantasia com ela, usando dedos, acessórios e a própria imaginação. A relação foi extraordinariamente intensa. Mais tarde, Sarah disse que se sentia mais próxima de Caleb do que antes, porque ele a ajudara a aceitar e até integrar uma parte de si mesma que causava embaraço a *ela*. Como resultado, o casamento e o compromisso de ambos ficaram mais fortes.

A finalidade da fantasia é revelar as suas possibilidades eróticas de modo que você possa jogar com elas consigo mesma ou com um parceiro confiável. Nunca é demais enfatizar como a confiança é importante para esse processo. Se já se magoou física ou emocionalmente em um contexto sexual, você precisa confirmar que a outra pessoa tem como objetivo o seu maior bem, antes de lidar com a fantasia sexual. Se esse não for o seu caso ou se você não tem um parceiro, usar a fantasia no auto-aperfeiçoamento também é seguro e divertido. Muitas mulheres gostam de ler literatura erótica como parte do auto-aperfeiçoamento.

Vale a pena enfatizar que o objetivo de encenar papéis na sexualidade não é se desligar do seu parceiro, mas incluí-lo na fantasia. Há uma diferença enorme entre ter fantasias sobre *outra pessoa* enquanto faz sexo com o seu parceiro e encenar uma fantasia enquanto está *com* o seu parceiro. Como aconteceu com Sarah e Caleb, ter a coragem de incorporar a fantasia à relação sexual pode dar uma sensação de grande intimidade emocional. Por outro lado, se você tem fantasias sobre outra pessoa enquanto está com o seu parceiro, você estará emocional e energeticamente ausente. Se for esse o caso, é impossível harmonizar e trocar energia sexual com o parceiro com quem você *está*.

Eu estava discutindo o uso da fantasia e imaginação com uma turma em Santa Cruz, na Califórnia, e uma das mulheres comentou: "Tenho muita experiência no uso da fantasia para criar um tipo 'esculhambado' de energia sexual, mas também tenho a impressão de que é uma muleta, de que não é nem mesmo o melhor tipo de energia sexual, o tipo que é mais favorável." Eu lhe asseguro que mesmo a energia "esculhambada" pode ser favorável e você vai aprender, neste capítulo e no seguinte, a canalizar a energia sexual para que assim seja. As práticas do Amor curativo ensinam a fundir o desejo intenso com o amor — a canalizar a energia dos órgãos genitais e transformá-la para que alimente o coração. Mas quero frisar que não existe um sexo bom e sensível e um sexo mau e esculhambado; todo sexo pode ser significativo e profundo. A sexualidade taoísta, contudo, realmente acredita que a energia sexual é mais estável e favorável quando se funde com a energia amorosa do coração. A sexualidade taoísta permite que levemos toda a energia sexual — sensível ou fajuta — dos órgãos genitais até o coração, onde ela pode alimentar o corpo e conduzir ao crescimento emocional e espiritual.

Sugiro que você pense no uso da fantasia como uma das muitas possibilidades no seu repertório sexual. Explorar a imaginação é importante porque amplia a infinidade de maneiras de você se sentir à vontade ao se exprimir sexualmente. Mas a idéia não é que você precise constantemente se exprimir dentro de uma fantasia para sentir desejo. Quando você encena uma fantasia que escolheu, mesmo na sua mente, o desejo e os sentimentos se tornam seus. Ela de fato não é mais uma fantasia porque se tornou parte da sua completude sensual. Quando nos sentimos à vontade conosco e profundamente ligadas a nossos parceiros, podemos ficar livres para exprimir exatamente o que estamos sentindo no momento da intimidade. Podemos pedir o que queremos, seja toque suave ou querer "ser esculhambado", porque exploramos esses sentimentos antes e sabemos como chegar ao desejo por meio deles. A relação sexual é um dos poucos lugares em que podemos exprimir alguns dos aspectos contraditórios e desinibidos da nossa humanidade em um contexto amoroso. Quando nos deixamos levar pelos nossos desejos mais profundos com o nosso parceiro, favorecemos uma ligação que é intensa.

AVIVAR A PAIXÃO COM A NOVIDADE

Quando alargamos o campo de ação da nossa atividade sexual, estamos fazendo experiências com a *novidade*. A mente e o corpo — tanto os nossos próprios quanto os do nosso parceiro — reagem com interesse a coisas que sejam novas. Quando tomamos conhecimento de novas informações, o corpo nos recompensa com sensações agradáveis. Mudar e aprender é realmente bom. A maioria de nós tem consciência da nossa necessidade de segurança e estabilidade — na realidade, fazemos o possível para consegui-las. O que mais desafia a compreensão é que temos uma necessidade de mudança que é exatamente tão forte quanto a necessidade rival de estabilidade. Em nenhuma área esse desejo de mudança é tão evidente quanto no fundo comum do próprio desejo.

Por mais habilidosos que nós ou nossos amantes possamos ser, usar as mesmas técnicas ou estilos de fazer sexo se tornará, com o tempo, menos interessante e menos intenso. Então como introduzimos novidades em relacionamentos que podem estar longe de serem novos? Usar algumas das características eróticas que você listou nas páginas anteriores ajudará. O instrumento sexual mais possante que você possui, contudo, é a imaginação e o seu próprio ser mutável. Não há nada mais estimulante do que ver um novo crescimento ou mudança dentro de si mesmo ou do parceiro. Isso é também muitas vezes aterrador porque desafia o desejo rival de estabilidade — de que as coisas permaneçam como são. Mas na relação sexual, como no resto da vida, o estímulo e o medo estão com freqüência associados. O que é estimulante na novidade e na mudança é que não se sabe o que esperar. Você já topou com o seu parceiro em uma situação inteiramente nova, talvez em uma festa ou no trabalho, quando ele ou ela não sabia que você estava lá? Pode ser uma sensação estimulante ver aquela pessoa em um contexto diferente, *como se fosse uma nova pessoa.* Parte desse estímulo é também o medo. "Como ele ou ela me reconhecerá nesse novo contexto?" Provavelmente você não experimenta o mesmo estímulo (ou medo) quando vocês estão usando o fio dental juntos, antes de ir dormir.

Criar mistério e novidade era o atrativo dos bailes a fantasia de um século atrás. Mas não é necessário se arrumar toda para alcançar o poder da novidade no relacionamento (mas se você gosta, deve mesmo fazer isso!). A maioria de nós cresce e muda todos os dias. Você partilha com o seu parceiro as suas novas percepções sobre o mundo ou sobre si mesma? Está buscando crescimento e mudança na sua vida? Suponho que esteja, já que está lendo este livro. É uma dádiva maravilhosa para você e para o seu relacionamento, seja o atual ou um que você terá no futuro. Se está sozinha e leva uma vida de paixão, comprometida com o crescimento pessoal, você terá, eu lhe asseguro, muitos parceiros buscando a sua companhia porque a paixão é magnética. É intrinsecamente interessante. Já conheceu mulheres ou homens que não eram atraentes segundo os padrões convencionais, mas tiveram muitos amantes porque tinham magnetismo pessoal? Eles estavam em contato com a sua paixão. Queremos estar perto de quem se anima com a vida porque isso nos ajuda a alcançar a nossa paixão.

Quais são algumas maneiras de você introduzir novidades na sua relação sexual? Pense em variar o ambiente habitual. Transforme o quarto em um palácio sensual, acrescentando velas, fragrâncias, tapeçarias, iluminação suave ou música. Sugiro enfaticamente que reserve o quarto para o sexo e para dormir, ao mesmo tempo que reduz ao mínimo outras atividades. Veja televisão, leia o jornal e pague as contas em outro local. Ou, se você sempre faz sexo no quarto, pense em tentar outros lugares. Os antigos taoístas, a propósito, apreciavam muito fazer sexo ao ar livre, pois isso lhes permitia absorver o chi diretamente do ambiente.

Se você gosta de acessórios sexuais (lingerie, pênis artificiais, vibradores, *plugs*, bolas, cintas com pênis etc.), pode usá-los na medida em que eles a ajudem a avivar o seu fogo sensual. Muitos estão disponíveis em lojas locais e pela internet. Lembre-se de que nós queremos usar a energia sexual para aumentar a nossa vitalidade total e o amor à vida. Os acessórios devem ser seus amigos nesse processo. Se alguma literatura erótica, filme ou jogo erótico a deixa constrangida ou aborrecida consigo mesma, se não contribui para que se sinta sensível e completa, ou de algum outro modo parece estar esgotando a sua energia, não deixe de evitá-lo.

Talvez o aspecto mais fundamental de cuidar do seu desejo — seja comprando brinquedos sexuais ou tomando um banho quente — é que você se cuida no processo. Embora cuidar de si mesma talvez não nos pareça sensual, de um ponto de vista taoísta isso é a chave para intensificar a paixão, como mostrarei em seguida.

AVIVAR A PAIXÃO CUIDANDO DE SI MESMA

Na minha experiência clínica, o principal problema para a maioria das mulheres que procuram sentir desejo é que a sua vida é estressante e elas estão física e emocionalmente exaustas. Na maioria das culturas, as mulheres têm sido as fornecedoras fundamentais de apoio físico e emocional às famílias e à comunidade. O fenômeno moderno da "supermulher" aumentou a parcela de "doação" das mulheres, ao acrescentar as responsabilidades do trabalho fora de casa à lista transbordante de coisas que ainda se espera que elas façam em casa e na comunidade. Apesar de dividir a responsabilidade de proporcionar estabilidade econômica, a maioria das mulheres acha que elas são fundamentalmente responsáveis pela manutenção da casa e pelo cuidado das necessidades pessoais e educacionais dos filhos. Até mulheres que decidem permanecer solteiras ou que não têm filhos com freqüência se doam a outros, por meio de múltiplas atividades no trabalho e na comunidade.

Doar-se é um ato vital que pode ser compensador. Doar-nos em um contexto em que temos uma sensação de autonomia e reconhecimento pode enriquecer a nossa vida pessoal e nos devolver tanto amor e energia quanto investimos. Muitas mulheres, porém, abrem mão do que consideram indispensável em situações nas quais se sentem mais exauridas do que energizadas. A maioria das mulheres que atendo passa muito pouco tempo ocupada com atividades estritamente para desfrute próprio ou para o seu crescimento espiritual ou emocional. Recentemente, uma definição médica de bem-estar me chamou a atenção: "o equilíbrio que cada um de nós alcança entre os nossos enriquecimento e esvaziamento, que é crucial para a nossa saúde física, emocional e espiritual". Eu acrescentaria ainda que a sua saúde *sexual* depende da vibração dessas três, a sua saúde física, emocional e espiritual.

Os taoístas antigos ofereciam uma compreensão nuançada da energia vital total e energia sexual que reflete esse equilíbrio entre dar e receber chi. Eles acreditavam que existem três divisões principais de chi dentro do corpo. A energia sexual, ou jing chi, faz parte da primeira divisão, chamada energia principal. A energia principal provém das forças do céu e da terra e é instilada no nosso corpo pelo amor e a união sexual dos nossos pais. Nascemos com farta quantidade de energia principal, e esse é um dos motivos de as crianças serem tão ativas. A energia principal é associada aos órgãos sexuais e é a força básica de sustentação no corpo. Ela se esgota ao longo da nossa vida. A segunda divisão do chi é a energia vital que circula no corpo e fornece energia aos órgãos, mencionada simplesmente como chi neste livro. O segredo da prática do Amor curativo é que você pode transformar a energia sexual em chi e revigorar o corpo. A terceira grande divisão do chi é a energia espiritual, ou *shen*. Quando o chi é farto e a mente e as emoções estão serenas, o chi então se transforma em energia espiritual. A energia sexual se transforma em chi, que então se transforma em energia espiritual, shen.

Enquanto vivemos e trabalhamos, comumente extraímos o chi, o "combustível" para acionar o corpo, de todas as fontes de chi à nossa volta: relacionamentos (ou não!), exposição ao mundo físico, alimentos nutritivos, trabalho satisfatório, arte e beleza, atividades criativas, prática espiritual, amor e afeto e,

EXERCÍCIO 3

O EQUILÍBRIO DO SEU BEM-ESTAR

1. Nos espaços abaixo, liste as atividades ou ocupações que lhe dão energia e alegria, mesmo que não as esteja exercendo atualmente.
2. Depois, liste as atividades que lhe esgotam a energia, a alegria ou o otimismo. Se um item, como o trabalho ou criar os filhos, tanto dá como esgota energia em momentos diferentes, liste-o nas duas colunas. Tente ser específica sobre quais atividades determinadas, no trabalho ou em casa, diminuem a sua energia ou alegria. Muitas atividades na sua vida podem ser simplesmente neutras.
3. Em seguida, liste quanto tempo, em uma semana média, você dispensa a cada um dos itens. Se um item aparece em ambas as colunas, liste a quantidade de tempo em que ele é energizante na primeira coluna e a quantidade de tempo em que é esgotante na segunda coluna. Obviamente, essa é uma simplificação imperfeita do "equilíbrio" na sua vida, mas se destina a lhe dar uma representação simbólica. Não resta dúvida de que uma conversa desagradável de cinco minutos com a sua mãe pode ser muito mais esgotante do que uma hora extenuante no trabalho.
4. Some as quantidades de tempo em cada coluna e considere o resultado.

Atividades que aumentam a energia (chi) e a alegria	Tempo por semana	Atividades que diminuem a energia (chi) e a alegria	Tempo por semana
Total de tempo por semana			

sobretudo, relações sexuais. Quando não estamos sendo revitalizados por essas fontes de chi, o corpo é obrigado a recorrer à energia principal armazenada para realizar as suas funções. A energia principal é como o gerador reserva que esgotamos quando não estamos ligados à nossa usina elétrica — aquelas coisas que nos animam, transmitem energia e alegria e nos ajudam a sentir amor. Pense nas coisas na sua vida que a animam e a ajudam a sentir alegria e amor. Quanto tempo você passa por semana nessas atividades? E quanto tempo passa em atividades que lhe esgotam a energia? Quando estamos esgotados por estresse ou excesso de trabalho, precisamos da nossa usina elétrica para, literalmente, nos reabastecer e manter nossa máquina funcionando. Se não nos revitalizarmos com amor, bons alimentos e fatores criativos, temos de contar com o chi do gerador reserva — a energia principal.

Infelizmente, muitos de nós nos desgastamos demais na vida de forma contínua, sem nos reabastecermos na nossa usina elétrica. Para funcionar, somos obrigados a consumir a energia principal, nossa força vital básica, e por causa disso podemos sofrer de doenças crônicas, perturbações do sono, depressão e libido reduzida. Segundo os taoístas, a energia principal está presente desde a concepção e, quando se exaure completamente, nós morremos. Sempre que esgotamos a energia principal, estamos diminuindo a nossa força vital. A fim de parar de esgotar essa força — e a nossa libido —, precisamos aumentar o chi revitalizando-nos: dispondo de tempo para amar, brincar, criar e cuidar do espírito.

Antes, você listou as características eróticas que favorecem o seu desejo. Como já pode ter percebido, coisas que favorecem o desejo podem também aumentar a energia total e a alegria. No próximo exercício, quero que você descreva o equilíbrio na sua vida entre essas atividades que a revitalizam, ou lhe dão chi, e aquelas que esgotam a sua energia. (Algumas atividades, como trabalhar ou criar os filhos, podem fazer as duas coisas, em momentos diferentes.)

Que espécie de equilíbrio você está alcançando no seu bem-estar? Lembre que, se der muito mais do que recebe, você está diminuindo a sua vitalidade e, por isso, mesmo as suas "doações" não partem das qualidades mais elevadas em você mesma. Como você trabalha, atua como mãe ou se relaciona com outros quando está esgotada? Como é a intimidade sexual consigo mesma ou com um parceiro quando você está esgotada? Imagine como a sua vida poderia ser diferente se você tivesse um pouco mais de tempo a cada dia para se ligar com a sua usina elétrica — isto é, as suas fontes de chi. Pense em arranjar uma hora a mais por semana para se cuidar.

Sei como isso pode ser difícil, sobretudo para mulheres que estão lutando financeiramente para atender as suas necessidades básicas, lidando com carreiras exigentes ou cuidando de filhos pequenos. Tive as minhas filhas gêmeas perto do fim da minha residência médica. Quando elas eram recém-nascidas, simplesmente tomar uma chuveirada era um feito e tanto. Mas mesmo pequenas mudanças no modo de cuidar das suas necessidades podem ter um grande impacto. Isso pode modificar a sua atitude e, portanto, a sua energia, especialmente quando você sente que as suas necessidades são levadas em conta. Pense em usar o intervalo no trabalho, ou tempo no carro ou no chuveiro, para fazer um breve exercício meditativo taoísta para firmar a sua energia, como o Sorriso interior no fim deste capítulo. Cuidar de si mesma irá beneficiá-la, mas beneficiará também todos aqueles que você ama. Quando você está impregnada da sua alegria, pode doar ao mundo de um modo muito mais profundo.

A sua capacidade de se cuidar vai mudar ao longo da vida, mas nunca é tarde demais para começar a respeitar as suas necessidades. Uma das minhas pacientes, Danya, uma criativa mulher de 63 anos, me contou que está tendo o melhor sexo da sua vida com o seu novo parceiro, de 79 anos. Quando lhe perguntei por que era assim, Danya explicou que finalmente conseguira deixar de lado a noção de ter de estar disponível para todos os demais e ter de ser *alguém* em especial. Como descreveu: "Quando removi todas as outras camadas de quem eu achava que eu tinha de ser, descobri o mais refinado desejo no cerne do meu ser." Aos 63 anos, Danya está decidindo cuidar de si mesma, e o seu desejo e a realização sexual nunca foram tão deliciosos.

A maioria dos sexólogos concordaria que cuidar de si mesmo contribui para uma capacidade maior de desejo sexual.

O conhecimento taoísta oferece-nos outra percepção profunda. A própria energia sexual pode, por sua vez, aumentar a energia principal. Esse é um ponto muito importante. Em vez de a sua energia principal ser continuamente esgotada ao longo da vida, você pode reabastecê-la transformando a energia sexual pelas práticas sexuais taoístas. Desenvolvendo a paixão, você pode aumentar a sua força vital básica e, portanto, reabastecer a saúde e a vitalidade totais. A *única* outra força energética que pode aumentar a energia principal é a força vital do amor verdadeiro e da compaixão. Quando combinamos essas duas — energia sexual e amor verdadeiro —, temos a força mais poderosa para a cura e a felicidade a que nós, seres humanos, temos acesso. É por isso que chamamos essas práticas de Amor curativo.

Como continuarei a lembrar ao longo do livro, a energia sexual é uma força intensa e é essencial que você desenvolva a energia do amor e da compaixão por si mesma e pelo seu parceiro antes de fazer as práticas sexuais. O taoísmo ensina que a energia emocional é simplesmente outra forma de energia vital, ou chi, e que, quando compreendemos como sentir e mover o chi, podemos direcionar o chi e a compaixão para facilitar a nossa cura. Vamos começar a exploração das práticas do Amor curativo aprendendo a sentir e mover a energia vital, o nosso chi.

O MOVIMENTO DO CHI

O chi viaja por caminhos pelo corpo conhecidos como canais ou meridianos. O movimento sutil do chi pode provocar muitas sensações — algumas das mais comuns são formigamento, calor, dilatação, uma sensação elétrica, uma impressão magnética, palpitação ou efervescência (uma sensação de borbulhamento). Não surpreende que muitas dessas sensações sejam semelhantes às que experimentamos com a excitação ou o desejo, já que a excitação é simplesmente o movimento da energia sexual. Essas sensações não são o próprio chi, mas os sinais de chi crescente em determinada área. Você pode pensar no movimento do chi como uma carga elétrica ou bioquímica movendo-se pelos tecidos do corpo.

Nos clássicos taoístas, há um provérbio: "A mente se move e o chi acompanha." Onde quer que concentremos a atenção, o chi tenderá a se acumular e aumentar. A ciência ocidental demonstrou que simplesmente concentrar a atenção em uma área do corpo provocará aumento de atividade nos nervos e músculos, assim como um aumento nos fluxos sanguíneo e linfático. A medicina tradicional chinesa entende que todos esses sistemas são movidos pelo chi. A atenção aumentada modifica o fluxo do chi, que em seguida influencia o fluxo sanguíneo.

Quanto mais forte a concentração, maior será o movimento do chi. Por exemplo, se você concentrar a mente, digamos, na ponta do dedo mindinho da mão esquerda, mais chi (e mais sangue) se moverá para aquela área. Você pode até experimentar alguma sensação naquela ponta do dedo enquanto lê isto, simplesmente porque se concentrou nela. Essa percepção é a base das práticas meditativas e sexuais do Tao universal, que a ajudam a sentir e mover o chi pelos meridianos principais, para beneficiar a sexualidade assim como a saúde e a vitalidade gerais. Esses conceitos são partilhados por outras tradições importantes, como as práticas indianas de ioga e tantra, que também se concentram em criar e mover a energia vital.

NOSSA MENTE ABDOMINAL

Nas sociedades ocidentais, atualmente a maioria de nós localiza a consciência e o sentido de individualidade na cabeça — o que pensamos no cérebro, vemos com os olhos, ouvimos com os ouvidos e falamos com a boca. Um dos ensinamentos principais da prática do Tao universal é que precisamos transferir a consciência (e, assim, o chi) da cabeça para a barriga. O umbigo é de onde toda a nutrição flui para o nosso corpo enquanto estamos no útero e, segundo os taoístas, ele continua a ser o *centro energético* do corpo ao longo da vida. Os mestres das artes marciais orientais têm êxito em realizar incríveis feitos de força e flexibilidade porque localizam a consciência (e, assim, extraem daí o chi) na barriga, o mesmo local que é o nosso centro de gravidade.

A pesquisa moderna tem confirmado a complexidade e a importância do nosso "cérebro abdominal". Só os intestinos têm 100 milhões de neurônios — mais do que a medula espinhal —, e há fortes indicações científicas de que o cérebro abdominal tem uma capacidade independente de processar pensamentos e sentimentos. Por exemplo, no Ocidente falamos que o amor reside no coração ou nos referimos a "sentimentos viscerais". Essas expressões comuns são o reconhecimento da associação natural entre os sentimentos e órgãos. Freqüentemente os sentimentos viscerais representam a nossa melhor intuição. Os taoístas sempre acreditaram que os sentimentos são, na verdade, energias que se originam de diferentes órgãos, não só do cérebro.

Todas as partes do corpo funcionam juntas para manter o equilíbrio e a harmonia e cada parte tem as suas capacidades específicas. O cérebro é admirável na transformação e projeção da nossa energia no mundo, através das nossas ações e criatividade. Ele não é, porém, muito eficiente para gerar e armazenar energia. Por esse motivo, não é aconselhável deixar energia no cérebro por muito tempo. (Quando fazemos isso, tendemos a ficar irritáveis e, com freqüência, descarregamos o excesso de energia no cérebro gritando com as pessoas que amamos ou com outras, o que não é uma válvula de escape muito construtiva.) A energia deve ser sempre levada até o abdome, onde os órgãos são ideais para o armazenamento de energia. Os órgãos então liberam energia para o corpo quando ela é necessária, quase como cápsulas de ação retardada. Como discutiremos em capítulos posteriores, embora os órgãos genitais sejam capazes de gerar uma quantidade enorme de energia, essa energia sexual também precisa ser levada para os órgãos abdominais, a fim de vitalizar o corpo.

AS PRÁTICAS DO AMOR CURATIVO

Você vai aprender todas as práticas básicas do Amor curativo ao longo do livro, a começar pelo Chi kung risonho na p. 64 e pelo Sorriso interior na p. 66. Você pode encarar todas as práticas do Amor curativo como meditações ativas. Algumas das práticas, como o Chi kung risonho, envolvem mover o corpo a fim de estimular o movimento do chi. Algumas orientações básicas, que podem ser usadas para qualquer prática meditativa no livro, podem contribuir para o êxito da sua prática. Lembre-se de que são apenas sugestões e, se você se sentir mais à vontade em uma posição diferente, deve fazer o que lhe parecer melhor. O importante é que você possa mover o fluxo de energia dentro do corpo, não que fique sentada em uma determinada posição.

PREPARAÇÃO PARA A MEDITAÇÃO

De um ponto de vista taoísta, determinadas posições (em geral, de pé ou sentada) favorecerão a capacidade de fazer o Chi kung risonho e o Sorriso interior, assim como as práticas do Amor curativo, porque elas alinham a cabeça com o céu e os pés com o chão. Manter os pés em contato com o chão firma a sua prática, ao permitir que qualquer energia em excesso ou negativa passe, de forma inofensiva, para a terra. Sugiro que você comece praticando sentada, para poder concentrar-se totalmente em mover o seu chi. Se, depois, quiser realizar a prática de pé, não há problema. Eis algumas sugestões (veja a ilustração na p. 65).

1. Escolha um local tranqüilo, onde você não seja interrompida.
2. Vista-se de modo a não sentir frio. Use roupas folgadas e solte o cinto. Tire os óculos e o relógio.
3. Sente-se confortavelmente na beirada de uma cadeira.
4. Coloque as pernas afastadas na linha dos quadris e os pés firmemente no chão.
5. Sente-se confortavelmente ereta, com os ombros relaxados e o queixo levemente encolhido, como se um cordão estivesse delicadamente puxando o alto da sua cabeça.
6. Coloque as mãos confortavelmente no colo, a palma direita por cima da esquerda. Você talvez ache mais cômodo para as costas e os ombros se colocar uma almofada sob as mãos.
7. Respire normalmente.

EXERCÍCIO 4

CHI KUNG RISONHO

1. Sente-se na postura de meditação, com as mãos sobre o abdome.
2. Comece a emitir o som de uma risada. Deixe o riso começar a surgir, rindo com a boca aberta, deixando o peito sacudir e ficar aquecido. Ria durante vários minutos, se puder.
3. Agora ria com a boca fechada, sacudindo mesmo a barriga e as mãos. Ria durante vários minutos.
4. Inspire várias vezes profundamente até o abdome e sinta o chi, quente e vibrante.
5. Esfregue as mãos em espiral em volta do abdome, para ajudar a absorção do chi.

CHI KUNG RISONHO

A fim de aumentar o chi no centro abdominal, começamos a prática com um dos meus exercícios taoístas preferidos, o Chi kung risonho. Já se demonstrou que o riso é um poderoso estimulador natural de emoção positiva e endorfinas, os hormônios do "bem-estar". O riso ativa o chi e estimula o sistema imunológico. É fato amplamente sabido que Norman Cousins, o diretor da *Saturday Review*, se curou de uma doença fatal assistindo a filmes dos Irmãos Marx e rindo bastante. Depois de um bom riso abdominal, você pode sentir o chi aquecido no abdome e essa é uma forma divertida de iniciar a meditação do Sorriso interior. Existem muitos tipos de riso. Da perspectiva taoísta, o riso com a boca aberta estimula a área do peito — pulmões, coração, caixa torácica e timo. O riso abdominal, que escapa pelo nariz com a boca fechada e a barriga sacudindo, estimula os órgãos da cavidade abdominal e desperta o chi no centro abdominal.

Talvez pareça estranho simplesmente começar a rir sem motivo algum, mas eu lhe asseguro que é tão divertido que vai ser difícil parar depois de dada a partida. É muito mais fácil começar essa prática com um grupo de outras pessoas porque, achando graça ou não, você acaba rindo de todos os outros por rirem tanto. É um grande prazer rir em um workshop com um grupo grande de pessoas, mas é igualmente possível soltar gargalhadas em casa.

O SORRISO INTERIOR

Como o riso, sorrir pode ser um instrumento poderoso para a cura interior. Não estou falando dos sorrisos que nos sentimos obrigados a exibir para sermos educados. Estou falando de um sorriso genuíno, um sorriso que é suave mas brilha nos olhos, ou um verdadeiro sorriso largo, com a boca repuxada, os dentes à mostra e os olhos franzidos, que parece andar colado com o riso. É verdade que os sorrisos de que mais gostamos são os espontâneos, que brotam dos sentimentos de amor ou riso, mas também acontece que sorrir, *independentemente* de como você se sinta, pode melhorar a sua disposição de ânimo. Na realidade, sorrir estimula o sistema imunológico e libera endorfinas. Em um estudo realizado na Universidade da Califórnia, em Berkeley, com um grupo de pessoas cronicamente deprimidas que não apresentaram melhora com diversos medicamentos antidepressivos, pediu-se a elas que fizessem uma coisa: deviam sorrir para si mesmas diante de um espelho, durante 20 minutos por dia. Visivelmente, a maioria dessas pessoas apresentou uma diminuição significativa ou completa dos sintomas depressivos. Os taoístas acreditam que, quando sorrimos, nossos órgãos liberam secreções possantes que nutrem todo o corpo. De outro lado, quando estamos com raiva, medo ou sob tensão, nossos órgãos produzem secreções tóxicas que bloqueiam os canais de energia, depositam-se nos órgãos e provocam doenças e emoções negativas.

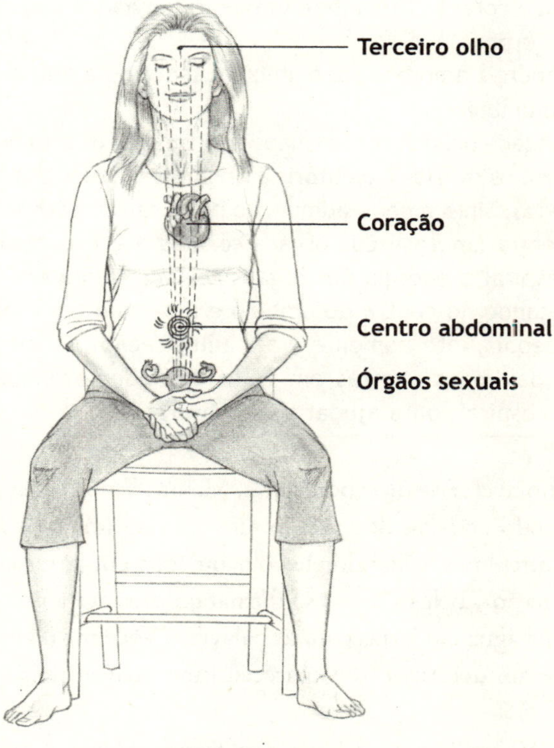

O Sorriso interior

EXERCÍCIO 5

O SORRISO INTERIOR

1. Sente-se na postura meditativa, mostrada na página anterior. Relaxe e respire profundamente.
2. Feche os olhos e concentre-se nas solas dos pés e na ligação deles com o chão. Sinta-se apoiada e energizada pela energia da terra que entra pelos pés, sobe pelas pernas e chega até o abdome.
3. Visualize um rosto sorridente um metro à sua frente. Sorria e sinta essa energia amorosa entrando pelo seu terceiro olho.
4. Sorria suavemente para o seu umbigo e sinta a energia sorridente descer pela frente do corpo até o seu centro abdominal, localizado a cerca de 4cm atrás do umbigo. Pode ajudá-la a concentrar-se em mover a energia para baixo se você mantiver a mão aberta junto ao umbigo, como se fosse uma taça recebendo a cascata de energia do seu rosto sorridente.
5. Toque o coração com as pontas dos dedos e sorria para o coração, sentindo a energia amorosa enternecê-la. Você pode imaginar o coração abrindo-se como uma rosa vermelha, desabrochando com amor e admiração. Sinta o coração radiante e luminoso, enviando a energia amorosa por todo o corpo.
6. Leve essa energia amorosa até o umbigo, sentindo-a fluir do coração até o centro do umbigo.
7. Toque a cavidade pélvica com as mãos e sorria para os seus órgãos sexuais. Sinta o útero, os ovários e o clitóris cintilantes e aquecidos dentro da cavidade pélvica. Sinta amor e admiração pelos seus órgãos sexuais.
8. Leve a energia amorosa dos órgãos sexuais até o centro do umbigo. Mova em espiral a energia dos órgãos sexuais com a energia do coração, começando no centro do umbigo e movendo em espiral externamente e, depois, internamente (veja a ilustração). Se quiser, esfregue as palmas das mãos abertas em volta do abdome enquanto move a energia em espiral, para ajudar a sua absorção.

Em uma notável série de experiências, Masaru Emoto, um médico holista do Japão, fotografou cristais de água no momento exato em que se formavam sob condições diferentes. Quando ele colocou água em jarras com as palavras "Amor e Admiração", belos cristais se formaram durante a noite. Quando ele colocou a mesma água em jarras com as palavras "Você me dá nojo. Vou matá-lo", os cristais eram deformados e apareceu uma imagem feia.[1] Se um pensa-

1 Masaru Emoto. *Messages from Water: World's First Pictures of Frozen Water Crystals* (Tóquio: HADO Kyoikusha, 1999). Na capa dessa bela coleção de fotos e texto, lê-se: "As mensagens

mento escrito pode exercer tamanho efeito sobre a água, imagine que efeitos os nossos pensamentos e intenções ativos podem exercer sobre o nosso corpo, que é composto por dois terços de água. Se sorrimos e enviamos atenção amorosa a nós mesmos, o poder curativo e transformador que exercemos é espantoso.

Podemos enviar atenção amorosa e sorrir intimamente para nós mesmos praticando a meditação do Sorriso interior. A finalidade da meditação é desenvolver a característica do amor que você pode sentir quando vê um bebê, um animal querido ou um belo pôr do sol. Qualquer imagem que suscite a característica de cuidado precioso pode ser usada para ativar esses mesmos sentimentos curativos em relação a você. O Sorriso interior nos ajuda a usar a nossa energia para o nosso prazer e cura. Quando sorrimos para nós mesmos nessa meditação, usamos um sutil sorriso interior dos olhos para direcionar a atenção amorosa e o chi para o coração e os órgãos sexuais. Ensinei o Sorriso interior a Jeanette, uma estudante de 23 anos, e uma semana depois ela confidenciou: "Quando fiquei agitada demais essa semana, comecei a sorrir até a minha barriga e isso me modificou completamente. É muito bom para mim porque fico realmente doida, de tanto pensar."

Nessa meditação, você vai visualizar o seu rosto sorridente, ou a luz quente do sol ou o que quer que gere uma característica de amor para você e, em seguida, sentirá a energia amorosa ou calor brilhando no seu íntimo através do seu "terceiro olho". O terceiro olho está localizado no meio e logo acima das sobrancelhas e é considerado um importante ponto energético em todas as tradições asiáticas. No taoísmo, ele é considerado o centro da felicidade. Na tradição indiana, é o centro da intuição e da "visão interior". O Sorriso interior desperta a sua intenção compassiva e curativa para consigo mesma. Isso é vital, pois estabelece o "tom energético" para a Órbita microcósmica e as práticas sexuais que aparecerão mais adiante no livro.

MOVER A ENERGIA EM ESPIRAL

Em muitas das práticas, "movemos em espiral" a energia na cabeça para ajudar o chi a se distribuir pelo cérebro, ou na barriga para ser armazenado no abdome. A essência da prática de mover em espiral é começar no centro, movendo em espiral o chi com o poder da mente externamente e, em seguida, internamente. Você deve mover em espiral a energia da maneira que lhe parecer natural. A

---

da água estão nos dizendo para olharmos para dentro de nós mesmos." Nessa obra, o dr. Emoto tenta demonstrar o efeito do chi sobre a água.

Mover a energia em espiral

prática funciona seja qual for a direção em que você mova em espiral ou quantas vezes fizer isso. No início, pode ser útil usar os dedos para traçar a espiral na barriga ou na cabeça, a fim de auxiliar a concentração. Com o tempo, você controlará a energia apenas com a mente. Se quiser instruções mais específicas, eis o que a prática feminina tradicional nos ensina.

Imagine um relógio no seu abdome voltado para a frente, com o três à sua mão esquerda e o nove à mão direita; e imagine um relógio no alto da sua cabeça voltado para cima, com o três à sua orelha esquerda e o nove à orelha direita. Primeiro, mova em espiral no sentido contrário ao dos ponteiros do relógio, partindo do centro para fora. Em seguida, inverta a espiral de volta para dentro, no sentido dos ponteiros do relógio. (Esses sentidos são invertidos para os homens.) Tradicionalmente, você move em espiral para fora do umbigo 36 vezes e de volta para dentro 24 vezes, terminando de volta no umbigo. A espiral não deve ultrapassar o púbis embaixo e a caixa torácica no alto.

Cultivar a compaixão e o desejo é uma prática amorosa que você pode fazer durante toda a vida — como cuidar do seu lar interior. O Sorriso interior nos ajuda a captar o calor do fogo sexual e refiná-lo com intenção amorosa, de modo que a energia que geramos nos cure. Mas a maioria de nós não se sente amorosa o tempo todo. O que fazer com a irritação, a raiva e a pena de nós mesmos que experimentamos na vida diária real? No próximo capítulo, você aprenderá o segredo de transformar emoções negativas em energia positiva, que converterá a energia sexual que você gera em uma força verdadeiramente curativa.

CAPÍTULO 3

CORAÇÃO, ALMA E SEXO

O desejo sexual é uma dádiva maravilhosa, mas muitas mulheres acham difícil atingir a clareza do desejo em meio às ansiedades e irritações da vida cotidiana. Com freqüência, é necessário equilibrar as emoções para vivenciar plenamente as paixões. Também é verdade que a paixão que podemos sentir quando ficamos zangadas ou impacientes não é tão revitalizadora e pode até ser destrutiva para os nossos relacionamentos. Os taoístas buscam harmonia e equilíbrio em tudo e explicam que a energia sexual é mais profundamente satisfatória e revitalizadora quando está conectada à energia amorosa do coração. As práticas taoístas nos ajudam a criar harmonia entre o corpo e a mente, entre a mente e o espírito, e entre nós mesmos e as pessoas e lugares à nossa volta. Quando encontramos harmonia dentro de nós e ficamos em harmonia com tudo o que nos cerca, estamos cada vez mais nos fundindo com o Tao — a força animadora e criativa subjacente no universo.

O taoísmo tem uma percepção interessante sobre a saúde emocional que é bastante diferente da compreensão da medicina ocidental. Cada um de nossos cinco órgãos principais e os seus meridianos relacionados — pulmão, rim, coração, fígado e baço — estão associados a uma emoção específica. Embora não seja uma idéia comum para nós no Ocidente, essa é uma noção humana comum: associamos o coração ao amor e o estômago à preocupação. Quando os órgãos estão em harmonia e o chi está fluindo, as emoções vão e vêm, sem causar grande transtorno. Já quando o chi nos órgãos está congestionado, seja em virtude de uma dieta deficiente ou do estresse crônico, ele não flui bem e o órgão pode ficar "superaquecido". Quando isso acontece, as emoções associadas àquele órgão se destacam no cenário emocional. Por exemplo, nos países industrializados muitas pessoas estão sob estresse constante em razão de horários rígidos, estímulos contínuos e longas horas de trabalho. Esse estresse afeta o fígado, que é responsável pelo movimento suave do chi pelo corpo. A disfunção do fígado, por sua vez, se manifesta emocionalmente como um aumento da raiva, que é uma emoção associada ao fígado.

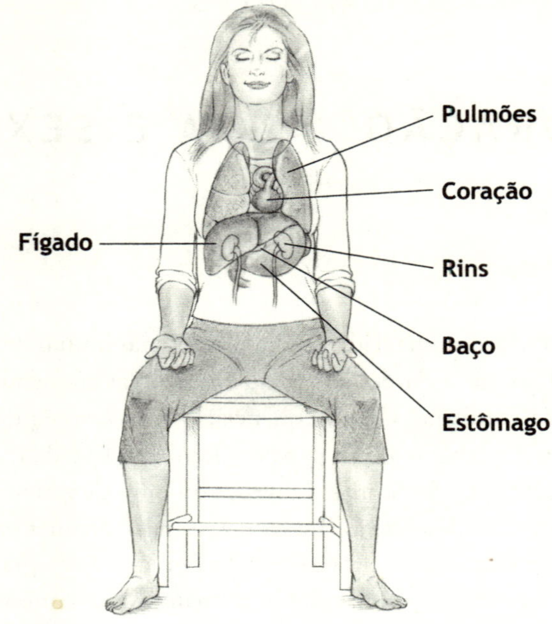

Posição inicial para os Sons curativos

Como muitas escolas médicas holísticas, o taoísmo ensina que estresses repetidos em um corpo causam, a princípio, sintomas emocionais. Depois da exposição repetida aos agentes estressantes, não só as emoções se desequilibram, como os próprios órgãos ficam prejudicados e nós apresentamos sintomas físicos de doença. Por exemplo, sob estresse crônico, o fígado não consegue realizar a função de direcionar o movimento suave do chi pelo corpo e, como conseqüência, surgem problemas digestivos. A prática dos Sons curativos anula os efeitos nocivos de agentes estressantes sobre o corpo, liberando a estagnação emocional e equilibrando os órgãos e as emoções. A maioria das mulheres que praticam o taoísmo passa a gostar muito dos efeitos calmantes e curativos dos Sons curativos. Minha amiga Collette, uma praticante canadense de 56 anos, conseguiu expressar bem o que eu mesma costumo sentir: "Os Sons curativos mantêm a minha energia equilibrada. Depois de completar essa prática, sinto-me como um lago sereno." É como se as águas turbulentas das emoções se tornassem límpidas e tranqüilas. E quando liberamos e equilibramos as emoções, evitamos a estagnação crescente da energia vital que pode levar à doença.

Ao fazer os Sons curativos, você pode também melhorar os seus relacionamentos íntimos. Você vai parar de descontar as emoções desequilibradas no seu parceiro e, em vez disso, vai ouvir e compartilhar um ponto de vista mais amoroso. Lee Holden, um instrutor do Tao universal, explica isso da seguinte maneira: "A prática taoísta se constrói a partir do fundamento de um corpo saudável. Um corpo saudável leva a emoções equilibradas. Quando você tem melhor equilíbrio emocional, a sua mente fica clara. Quando a mente está clara, você tem acesso à sua consciência espiritual." Em outras palavras, é necessário equilibrar os órgãos e as emoções para ter acesso às nossas individualidades espirituais. Talvez você conheça pessoas que buscam a espiritualidade, mas não conseguem equilibrar as emoções de raiva e inveja, e esse desequilíbrio lhes prejudica a capacidade de alcançar a vida espiritual que elas almejam. Vitalidade forte e emoções equilibradas criam uma mente clara. Uma mente clara cria consciência espiritual.

Equilíbrio emocional e energético é especialmente importante ao manter a prática sexual. A energia sexual é tão poderosa que ampliará a intensidade das emoções negativas (ou desequilibradas). Imagine que o seu carro estivesse com o volante fora do alinhamento, fazendo o veículo vibrar. A última coisa que você deveria fazer seria chegar a uma rodovia e acelerar, pois isso iria aumentar a vibração, piorar o alinhamento e sem dúvida tornar a situação mais perigosa. Acontece algo semelhante quando os corpos, órgãos e emoções estão "fora do alinhamento". Acrescentar o "combustível atômico" da energia sexual a um sistema desequilibrado causará aflição física e emocional. Como preparam e harmonizam o corpo, os sons curativos são vitais para as práticas sexuais. São necessários a fim de que a energia sexual possa nos curar e animar.

A maioria dos instrutores do Tao curativo que entrevistei e as suas alunas afirmam que os Sons curativos são a sua prática preferida. Creio que isso se deve ao fato de os resultados serem tão imediatos e perceptíveis. Heather, de 28 anos e mãe solteira de dois filhos, um de 5 anos e outro de 1, faz uso dos Sons curativos regularmente: "Faço no carro, antes de dirigir, e quando perco a paciência. Se faço uma pausa para a prática, isso me ajuda a recuperar a sensação de calma na minha família. Às vezes, ela *cria* a calma." Uma das dádivas da prática dos Sons curativos é ajudá-la a compreender que as suas emoções são apenas manifestações de energia. Elas não são de fato você. *Você* não está nervosa, com raiva ou com medo; esses sentimentos estão simplesmente passando por você. Os Sons curativos ensinam a deixar que as emoções circulem e, depois, caiam fora. Saida Desilets, uma instrutora do Tao curativo no Canadá, contou-me: "As minhas emoções costumavam passar por oscilações *tremendas*. Quando ficava feliz, eu ficava *realmente* feliz; e quando ficava triste, eu ficava *realmente* triste", disse ela. "E agora o que eu noto, depois de fazer os Sons curativos regularmente, é que ainda sou exaltada, mas a oscilação não é tão forte. Ainda sinto as coisas com muita intensidade, mas elas não tomam conta de mim. Elas não são eu."

QUANDO USAR OS SONS CURATIVOS

Os Sons curativos são uma parte muito importante de uma prática ativa do Amor curativo, pois equilibram e refinam a energia criada pela prática sexual. Se você está praticando sexo regularmente, seria sensato fazer os Sons curativos também com regularidade. A maioria de nós sabe quando está desequilibrada, no plano emocional ou em outros planos. Os Sons curativos são uma maneira suave de voltar com amor ao equilíbrio, em vez de, por exemplo, comer uma barra de chocolate ou tomar um copo de vinho. Não há nada de errado no chocolate nem no vinho, mas qualquer coisa que usarmos para evitar sentir o que estamos sentindo, seja raiva ou solidão, simplesmente encobre esses sentimentos e propicia o desequilíbrio e a estagnação da energia.

Vou apresentar os Sons curativos na seqüência mais favorável para levar o seu corpo através de cada uma das estações: pulmão (outono), rim (inverno), fígado (primavera), coração (verão), baço/estômago (veranico) e aquecedor tri-

OS ÓRGÃOS DOS SONS CURATIVOS E AS SUAS CARACTERÍSTICAS ASSOCIADAS

órgão *yin*	órgão *yang*	som	cor
Pulmão	Intestino grosso	SSSSSS	Branco
Rim	Bexiga	TCHUUU	Azul-escuro
Fígado	Vesícula biliar	CHHH	Verde brilhante
Coração	Intestino delgado	RÓÓÓÓ	Vermelho
Baço	Estômago, pâncreas	RUUU	Amarelo
Rim	Útero, ovário, clitóris	TCHUUU	Violeta
Aquecedor triplo	–	RIIIIII	–

plo. O aquecedor triplo não é de fato um órgão, mas um método para equilibrar todas as energias dos órgãos. Essa seqüência é conhecida como o ciclo da criação, pois os órgãos se ajudam e se fortalecem uns aos outros na cura. Entretanto, se você estiver sofrendo de um distúrbio associado a um dos órgãos — como dor no peito ou impaciência, que é associada ao coração —, faça mais repetições desse som na seqüência. Os sons específicos podem também ser usados individualmente, em momentos de extrema aflição. Por exemplo, o Som do baço/estômago pode ser usado para indigestão e indisposição estomacal.

Muitas pessoas consideram os Sons curativos extremamente úteis para a insônia. Práticá-los antes de se deitar ajudará a esvaziar a sua cabeça de pensamentos agitados e a relaxá-la para um sono reparador. A insônia é um dos problemas mais comuns que trato na minha clínica. Minha amiga Calla, de 48 anos e instrutora do Tao curativo, disse que, espantosamente, "os Sons curativos me curaram por completo da insônia".

Para um resumo das relações de cada órgão e emoção, veja o quadro abaixo. São informações breves sobre cores, emoções, estações, elementos e animais associados a cada órgão na visão taoísta. Todos os órgãos principais dos Sons curativos são considerados os órgãos yin do corpo. Cada um tem um órgão yang associado, que é também curado e equilibrado pelo som. Por exemplo,

emoções negativas	emoções positivas	animal	elemento	estação
Tristeza, desgosto, mágoa	**Coragem**, integridade, renúncia, desprendimento	Tigre branco	Metal	Outono
Medo	**Suavidade**, zelo, calma	Tartaruga marinha	Água	Inverno
Raiva, agressão	**Bondade**, identidade, expansividade	Dragão	Madeira	Primavera
Impaciência, arrogância, pressa, crueldade	**Alegria**, respeito, vivacidade, entusiasmo, contentamento	Faisão	Fogo	Verão
Preocupação, culpa, pena	**Compaixão**, imparcialidade, centralização, criação musical	Fênix	Terra	Veranico
Dor ou qualquer emoção que você precise liberar	**Poder pessoal**, criatividade	–	Água	Inverno
–	–	–	–	–

os pulmões (yin) são associados ao intestino grosso (yang), e fazer o Som dos pulmões também curará e equilibrará o intestino grosso. Como mencionei antes, cada órgão é associado a uma estação específica e, assim, pode muitas vezes ficar "superaquecido" durante essa estação. Fazer o som com maior freqüência quando se está naquela estação ajudará a evitar o superaquecimento do órgão. Por exemplo, os pulmões são associados ao outono. Durante essa estação, você precisaria fazer mais repetições do Som dos pulmões para evitar manifestações de doença pulmonar, como tosse, bronquite ou asma.

Cada órgão tem uma cor relacionada e visualizar ou até mesmo olhar para essa cor estimulará o órgão. Cada sistema orgânico é também associado a um animal específico. Às vezes isso é útil na visualização da energia desse órgão específico. Por exemplo, os rins são representados pela tartaruga marinha. Essa é uma forma graciosa de imaginar tanto a característica aquática dos rins quanto a característica emocional de delicadeza.

Os órgãos principais são também ligados aos elementos. Os rins, por exemplo, são associados à água, o que é adequado em virtude de sua função de filtrar o sangue e produzir a urina. O coração é associado ao fogo, como convém ao seu papel de fornecer energia ao corpo e à sua característica de movimento contínuo. No quadro, as emoções fundamentais estão listadas primeiro, mas listei muitas emoções relacionadas para você poder escolher aquelas que lhe pareçam mais pertinentes no momento. Não há necessidade de tentar abranger todas na sua meditação. De fato, isso seria impossível!

Por fim, é extremamente importante que você relaxe, respire profundamente e se divirta. Lembre-se de que a intenção e a concentração são muito mais importantes do que reproduzir os movimentos corretos das mãos. Faça o que lhe parecer natural. Se precisar abreviar a prática por causa do tempo apertado, faça apenas os Sons dos pulmões e dos rins, o que lhe ajudará a equilibrar as energias numa emergência. (Embora cada um dos órgãos seja importante para a nossa saúde, no taoísmo os rins, que contêm a energia principal, e os pulmões são particularmente essenciais para o nosso bem-estar básico.)

PREPARAÇÃO PARA OS SONS CURATIVOS

Quando estiver começando essa prática, reserve um tempo a sós, ou com amigas igualmente interessadas, para fazer os exercícios. Como expliquei, é melhor fazer a série na ordem descrita para aproveitar ao máximo os efeitos calmantes e harmonizadores da prática. Você verá que a cada órgão estão associadas emoções positivas e negativas. Por exemplo, o fígado está associado tanto à bondade quanto à raiva. Assim como a prática taoísta evita julgamentos ou moralismo a respeito da sexualidade, ela também os evita quanto às emoções. O que muitas vezes vemos como emoções negativas (raiva, medo, preocupação) a serem descartadas, o taoísmo vê simplesmente como energia que pode ser reciclada no corpo e convertida em energia mais produtiva e acolhedora. Em vez de descarregar as emoções nos outros ou no mundo, a prática dos Sons curativos permite que transformemos as emoções negativas em emoções mais positivas.

Preciso fazer mais uma observação sobre as emoções negativas. Todas nós vivenciamos as chamadas emoções negativas e, na verdade, *precisamos* dessas emoções de vez em quando. Por exemplo, se Helen está sendo tratada injustamente no trabalho, a raiva é uma reação adequada e pode motivá-la para mudar a sua situação. Quando estamos lidando com as emoções de forma saudável, nós as sentimos, decidimos se e como agimos sob a sua influência, e depois abrimos mão delas. Helen poderia agir sob a influência da raiva apresentando uma queixa ao departamento de recursos humanos. No entanto, torna-se um problema quando as emoções negativas se perpetuam na consciência muito depois de cumprir a sua finalidade: ao sair do trabalho, Helen ainda está morrendo de raiva, não liga o pisca-pisca e quase bate em outro carro no caminho, grita com seu marido ao chegar em casa e chuta o cachorro. Esse uso da raiva não é mais útil e, na realidade, está perturbando a segurança e os relacionamentos de Helen, sem falar no pobre do cachorro. O exercício dos Sons curativos nos ajuda a descartar as emoções negativas que podemos estar conservando e a desenvolver as emoções de que todas nós em geral mais precisamos: bondade, paciência e alegria.

Discutirei cada um dos órgãos e emoções sucessivamente. O quadro nas p. 74-75 traz um resumo de todas as características associadas a cada órgão. Você aprenderá a integrar os movimentos das mãos, respiração, sons, emoções e visualização a fim de sentir o efeito equilibrador da prática. É muita informação para assimilar a princípio, mas com o tempo se tornará completamente natural. Comece devagar e integre cada aspecto da prática à medida que ficar mais familiarizada. No início, você pode achar útil seguir uma folha resumida, tal como a que eu incluí no fim do capítulo nas p. 88-89, para consulta fácil. Depois de fazer quatro ou cinco vezes os Sons curativos, você estará tão familiarizada que pode escolher quais emoções e visualizações dão mais certo em determinado momento e enfatizá-las. Acima de tudo, relaxe e divirta-se com as partes da prática que dão certo para você. (Essa prática é descrita mais minuciosamente em *Taoist Ways to Transform Stress into Vitality*, de Mantak Chia.)

A PRÁTICA DOS SONS CURATIVOS

Para começar, sente-se na beirada de uma cadeira, na postura de meditação. Coloque as mãos sobre as coxas, com as palmas voltadas para cima. Como alternativa, você pode fazer os Sons curativos na postura de amazona que descreverei na p. 210 — nesse caso, comece com as mãos caídas ao lado do corpo. Os movimentos das mãos nessa prática são usados para recolher o chi do espaço em volta e direcioná-lo para dentro do corpo. Os Sons curativos são, portanto, mais eficientes quando realizados ao ar livre, pois você tem acesso ao chi mais intenso do mundo vivo. Por exemplo, ao inspirar antes do Som do fígado, visualizamos a inspiração de uma luz verde vibrante. A experiência pode ser intensificada contemplando as ondulantes folhas verdes de uma árvore próxima, ou imaginando que está atraindo a força pacífica das folhas para dentro do seu corpo.

É agradável fazer os Sons curativos ao ar livre quando isso é possível, mas você pode de fato fazê-los em qualquer lugar (e eu sugiro que o faça!). Quando me sinto particularmente triste, uso o Som dos pulmões, SSSSSS, para me ajudar a liberar e analisar os sentimentos, o que ocorre com maior freqüência enquanto estou dirigindo ou no trabalho. Você vai fazer cada seqüência três vezes. Na terceira vez, faça de forma bem suave, pois os seus órgãos estarão quase cheios de chi e emoção positiva, só precisando de um pequeno arremate.

O SOM DOS PULMÕES: DA TRISTEZA À CORAGEM

A prática começa pela visualização do órgão que você está tentando curar e equilibrar. Concentre a atenção nos pulmões, situados dentro do seu peito. Faça uma respiração abdominal profunda para encher lenta e inteiramente os pulmões, como aprendemos na Respiração abdominal na p. 47. Enquanto inspira, levante os braços à sua frente, com os cotovelos ligeiramente inclinados para fora. Quando os braços estiverem no nível dos olhos, comece a girar as palmas na direção oposta ao rosto e levante as mãos acima da testa. Acompanhe com os olhos os movimentos das mãos. Mantenha os cotovelos arqueados. Mantenha as palmas abertas e esticadas para cima, de modo que o esticamento se estenda pelos braços e ombros até a pleura, o tecido que envolve os pulmões. Os braços devem ser erguidos em um movimento amplo, partindo das coxas e esticando-se acima da cabeça, enquanto você inspira profundamente. Você deve sentir um estiramento que parte da base das palmas, passa pelos

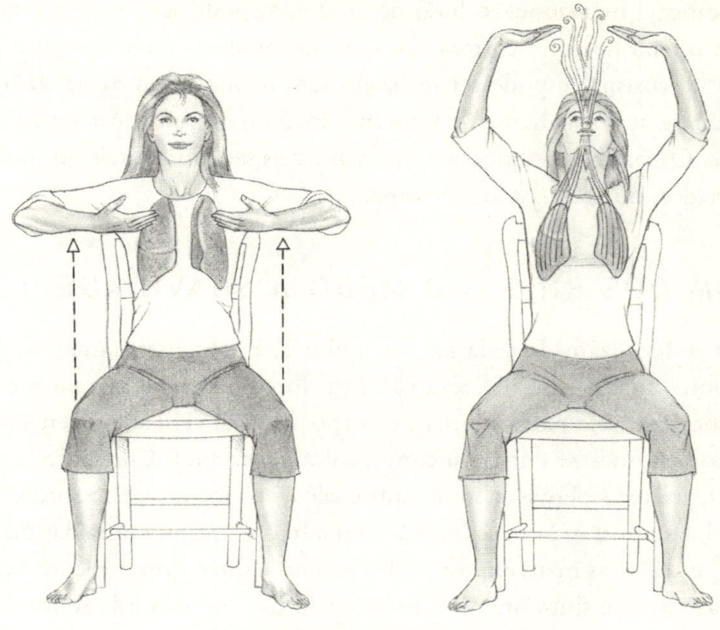

O som dos pulmões

antebraços, cotovelos e braços e chega até os ombros, onde se detém na cavidade torácica. Com os olhos voltados para cima entre as palmas das mãos, expire de forma lenta e regular, emitindo o som "SSSSSSSS" calmamente. O som é emitido num tom normal de voz e é ouvido mais internamente do que externamente. Com o som, imagine que você está liberando dos pulmões os sentimentos de tristeza ou desgosto.

Depois de expirar completamente, abaixe os braços devagar, gire as palmas para a frente e pouse-as suavemente no colo, viradas para cima. Feche os olhos e inspire até os pulmões para fortalecê-los. Quando inspirar (tanto durante quanto após o exercício), imagine que está inspirando uma brilhante luz branca e as características de coragem e renúncia, deixando-as encher os pulmões. Sorria para os seus pulmões. Enquanto descansa e respira, continue a liberar tristeza e desgosto à medida que expira. Quando inspirar, continue a encher os pulmões de luz branca, coragem e renúncia. Você pode querer imaginar que está inspirando o branco puro da luz das estrelas ou do sol que está sempre à nossa volta. Com freqüência, a troca de energia e emoção se faz melhor na fase de repouso entre os movimentos. Quando estiver respirando normalmente, repita a seqüência mais duas vezes.

Como já mencionei, o Som dos pulmões pode ser usado em qualquer momento para liberar a tristeza. O Som dos pulmões é também útil para liberar o nervosismo e pode ser realizado sem os movimentos das mãos, para ajudá-la a se acalmar diante de uma multidão ou em qualquer outra situação irritante. O Som dos pulmões e os movimentos são ainda úteis no tratamento de resfriados, muco excessivo ou asma.

O SOM DOS RINS: DO MEDO À SUAVIDADE

Os rins se localizam de cada lado da coluna vertebral, exatamente onde ela se encontra com a base da caixa torácica. Em geral, imaginamos a caixa torácica localizada na parte frontal do corpo, mas na verdade ela envolve tudo até as costas, onde se encontra com a coluna vertebral. Concentre a atenção nos rins. Junte as pernas, com os tornozelos e os joelhos se tocando. Respire profundamente enquanto se inclina para a frente e segura uma das mãos com a outra. Encaixe as mãos em torno dos joelhos e puxe para trás com os braços. Curve as costas e sinta uma tração no meio das costas, onde se localizam os rins. Agora, olhe para cima suavemente, sem forçar. Arredonde os lábios e calmamente emita o som "TCHUUU", começando com "TCH" e terminando com o som que se emite ao soprar uma vela para apagá-la. Ao mesmo

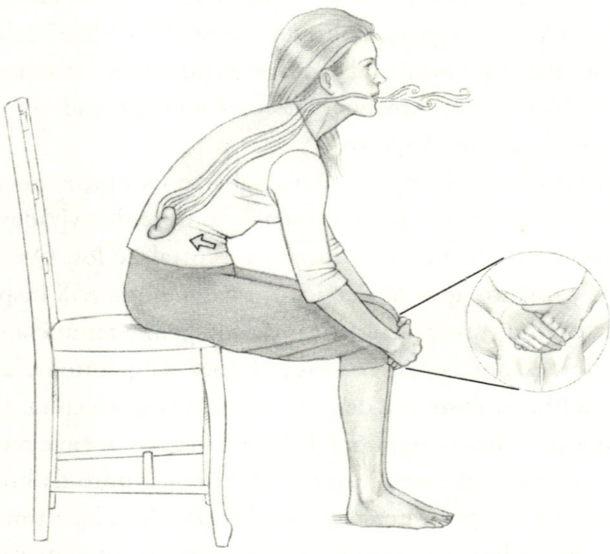

O som dos rins

tempo, aperte o abdome médio, entre o esterno e o umbigo, contra a coluna vertebral. Isso comprime a área dos rins. Enquanto emite o som, imagine que você está liberando o medo dos rins, que se desloca para cima e para fora do corpo com a respiração.

Depois de expirar, endireite o corpo devagar, com as palmas das mãos viradas para cima sobre as coxas e as pernas afastadas na linha dos quadris. Inspire para os rins, imaginando energia azul e as características de suavidade e calma penetrando neles. Continue a deixar o medo sair a cada exalação. Os rins são órgãos associados à água. Você pode imaginar que inspira a fresca luz azul de qualquer fonte de água que a rodeie ou simplesmente a clara luz azul do céu acima.

Quando mover os braços diante dos joelhos, recolha com as mãos a suave energia azul do ambiente e deixe-a fluir pelos braços acima, até o tronco e os rins. Repita a seqüência mais duas vezes. O Som dos rins ajuda a tratar dor nas costas, fadiga e tonteira. Você pode usá-lo em qualquer momento para afastar sentimentos de medo.

O SOM DO FÍGADO: DA RAIVA À BONDADE

O fígado é vital para a saúde porque neutraliza as substâncias químicas a que estamos expostos e as toxinas que produzimos. O fígado é um órgão grande situado no abdome superior direito. Sorria para o seu fígado. Coloque os braços ao lado do corpo, com as palmas das mãos viradas para cima. Respire profundamente enquanto suspende devagar os braços abertos até acima da cabeça. Acompanhe os braços com os olhos. Entrelace os dedos acima da cabeça e vire as palmas para o teto. Puxe para fora na base das palmas e sinta o estiramento percorrer os braços até os ombros. Incline-se ligeiramente para a esquerda, aplicando uma tração suave no fígado. Expire lentamente, emitindo o som "CHHHH". Imagine que, com a expiração, você está expelindo do fígado calor excessivo e raiva.

Depois de expirar completamente, respire para o fígado, volte a sentar-se ereta, desenlace os dedos e pressione para fora com a base das palmas enquanto abaixa suavemente os ombros. Coloque os braços ao lado do corpo, com as palmas das mãos viradas para cima, sobre as coxas. Enquanto inspira e expira suavemente, imagine que está respirando luz verde para o fígado e enchendo-o de bondade. Sorria para o seu fígado e continue a imaginar que está livrando-se da raiva com a expiração e inspirando bondade e luz verde. Às vezes é útil imaginar que, enquanto expira, você está liberando a raiva como uma luz verde

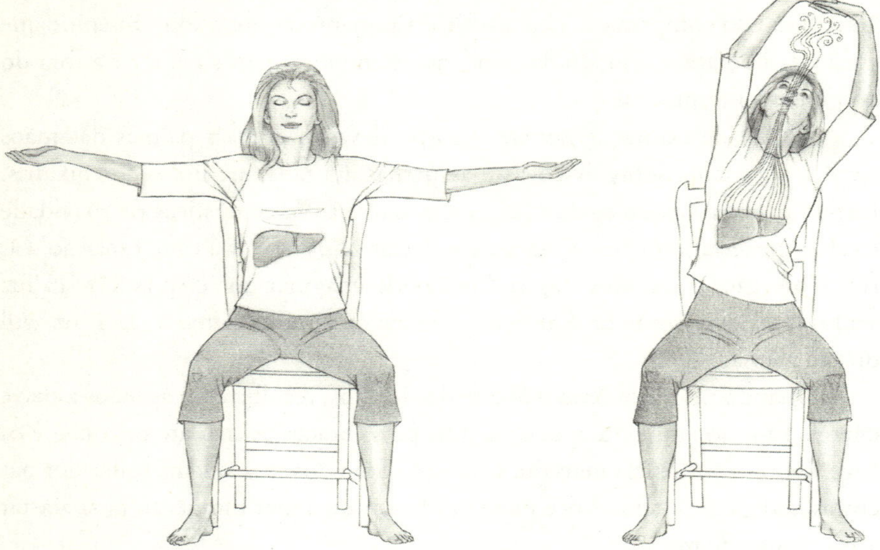

O som do fígado

mais escura. Se estiver ao ar livre, você pode imaginar que está inspirando o verde viçoso do que estiver à sua volta. Você pode querer imaginar, enquanto ergue os braços, que está recolhendo a energia da vegetação que a cerca e deixando-a fluir pelos seus braços erguidos, até o fígado. Repita a prática mais duas vezes.

Você pode usar o Som do fígado para tratar olhos avermelhados e lacrimejantes, ou um gosto ácido ou azedo que não desaparece. O Som do fígado pode ser usado em qualquer momento para eliminar a raiva. Um axioma taoísta sobre o controle da raiva diz: "Se você fez o Som do fígado 30 vezes e ainda está com raiva de alguém, você tem o direito de esbofetear essa pessoa." Não tenho certeza disso, mas não há dúvida de que, se você *quer* esbofetear alguém, vale a pena tentar primeiro o Som do fígado. É o som que as mães tradicionalmente usam para acalmar os bebês zangados e funciona igualmente bem para a criança que existe dentro de todos nós.

O SOM DO CORAÇÃO: DA IMPACIÊNCIA À ALEGRIA

Desloque a atenção para o coração. Respire profundamente e erga os braços ao lado do corpo exatamente como fez para o Som do fígado. Entrelace as mãos acima da cabeça, mas dessa vez se incline ligeiramente para a direita. Isso estica o tecido conjuntivo (pericárdio) que envolve o coração. Olhe para cima, abra a boca, arredonde os lábios e emita o som "RÓÓÓ" enquanto imagina o coração liberando impaciência, arrogância e pressa. Se emitir o som "RA" como no riso, você não o sentirá com tanta facilidade no coração. O som "RÓ" é produzido mais profundamente na garganta e se parece mais com o grasnido de um melro. Esse som pode ser sentido vibrando no espaço do coração.

Relaxe e abaixe os braços como fez para o Som do fígado. Enquanto inspira, imagine uma brilhante luz vermelha e as características de alegria e respeito penetrando no coração. Expire impaciência, arrogância e pressa. Lembre-se de descansar e respirar entre os movimentos, pois é aí que ocorre grande parte da troca de energia. Quando erguer os braços, visualize que você está recolhendo a energia vermelha da alegria do ambiente e permitindo que ela flua para o seu coração. Repita o exercício mais duas vezes. O Som do coração é útil para gargantas doloridas, doença ou dor cardíaca e melancolia.

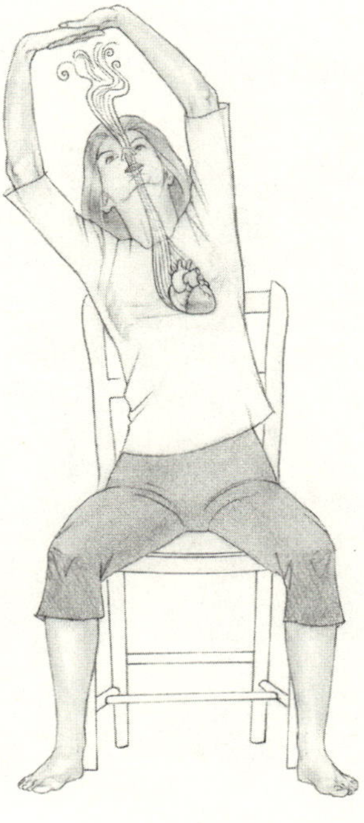

O som do coração

O SOM DO BAÇO/ESTÔMAGO: DA PREOCUPAÇÃO À COMPAIXÃO

O baço está associado ao estômago e, anatomicamente, está localizado logo atrás deste. O baço é importante para a função imunológica correta. Concentre a atenção no baço e no estômago, logo abaixo da caixa torácica. Respire profundamente enquanto coloca os dedos de ambas as mãos sobre o abdome, logo abaixo da caixa torácica à esquerda. Pressione com os dedos enquanto empurra para fora a parte intermediária das costas. Expire usando o som "RÔÔÔÔÔ", imaginando que está liberando preocupação e pena (inclusive pena de si mesma!). O som RÔÔÔÔÔ é produzido mais profundamente na garganta do que o pio de uma coruja, o que lhe dá um tom sereno, mas áspero.

Relaxe, coloque as mãos, com as palmas viradas para cima, sobre as coxas e respire para o baço e o estômago, imaginando que eles se enchem de luz amarela. Imagine as características de compaixão e imparcialidade enchendo o baço e o estômago, enquanto você libera preocupação e pena com a expiração. Repita o exercício mais duas vezes. O Som do baço/estômago é benéfico para o tratamento de indigestão, náusea e diarréia. É o único som recomendado para logo após uma refeição.

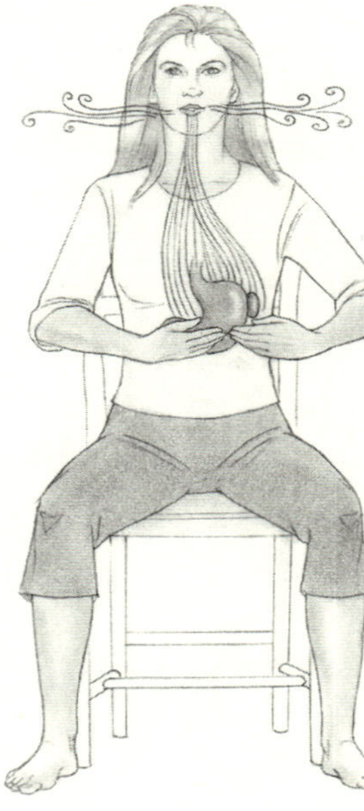

O som do baço/estômago

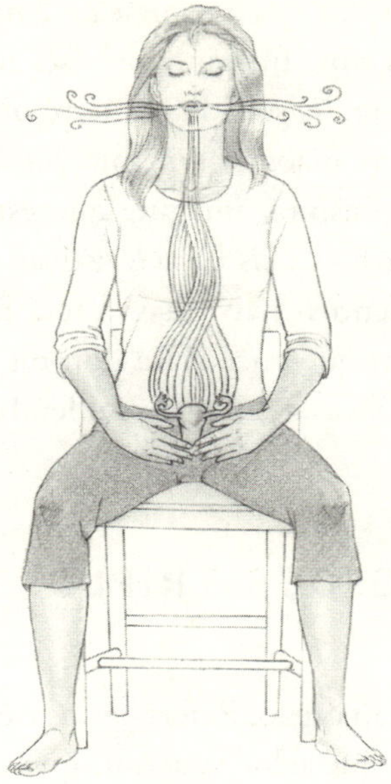

O som do útero e dos ovários

O SOM DO ÚTERO E DOS OVÁRIOS: DA DOR AO PODER PESSOAL

No taoísmo, o útero e os ovários são os órgãos yang, que são relacionados com os rins, os órgãos yin. Por isso, usamos, para o útero e os ovários, o mesmo som que usamos para os rins. Tradicionalmente, eles estão incluídos de forma implícita no exercício para os rins dos seis Sons curativos, mas lhes damos ênfase aqui em virtude de sua importância para a saúde da maioria das mulheres. O útero e os ovários têm grande poder energético, mas podem também conter muita dor emocional e física para muitas mulheres. Considero útil fazer um exercício e visualização à parte para o útero e os ovários, a fim de energizá-los e ajudar a remover qualquer energia estagnada, de experiências passadas que tenham sido dolorosas ou desagradáveis.

Coloque as mãos, com as palmas viradas para cima, sobre as coxas, como fez para os outros sons. Concentre a atenção no útero e nos ovários. Em seguida, respire profundamente e coloque as mãos sobre ou bem em frente à pelve, com as mãos voltadas para o corpo. Enquanto expira, puxe a cavidade pélvica para dentro como se estivesse levando o umbigo até a coluna vertebral. Isso vai comprimir os seus órgãos sexuais. Com a expiração, emita o som "TCHUUUU", como fez com o Som dos rins. Imagine que está liberando qualquer dor ou experiências negativas que tenha sofrido no útero ou nos ovários.

Relaxe e mantenha as mãos no mesmo lugar ou coloque-as de novo sobre as coxas. Enquanto inspira, imagine que está enchendo o útero e os ovários com uma viva luz lilás e as características de poder pessoal e criatividade. Repita os movimentos mais duas vezes. Esse exercício é adequado em qualquer momento em que você sinta dor, ou receio de dor, nos órgãos sexuais — por exemplo, cólicas menstruais ou lembranças dolorosas de abuso sexual ou estupro.

O SOM DO AQUECEDOR TRIPLO: PARA ACALMAR A MENTE

O aquecedor triplo não é um órgão. Refere-se aos três aquecedores, ou divisões de energia, do corpo. O aquecedor superior, que consiste no cérebro, coração e pulmões, é quente; o aquecedor intermediário, constituído pelo fígado,

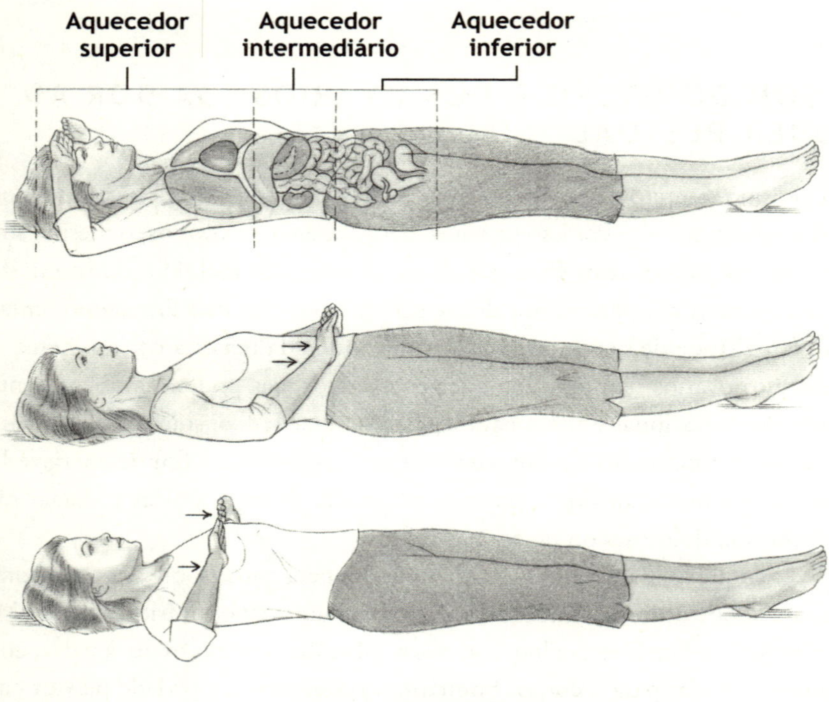

O aquecedor triplo

rins, estômago, pâncreas e baço, é morno; e o aquecedor inferior, que contém os intestinos grosso e delgado, a bexiga e os órgãos sexuais, é frio. O Som do aquecedor triplo equilibra a temperatura dos três aquecedores, levando a energia quente para baixo até o aquecedor inferior, e a energia fria para cima até o aquecedor superior, através do aparelho digestivo. Como já mencionamos, é importante levar a energia "quente" do nosso cérebro ativo (e às vezes hiperativo) até o abdome, para refinar a atenção e a clareza do pensamento. Esse exercício se destina especificamente a "esfriar" o cérebro e "esquentar" o centro sexual, o que o torna um exercício excelente para o fim do dia. Muitas praticantes do Tao curativo fazem esse exercício antes de dormir e reduziram de forma significativa a insônia. Não há nenhuma estação, cor ou emoção associadas ao aquecedor triplo.

Deite-se de costas. Se sentir dor na região lombar, eleve os joelhos. Estenda os braços ao lado do corpo. Feche os olhos e respire profundamente, expandindo o estômago e o peito sem esforço. Enquanto inspira, erga as mãos ao lado do corpo, com as palmas viradas para cima, e gire os cotovelos quando chegar à cabeça, juntando as pontas dos dedos sobre a testa, com as palmas agora viradas para baixo na direção dos pés. Enquanto expira, desça as mãos ao longo do corpo, terminando na pelve. Expire usando o som "RIIIIII" enquanto imagina e sente um grande rolo movendo-se com as suas mãos e forçando a saída da respiração, começando no alto do peito e terminando no abdome inferior. Imagine que o peito e o abdome são planos como uma folha de papel e sinta-se leve, luminosa e vazia. Descanse e respire normalmente, com as mãos ao lado do corpo. Você talvez ache útil sentir a energia "quente" da mente ser "rolada" para baixo até o abdome e a pelve enquanto expira. Imagine-se enviando a energia errante do cérebro até o abdome, como fazemos no Sorriso interior. Enquanto inspira, sinta a energia fria do aquecedor inferior subindo para acalmar e resfrescar a mente. Repita mais duas vezes. Se estiver fazendo isso antes de dormir, você pode fazer o Som do aquecedor triplo quantas vezes for necessário para provocar o sono. Em outros momentos, o Som do aquecedor triplo pode ser usado simplesmente para relaxar.

No capítulo anterior, você aprendeu a desenvolver o desejo. Neste capítulo, aprendeu a equilibrar as emoções e energias dos órgãos para que a energia possa fluir livremente. É hora de usar a energia sexual que você gerou e deixá-la fluir livremente através de você até essa grande celebração do prazer: o orgasmo.

<table>
<tr><td>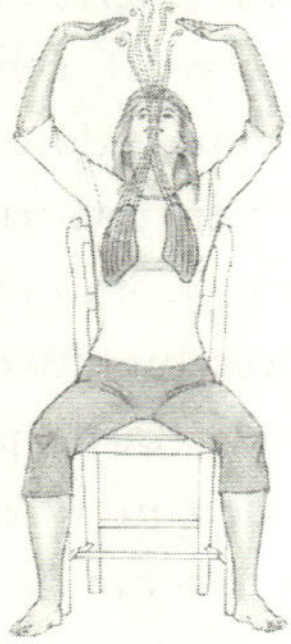</td><td><u>Som dos pulmões: da tristeza à coragem</u>

Erga os braços acima da cabeça e estique os pulmões.

Expire SSSSSSS enquanto libera tristeza, desgosto e mágoa.

Inspire a luz branca da coragem.

Faça três vezes.</td></tr>
<tr><td></td><td><u>Som dos rins: do medo à suavidade</u>

Com as mãos no joelho, traga o corpo para trás, curve as costas e contraia o abdome.

Expire TCHUUUU enquanto libera o medo.

Inspire a luz azul da suavidade, zelo e calma.

Faça três vezes.</td></tr>
<tr><td></td><td><u>Som do fígado: da raiva à bondade</u>

Erga os braços e entrelace as mãos. Incline-se para a esquerda.

Expire CHHHH enquanto libera a raiva.

Inspire a luz verde da bondade, expansividade e identidade.

Faça três vezes.</td></tr>
<tr><td>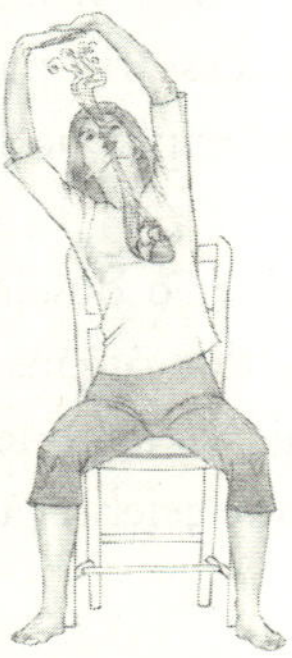</td><td><u>Som do coração: da impaciência à alegria</u>

Erga os braços e entrelace as mãos acima da cabeça. Incline-se para a direita.

Expire RÓÓÓ enquanto libera impaciência, arrogância, pressa e crueldade.

Inspire a luz vermelha da alegria, respeito, vivacidade, contentamento e entusiasmo.

Faça três vezes.</td></tr>
</table>

	<u>Som do baço/estômago: da preocupação à compaixão</u> Pressione com os dedos o abdome esquerdo e expire RÔÔÔÔÔ enquanto libera preocupação, culpa e pena. Inspire a luz amarela da compaixão, centralização, imparcialidade e criação musical. Faça três vezes.
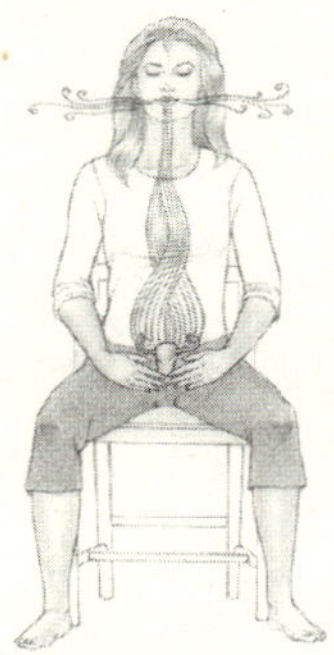	<u>Som do útero e dos ovários: da dor ao poder pessoal</u> Coloque as mãos diante do abdome inferior. Expire TCHUUUU enquanto libera qualquer dor ou experiências negativas do útero ou dos ovários. Inspire a luz lilás do poder pessoal e criatividade. Faça três vezes.
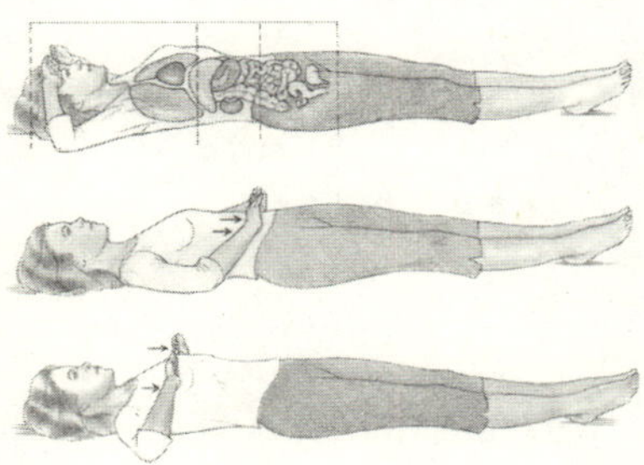	<u>Som do aquecedor triplo: para acalmar a mente</u> Deite-se, erga as mãos até a testa e inspire até o abdome. Expire RIIIII e mova as mãos para baixo sobre o corpo, como um rolo pressionando a respiração do peito até o abdome inferior. Faça três vezes.

CAPÍTULO 4

A DÁDIVA DO ORGASMO

Agora que despertou o seu desejo e equilibrou as emoções, neste capítulo você vai aprender as coordenadas de que precisa para experimentar um dos pontos culminantes da energia sexual — o orgasmo. Muitos terapeutas sexuais e praticantes taoístas afirmam que o orgasmo não deve ser o foco da relação sexual. Eu diria que o orgasmo não deve ser o *único* foco da relação sexual. Na realidade, é possível beneficiar-se muito da prática sexual taoísta canalizando a energia sexual, sem jamais ter um orgasmo. Ainda assim, saber como ajudar o corpo a se entregar à torrente arrebatadora de prazer que é o orgasmo é uma parte importante para chegar ao conhecimento profundo e à satisfação no seu repertório sexual. Ter relações sexuais com o seu próprio estilo e plena expressão é mais satisfatório se você conhecer os padrões básicos de reação do seu corpo. Uma instrumentista de jazz improvisadora precisa aprender todos os fundamentos do jazz clássico antes de poder improvisar com êxito segundo o seu próprio ritmo. A sua reação sexual não é diferente. Neste capítulo, vamos aprender os fundamentos da sua reação sexual individual para que você possa tornar-se uma virtuose do seu próprio prazer e clímax, no momento em que assim quiser.

Intensificar a energia sexual e ser capaz de mover essa energia pelo corpo é essencial para experimentar o orgasmo. As mulheres que usam as práticas taoístas que você aprenderá neste livro acham que a energia sexual fica mais forte e mais acessível quando dela necessitam. Debra, que há 20 anos é instrutora do Tao curativo, contou-me: "A minha excitação, e a das minhas alunas, é muito mais rápida fazendo a prática do Amor curativo. Leva muito menos tempo para ficar excitada e ter orgasmo porque você está conscientemente cultivando a sua energia sexual." A prática do Amor curativo proporciona acesso livre e simples ao desejo. Quando você faz a prática, é como se estivesse mantendo a energia sexual numa chaleira em fogo baixo. É preciso, então, muito menos energia adicional para fazer essa chaleira ferver até o orgasmo. Se você não pratica, pode estar partindo de uma chaleira fria e será preciso muito mais energia e atenção para levar essa chaleira à fervura. É útil entender exatamente o que ocorre no nosso corpo para podermos guiar a energia no corpo enquanto ela se expande e explode na liberação intensa do orgasmo.

O QUE É O ORGASMO?

Atualmente dispomos de amplas pesquisas sobre a reação sexual feminina que dividem o contínuo do prazer sexual em desejo sexual, excitação sexual e orgasmo. Em geral, o desejo leva a pensamentos ou atividades sexuais que provocam a excitação. O orgasmo é uma experiência máxima que se segue à excitação intensa. É útil ter desejo (ou energia sexual, como comentei antes) e é necessário ter certa excitação a fim de chegar ao orgasmo. A excitação, seja proveniente de pensamentos ou da estimulação física, provoca aumento do fluxo sanguíneo para os órgãos genitais, o que resulta em intumescência, ou dilatação, do clitóris, dos lábios em torno da vagina e da própria vagina, assim como na secreção de fluido lubrificante das paredes da vagina. O orgasmo é a contração agradável da base pélvica, ou músculo pubococcígeo (PC), e do músculo liso da vagina e do útero. A excitação máxima e o orgasmo também provocam o aumento do ritmo cardíaco e do ritmo respiratório, vermelhidão do peito e pescoço, aumento do fluxo sanguíneo e inchação dos lábios e seios, e dilatação das pupilas. Essas observações podem demonstrar como o orgasmo pode ser medido no laboratório, mas não revelam a experiência transcendente, sublime e singular que é o orgasmo.

Julie, uma fisioterapeuta de 34 anos, descreve assim a sua experiência: "Quando tenho orgasmo, a sensação em cada vez é diferente. Às vezes, atravessa o centro do meu ser em ondas suaves, dissolvendo as minhas entranhas como mel aquecido. De outras vezes, é como se eu tivesse sido apanhada por uma avalanche de puro prazer, quase dolorosa na sua liberação intensa, que me sacode até a medula. Sou obrigada a me render gritando e acabo radiante, afogueada e com formigamento da cabeça aos pés."

O orgasmo é uma sensação diferente para cada mulher. Pode ser tão intenso quanto a avalanche de Julie ou tão suave quanto um suspiro de satisfação sensorial. Muitas das minhas pacientes achavam que não tinham orgasmo, mas, quando discutimos as suas experiências sexuais, elas estavam tendo orgasmos, apenas não eram do tipo espetacular que elas esperavam. As mulheres que têm orgasmo com facilidade e de forma regular observam uma ampla variedade de prazer orgástico, de ondas suaves contínuas ao clássico orgasmo "máximo" que é moldado na experiência masculina de orgasmo único.

A pesquisadora Helen Kaplan propôs um modelo de orgasmo único que corresponde às três etapas que comentamos: desejo crescente, excitação física e orgasmo. Os homens que não têm orgasmo múltiplo experimentam uma excitação semelhante ao gráfico: culminando no orgasmo e depois "desativando", voltando ao ponto de partida, de não estar excitado. Para os homens, essa fase de desativação é então seguida por uma "fase refratária", na qual não conseguem ter nova ereção durante certo tempo. A fase refratária é mais curta nos homens mais jovens e mais longa nos homens mais velhos.

Como muitos modelos médicos para as mulheres, a reação sexual feminina foi moldada segundo a reação sexual masculina. Algumas mulheres, como Shanti, uma massagista de 26 anos, têm uma reação que se enquadra nesse padrão: "Demoro um pouco para ficar excitada e, quando me concentro, posso ter um orgasmo intenso. Isso me deixa relaxada e aliviada, mas também hipersensível. Não quero que o meu namorado me toque depois do orgasmo. Às vezes, continuamos a relação sexual, mas é só para ele, não para mim." Shanti tem o que os sexólogos chamam de "orgasmo terminal". Não, isso não é letal, apenas encerra a sessão da relação sexual porque ela perde todo o desejo, ou energia sexual. Ela tem um "período refratário" feminino. Esse padrão de orgasmo é muito semelhante ao padrão de orgasmo masculino com ejaculação. Como muitas mulheres — e homens — não sabem que os homens podem ter orgasmo sem ejacular, vale a pena enfatizar que isso é possível. Como se discute em detalhes no livro *O Orgasmo Múltiplo do Homem*, os homens que aprendem a separar o orgasmo da ejaculação podem ter orgasmos múltiplos que são tão variados e tão numerosos quanto aqueles de muitas mulheres que têm orgasmos múltiplos.

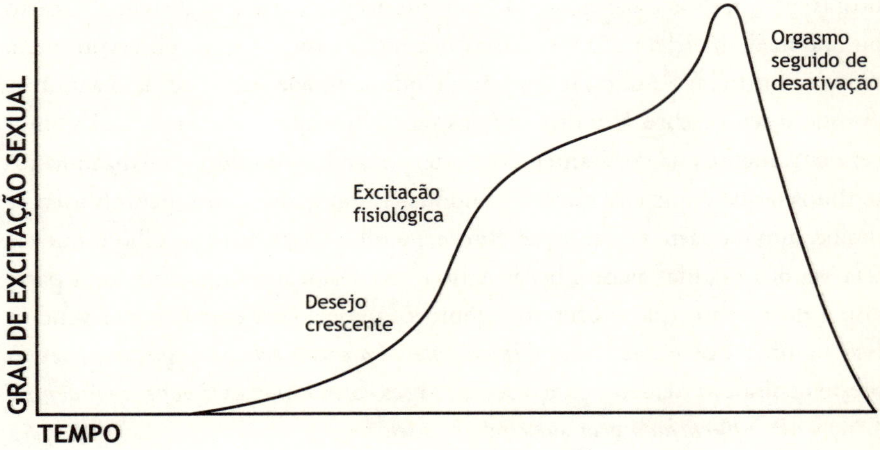

Pesquisas mais recentes mostram como os padrões de orgasmo das mulheres são de fato variados. As mulheres podem ter muitos orgasmos menos intensos, ou um orgasmo menos intenso seguido por um mais forte, ou simplesmente um longo momento ondulatório de prazer, que desafia as suposições e definições tradicionais a respeito do orgasmo.

Se você já tem orgasmos, examine o seu padrão de excitação e orgasmo. É habitualmente o mesmo, ou muda dependendo da experiência e das circunstâncias? Muitas mulheres encontram um cenário ou uma seqüência de estimulação que dá certo e, então, se apegam a isso, como a um bom amigo. É importante ter um esquema de estimulação confiável que a leve de forma segura ao orgasmo. Mas também pode ser divertido misturar um pouco e ver que outros caminhos podem dar certo para você.

A maioria dos sexólogos chegou à conclusão de que sexo e orgasmo são, em grande parte, reações aprendidas. Isso significa que, como muitos elementos da nossa vida, o que sentimos é, com freqüência, o que esperamos sentir. Como se espera que as mulheres tenham orgasmo da mesma forma que os homens, muitas os têm assim. Se você ainda não teve um orgasmo, a boa notícia é que você pode influenciar a sua reação orgástica sendo receptiva à enorme variedade de prazer orgástico de que o seu corpo é capaz. Se você já tem orgasmos, imagine como seria deixar que o seu padrão orgástico mudasse — deixar as pulsações do orgasmo continuarem durante cinco minutos ou mais, ter seis ondas de orgasmo seguidas, sentir a energia do orgasmo pulsando no corpo inteiro. *A sua expectativa de como você pode experimentar o orgasmo influenciará a maneira como o seu orgasmo se manifesta.*

Uma analogia do campo da neuropsicologia ajudará a explicar por que as nossas expectativas e intenções são tão importantes. Você já dirigiu um carro ou andou de bicicleta durante várias horas e, quando parou, observou que a estrada continuava a dar a impressão de que se movia sob você? Isso acontece porque o seu cérebro está dizendo aos seus olhos que você ainda está se movendo. A mente está constantemente interpretando o mundo e até dizendo aos sentidos o que é que eles estão sentindo. Existem quase tantas neurofibrilas se deslocando da parte visual do cérebro *até* o olho (para dizer ao olho o que ele está vendo) quantas neurofibrilas existem se deslocando do olho até a parte visual do cérebro (para dizer ao cérebro o que ele está efetivamente vendo). Isso significa que *o que vemos é imensamente afetado pelo que esperamos ver*. A mesma coisa é verdadeira para a sensação sexual. *O que sentimos sexualmente é fortemente influenciado pelo que esperamos sentir.*

Enquanto você faz sexo com um parceiro ou se estimula, o seu cérebro está fornecendo ao corpo informações sobre o que ele *deve* estar sentindo. Isso pode funcionar a nosso favor quando, por exemplo, tivemos uma experiência sexual incrível sob a aba de um telhado durante um temporal e, agora, quando vemos nuvens negras se juntando, começamos a sentir a nossa energia sexual aumentando. Ocorre também, contudo, que ter expectativas baixas do nosso prazer, ou expectativas limitadas do nosso orgasmo, fará com que o corpo limite as suas reações. Por exemplo, Marly, uma paciente minha de 21 anos, encontra dificuldade para ter orgasmo com a sua parceira, Tatiana. Quando conversei com Marly sobre o que ela sentia durante os encontros, ela disse: "Tatiana tenta muitas vezes, mas o meu corpo simplesmente não funciona direito. Sei que não vou conseguir ter orgasmo e o meu corpo parece insensível." As expectativas baixas de Marly sobre si mesma atrapalham a sua capacidade de sentir prazer com a parceira. Enquanto aprende estimulação nova e técnicas energéticas para melhorar a experiência do orgasmo, quero que você comece a alterar as suas expectativas sobre o que é capaz de sentir. Tente adotar como propósito que você se renderá à plena extensão do prazer do orgasmo de que o seu corpo é capaz.

O ORGASMO FAZ BEM PARA VOCÊ

Como você talvez já tenha intuído, por se sentir espantosamente *bem* depois de ter um orgasmo, o orgasmo é mesmo bom para você e a sua saúde. Como as religiões ou os pais ensinaram a muitas mulheres que algo tão bom tinha de ser ruim para elas, vale a pena fazer uma pausa para examinar o assunto. Para aquelas que se preocupam com a boa forma física, a atividade sexual queima muitas calorias e favorece o metabolismo. O sexo regular melhora a função imunológica, ajuda a dormir melhor, alivia as cólicas menstruais e reduz o estresse. Estudos ao longo de muitos anos confirmaram uma correlação entre sexo regular e longevidade; a atividade sexual está associada à saúde melhor entre adultos mais velhos ativos sexualmente quando comparados com grupos semelhantes não-ativos. Embora ainda não conheçamos todas as razões por que o sexo e o orgasmo são bons para nós, há dados volumosos (sem trocadilho) sobre a capacidade extraordinária do sexo e do orgasmo para "tonificar" os hormônios — algo em que muitas mulheres precisam de certa ajuda — e melhorar o estado emocional. Vamos examinar melhor os hormônios que o sexo e o orgasmo tonificam.

O nosso corpo produz uma forma natural de anfetamina (ou "estimulante"), chamada feniletilamina (FEA). Seu apelido é "hormônio do romance" porque ela fica alta no começo do namoro, mas também se eleva ao máximo com o orgasmo. A FEA alta é associada à euforia e animação; a FEA baixa é associada à depressão. Quando está alta demais, a FEA pode causar psicose. (Agora você finalmente entendeu por que mantinha aquele relacionamento abominável, mas excitante. Era psicose de romance!) O "barato" da FEA é uma das razões por que ansiamos pelo começo do romance. Mas é possível obter essa elevação natural, quer se esteja ou não num relacionamento novo, por meio do orgasmo! O orgasmo ajuda a alimentar a chama do romance num relacionamento, por mais antigo que ele seja. E, meninas, adivinhem como podemos aumentar artificialmente a FEA? Isso mesmo: com chocolate. Daí a síndrome pós-romance do "tenho de comer uma caixa de chocolate porque estou carente de FEA". Portanto, se você está atenta às medidas da cintura e precisa de um pequeno estímulo, pegue o seu vibrador (ou o seu amor) em vez de uma caixa de bombons.[1]

Louvado por muitos no campo da saúde alternativa como o hormônio do "antienvelhecimento", o dehidroepiandrosterona (DHEA) é o precursor de todos os hormônios sexuais. Nos seres humanos, ele atinge o máximo aos 25 anos e declina depois. O DHEA baixo é associado a doença crônica, perda óssea e ganho de peso, enquanto níveis mais altos de DHEA protegem o sistema imunológico e podem reduzir o colesterol. Embora eu não possa recomendar suplementação com DHEA, pois ainda não sabemos se isso é seguro, ele — como você já adivinhou — atinge o máximo no orgasmo. E não há sinal de que a "estimulação natural" de DHEA tenha efeitos inconvenientes. Ele talvez seja uma das principais razões por que os adultos sexualmente ativos vivem mais e se sentem melhor.

O nosso "hormônio do vínculo" se chama oxitocina. Ela é produzida em grande quantidade durante o parto (quando estimula as contrações uterinas) e a amamentação, além de participar do vínculo entre mãe e filho, daí o apelido. É também aumentada pela estimulação dos mamilos em mulheres e homens. A oxitocina ajuda a nos sentirmos ligados uns aos outros e favorece o contato, o comportamento afetuoso e o relaxamento. Curiosamente, ela também aumenta com o toque carinhoso, feito ou recebido (o que inclui os animais de estimação), a estimulação genital e a relação sexual. A oxitocina também diminui a cognição e prejudica a memória, contribuindo para aquela sensação de "cabeça confusa" que as mamães recentes tantas vezes experimentam. A oxitocina é importante porque estimula a liberação de todos os outros hormônios sexuais e, como

1 Grande parte desta discussão tem por base o brilhante trabalho de Theresa Crenshaw em seu livro *Alchemy of love and lust: how our sex hormones influence our relationships* (Nova York: Simon and Schuster, 1996).

os hormônios já mencionados, atinge o máximo no orgasmo e contribui para aquele delicioso aconchego depois. O circuito de retroalimentação da oxitocina — o toque amoroso aumenta a oxitocina, que estimula mais toque — ajuda a explicar por que o afeto e a sexualidade freqüentemente têm aquele caráter de "usar ou perder". Quando somos sexuais ou afetuosos, isso nos impulsiona para mais sexo e afeto. Quando ficamos longe (literalmente) do nosso parceiro durante períodos de tempo prolongados, ficamos menos propensos ao sexo e ao afeto. Quando o contato é suspenso abruptamente (uma viagem de negócios ou, no caso pior, a morte do parceiro), segue-se a ânsia de contato. Suspiramos pela pessoa — e pelo toque — cuja falta sentimos. Na minha clínica, habitualmente recomendo às mulheres que perderam relacionamentos a continuarem se dando prazer e pensarem em fazer massagens regulares para tentar elevar os seus níveis de oxitocina e o nível correspondente de bem-estar.

A testosterona é o hormônio sexual com que você provavelmente está mais familiarizada. No capítulo 8, comentarei mais detalhadamente a sua relação com o impulso sexual feminino e as mudanças na menopausa, mas por enquanto saiba que ela contribui fortemente para o impulso sexual tanto nas mulheres quanto nos homens, aumentando os pensamentos e as fantasias sexuais. Ela também é *aumentada* por pensamentos e atividades sexuais, em um circuito de retroalimentação semelhante ao da oxitocina. Quanto mais pensamentos ou atividades sexuais você tiver hoje, mais *quererá* ter amanhã.

O estrogênio é considerado o hormônio feminino típico e, de fato, nós o temos em muito maior quantidade do que os nossos semelhantes do sexo masculino. O estrogênio sintético esteve recentemente nos noticiários em razão de dados novos de que aumenta os riscos à saúde quando ministrado a mulheres na pós-menopausa. No capítulo 8, comentarei o estrogênio, a sua importância e suas dificuldades. O estrogênio influencia o comportamento sexual sedutor e é liberado no corpo com a relação sexual.

O orgasmo também libera endorfinas na corrente sanguínea. As endorfinas são aquelas substâncias naturais semelhantes à morfina, analgésicas e propiciadoras de bem-estar, que inundam o nosso corpo quando delas precisamos. As endorfinas são responsáveis por aquela "animação de corredor" que você tem logo depois do exercício, quando se sente ótima e as pernas ainda não doem. É porque as endorfinas estão bloqueando a dor. Várias das minhas pacientes com dor crônica deram o testemunho de que, quando encontraram um novo relacionamento e estavam tendo uma vida sexual satisfatória, a sua necessidade de remédios para dores crônicas caiu consideravelmente.

A liberação desses hormônios é apenas uma das razões por que o sexo e o orgasmo ajudam a nos sentirmos bem e são bons para nós. Ainda não dispomos de pesquisas sobre a relação entre as práticas sexuais taoístas e as reações hormonais ou fisiológicas, mas a experiência dos praticantes é que as práticas sexuais taoístas *prolongam* as sensações de bem-estar, vitalidade e vínculo com o parceiro que resultam do sexo. Debra, uma antiga praticante e instrutora, contou-me: "Depois de fazer a prática durante anos, o nível da energia é tão alto que você não precisa continuar um tempão. A sensação dos orgasmos pode durar várias horas. Você ainda pode sentir a vibração enquanto prepara o jantar e acorda energizada." Já que o sexo e o orgasmo são tão benéficos para o corpo, vou discutir em detalhes o que poderia estar impedindo que você tenha orgasmo com a freqüência que gostaria.

E SE EU NÃO CONSIGO TER UM ORGASMO?

Se você não tem orgasmos regularmente ou nunca os tem, não desanime. Mais de 90% das mulheres que nunca têm orgasmo podem aprender com as informações e motivações certas. Se você está lendo este livro, isso tem a ver com você! Nas páginas seguintes, vamos examinar os bloqueios comuns para o orgasmo, o que a ajudará a identificar os elementos na sua vida que podem afastá-la do prazer do orgasmo.

Se você já teve orgasmos, mas não os tem atualmente, ou não os tem em determinadas situações (com o seu parceiro, durante a relação sexual etc.), você está passando pelo que chamamos de "ruptura orgástica". Isso é diferente de quando a secretária eletrônica começa a gravar o som da voz de um dos seus pais exatamente quando você está entrando no clima. O orgasmo exige que se teça uma delicada teia de percepção psicológica, física e energética e, como tal, ela pode ser "rompida" por muitos acontecimentos. Em seu livro *The New Male Sexuality* (A Nova Sexualidade Masculina), Bernie Zilbergeld descreve a impotência ocasional como sendo freqüentemente um reflexo da "sensatez do pênis" — em que uma ausência de ereção talvez represente uma intuição do homem de que aquele não é um bom momento para fazer sexo. Na minha experiência, o orgasmo nas mulheres freqüentemente funciona como o mesmo tipo de indicador. A sua ausência ocasional indica que precisamos prestar mais atenção ao nosso corpo e ao equilíbrio emocional. O nosso relacionamento está tumultuado? Estamos fisicamente esgotadas? Precisamos mais soltar o choro do que de um orgasmo? Um novo remédio está afetando a nossa energia sexual? Freqüentemente a ruptura orgástica reflete uma perturbação na multifacetada teia do nosso ser. Vamos examinar quais poderiam ser alguns dos seus bloqueios para o orgasmo.

BLOQUEIOS PARA O ORGASMO

Na minha clínica, todas as mulheres que se esforçam para atingir o orgasmo têm histórias individuais, mas partilham alguns desafios comuns. Esses bloqueios as afastam do pleno prazer. Quando uma mulher é capaz de enfrentar e esclarecer o que está bloqueando o seu prazer, a sua energia sexual flui mais livremente e o orgasmo é mais fácil. Às vezes, fatores fisiológicos podem inibir a excitação e impedir o orgasmo.

PROBLEMAS COM A EXCITAÇÃO

Como observei, a pesquisa sobre a saúde sexual se divide nos processos do desejo, excitação e orgasmo. Enquanto o desejo é o que nos leva a buscar a satisfação sexual, a excitação se refere à reação fisiológica do corpo — a dilatação do clitóris, da vulva e da vagina, e a resultante lubrificação vaginal; tensão na musculatura pélvica; assim como a dilatação dos seios e mamilos e o aumento do fluxo sanguíneo para os lábios e as orelhas. Para a maioria de nós, a "tubulação" (os nervos e vasos que abastecem essas áreas) está intacta e nós simplesmente precisamos desenvolver mais o desejo sexual e as técnicas a fim de aumentar a excitação. Algumas vezes, porém, a "tubulação" não está funcionando de forma adequada, em conseqüência de alguma doença ou lesão, e as mulheres não conseguem ter orgasmo por causa de um problema na fisiologia da excitação.

O fluxo sanguíneo e o suprimento nervoso para a área genital (e outras partes do corpo) podem ser reduzidos por doenças crônicas que afetem os nervos e os vasos sanguíneos — como diabetes, hipertensão, doença cardíaca e doença renal —, assim como por muitos medicamentos. Por exemplo, mulheres que tomam remédios para pressão alta, sobretudo em doses elevadas, podem experimentar dificuldade com a excitação, incluindo reduzida dilatação

BLOQUEIOS COMUNS PARA O ORGASMO

- Problemas com a excitação
- Remédios que inibem o orgasmo
- Estresse e ansiedade
- Desafios no relacionamento
- Aceitação e conhecimento do corpo

do clitóris e da vagina e da lubrificação vaginal. As doenças e os medicamentos que podem afetar a excitação e o orgasmo estão listados no anexo 1.

A dilatação, a lubrificação e a sensação da área genital podem ser também prejudicadas por uma lesão nos nervos ou vasos sanguíneos pélvicos. Isso pode ocorrer em conseqüência de um trauma pélvico ou ser um resultado indesejável de cirurgia genital ou pélvica — como histerectomia (remoção do útero), ooforectomia (remoção dos ovários), ou cirurgia na vagina ou na vulva. Uma pesquisa pioneira está sendo realizada pelas dras. Jennifer e Laura Berman no Centro Médico Sexual Feminino, na Universidade da Califórnia, em Los Angeles. Quando os casos são de problemas clinicamente detectáveis com a excitação (fluxo sanguíneo escasso para a área genital, causando diminuição da dilatação e lubrificação genital), muitas mulheres nesse centro reagiram bem ao primeiro dos medicamentos populares para a disfunção erétil masculina, o Viagra.[2]

A histerectomia é a cirurgia pélvica mais comum em mulheres e, décadas atrás, era realizada sem muita atenção ao prazer sexual feminino. Atualmente, muitos ginecologistas estão tomando consciência dos possíveis efeitos danosos da cirurgia pélvica sobre a reação sexual das mulheres. Em especial, a mais recente histerectomia "supracervical", que deixa a cerviz intacta, provavelmente poupa o plexo de nervos próximos da cerviz que são responsáveis pela sensação vaginal. Para a maioria das mulheres que sofreram histerectomia, os orgasmos clitoriais são preservados, mas algumas mulheres notarão uma perda na sensação vaginal, o que é particularmente perturbador para aquelas que desfrutavam de orgasmos vaginais. Isso ocorre porque dois nervos distintos fornecem sensação à vagina e ao clitóris. O nervo pudendo supre o clitóris, o músculo PC, os pequenos lábios e a pele do períneo e do ânus. O nervo pélvico chega até a vagina e o útero e pode ser prejudicado pela histerectomia comum. Têm sido desenvolvidas técnicas para remover o útero sem prejudicar o nervo pélvico; se você está cogitando uma histerectomia, discuta o assunto com o seu ginecologista.

Você pode ter um problema de excitação se, depois de desejo e estimulação sexual suficientes, os grandes e pequenos lábios e o clitóris não se dilata-

2 Existem atualmente no mercado duas outras drogas para a disfunção erétil masculina que não foram estudadas em mulheres: Cialis e Levitra. Estudos sobre o uso desses medicamentos em mulheres com disfunção sexual geral não demonstraram nenhum benefício. Isso provavelmente se deve ao fato de que eles melhoram a excitação, mas não fazem nada quanto aos muitos outros fatores que influenciam o orgasmo nas mulheres.

rem e houver dificuldade na lubrificação. Algumas dessas alterações ocorrem naturalmente na menopausa, que discutiremos em detalhes no capítulo 8. É também muito comum ficar excitada e ter dilatação labial e clitoriana, sem lubrificação. Os motivos podem ser muitos, de hormônios (amamentação, menopausa, anticoncepcionais orais) a medicamentos (anti-histamínicos) ou simples desidratação. Em geral, a dificuldade com a lubrificação não é razão para alarme. Certifique-se de que está sendo adequadamente estimulada e use um dos lubrificantes listados na p. 240. Para melhorar ou manter naturalmente a excitação, cuide da saúde cardiovascular. Faça exercícios regulares, que aumentarão e manterão o fluxo sanguíneo até os órgãos genitais. Adote uma dieta balanceada de frutas e vegetais frescos, grãos e proteínas magras. Evite fumar, o que limita o fluxo sanguíneo para os órgãos genitais, assim como para todas as outras partes do corpo.

Vale a pena mencionar que o uso prolongado da bicicleta pode ser um problema para algumas mulheres (e homens) porque os tradicionais selins estreitos podem comprimir o nervo pudendo e as artérias que abastecem o clitóris, causando diminuição da sensação clitoriana e do fluxo sanguíneo. Essas alterações são reversíveis se a pressão for diminuída, reduzindo-se o tempo de uso da bicicleta ou utilizando um selim diferente. Ao longo de um período de tempo extenso, porém, as alterações podem se tornar permanentes. Faça um favor a si mesma e arranje um selim mais macio (um dos modelos largos e confortáveis), em vez de usar um assento estreito e duro.

De um ponto de vista taoísta, qualquer coisa que desacelere o fluxo do chi também atrapalhará a excitação. Trauma emocional e físico nos órgãos sexuais pode resultar em tensão na área pélvica e bloqueios no fluxo do chi. Os Sons curativos, que discutimos no capítulo anterior, e a prática do Ovo de jade, que aprenderemos no capítulo 8, são úteis para desfazer os bloqueios nos órgãos genitais.[3]

---

3 A massagem taoísta para saúde genital, Karsei Net Sang, realizada por um praticante bem treinado e confiável, também pode ser útil para eliminar bloqueios no fluxo da energia sexual. A pressão direta com pequenos movimentos de massagem circulares é usada para fragmentar e dissolver a sedimentação no sistema circulatório, liberar a toxicidade e remover os bloqueios físicos e emocionais na área pélvica. A massagem para saúde genital trata dos problemas comuns associados aos órgãos sexuais, menstruação dolorosa, relação sexual dolorosa, micção freqüente e difícil e baixa libido sexual.

REMÉDIOS QUE INIBEM O ORGASMO

Existem muitos remédios que podem inibir a capacidade de orgasmo. Não deixe de consultar a lista de medicamentos nas páginas 254 e 255 para ver se você está tomando algum deles. Qualquer alteração na dose ou no tipo de remédio também pode interferir no orgasmo. É importante observar que nem todos esses remédios causam problemas com orgasmo em todas as mulheres. Se você notar uma mudança depois de começar a tomar um medicamento ou alterar a dose de um dos seus remédios, vale a pena considerar isso uma causa. Às vezes existem medicamentos alternativos disponíveis, portanto não deixe de discutir o assunto com o seu médico.

Um dos grupos de drogas mais comuns que afetam o orgasmo nas mulheres é o dos antidepressivos ISRS (inibidores seletivos de reabsorção da serotonina, como Prozac, Paxil, Celexa, Lexapro, Zoloft e Luvox). Como uma das minhas pacientes certa vez definiu: "O orgasmo com Paxil é como rir sem fazer barulho." Em outras palavras, ela experimentava a excitação, mas não conseguia atingir o orgasmo. Eu receito esses remédios na minha clínica porque eles são antidepressivos geralmente seguros e eficazes, mas sempre discuto os efeitos colaterais sexuais com as pacientes. Para aquelas que precisam permanecer com os ISRS, tomem a dose mais baixa que for eficaz para vocês. Vocês podem pensar em acrescentar Wellbutrin (outro antidepressivo) ao antidepressivo ISRS a fim de diminuir os efeitos colaterais sexuais, ou conversar com o seu médico sobre a possibilidade de sua depressão ser tratada somente com o Wellbutrin. Alguns médicos holistas acham útil acrescentar a erva ginkgo biloba, numa dose de 120mg duas vezes ao dia, ao antidepressivo ISRS para reduzir os efeitos colaterais sexuais. Eu experimentaria isso durante pelo menos três semanas para ver se há melhora nos seus sintomas. O ginkgo é seguro para a maioria das pessoas, mas pode afinar o sangue e interagir com outros medicamentos, portanto não deixe de consultar o seu médico antes de tentar isso.

ESTRESSE E ANSIEDADE

No capítulo 2, discutimos a importância da revitalização para diminuir o estresse e aumentar o desejo. Aqui eu quero abordar a ansiedade que se manifesta especialmente durante os encontros sexuais. A ansiedade durante a atividade sexual pode ser proveniente de vergonha, embaraço, experiências dolorosas anteriores, ou medo de não conseguir "atuar" de forma adequada. Seja qual for a causa, o estresse e a ansiedade provocam no corpo uma reação de "lutar ou fugir" que desencadeia uma sucessão de hormônios estimulantes — epinefrina, norepinefrina e cortisol —, assim como a ativação do sistema nervoso simpático. O que isso significa, em termos simples, é que o corpo passa de um estado relaxado a um estado "na defensiva". Quando isso acontece, o corpo desloca todo o sangue dos órgãos sexuais para os músculos, a fim de "repelir" o imaginado inimigo, tornando o orgasmo praticamente impossível.[4] O "inimigo", infelizmente, em geral somos nós mesmas.[5] Por causa dos nossos medos e mal-estar, provocamos um curto-circuito na nossa capacidade orgástica.

Todas nós temos medos que se manifestam durante a intimidade física, mas é muito importante que você disponha do tempo que precisar para lidar com os seus medos e relaxar. Quando estiver tentando chegar ao orgasmo e o medo ou a ansiedade começarem a entrar no seu corpo, interrompa a atividade sexual. Se tiver intimidade emocional com o seu parceiro, é útil partilhar os seus sentimentos e restabelecer a ligação emocional com ele ou ela antes de continuar. Também é útil fazer um exercício calmante simples, com a Respiração abdominal (p. 47). Respirar profundamente até a barriga pode reverter a reação de estresse. Você pode também usar os Sons curativos para se acalmar e se concentrar. O Som dos rins é particularmente útil para dissipar o medo e pode ser usado durante a relação sexual ou a qualquer momento.

DESAFIOS NO RELACIONAMENTO

Acontece, evidentemente, que dificuldades na vida ou em um relacionamento podem prejudicar a capacidade do orgasmo porque elas corroem dois dos alicerces fundamentais do orgasmo: confiança e relaxamento. A natureza do seu relacionamento terá um efeito profundo sobre a sua capacidade de ter orgasmo com o seu parceiro ou não. Se vocês não estiverem mutuamente "sincronizados" fora da cama, será difícil sincronizar os seus esforços na intimidade física.

---

4 Algumas mulheres apreciam, e acham erótica, a sugestão de perigo, ou mesmo um pouco de dor física, durante o sexo. Essa é uma reação extremamente individual e a maioria das mulheres que apreciam certo sadomasoquismo na atividade sexual somente o aprecia num contexto em que os limites e a segurança do "jogo" foram previamente combinados. Ou seja, as mulheres deram o seu consentimento à atividade sadomasoquista. Isso está em contraste total com as mulheres que sofrem atos sexuais violentos contra a sua vontade, como o estupro.

5 Já mencionei que, se você estiver de fato em perigo de ser física ou emocionalmente maltratada pelo seu parceiro, provavelmente será impossível atingir o orgasmo com ele ou ela. Nesse caso, faça o seu desenvolvimento sexual sozinha e pense em obter ajuda para si mesma e/ou para o seu parceiro.

Lily, uma pintora de 44 anos, relata as suas experiências: "Na faixa dos 20 anos, os meus orgasmos aconteciam de vez em quando, se eu estivesse com o parceiro certo para realmente 'me soltar', mas com freqüência eu simplesmente não conseguia relaxar o suficiente. Na faixa dos 30, estive casada com um ótimo parceiro sexual e conseguia ter orgasmo se estávamos bem, mas se brigássemos, nem pensar. Agora, na faixa dos 40, finalmente estou em um relacionamento meigo e animador, e tenho orgasmo muitas vezes, toda vez que fazemos sexo."

A comunicação sincera e um coração aberto e amoroso contribuem muito para sanar desavenças no relacionamento. Enquanto você desenvolve o desejo e a capacidade de orgasmo, use a prática do Sorriso interior para abrir o coração e alimentar a compaixão. Se continuar em uma fase difícil no relacionamento, talvez você queira primeiro desenvolver a sua capacidade de orgasmo dando prazer a si mesma, e dividir isso com o seu parceiro quando se sentir mais relaxada e confiante.

ACEITAÇÃO E CONHECIMENTO DO CORPO

Nessa viagem até a sua experiência do orgasmo, é de fundamental importância que você se concentre em amar e admirar o seu corpo. Se você não se sente bem em relação ao seu corpo, é difícil para o seu corpo *se sentir bem*. Enquanto continua nessa viagem para experimentar e ampliar a sua capacidade orgástica de forma plena, faça o possível para evitar criticar o seu corpo. Quando nos criticamos, enviamos energia negativa para aquelas partes do corpo e interrompemos o fluxo benéfico de chi. Isso é certo. Aquelas coxas suavemente onduladas que você detesta são uma lixeira para o chi negativo que você envia para lá. Isso torna muito difícil usar com naturalidade essas coxas fortes a fim de puxar o seu parceiro para mais perto de você. A fim de vitalizar e admirar o seu corpo, você precisa começar a se aprovar — da cabeça aos pés.

O Sorriso interior que aprendemos antes é um modo excelente de enviar atenção amorosa e preciosa a nós mesmos onde mais dela necessitamos. Se você se esforça para ter orgasmo ou encontra dificuldade em sentir desejo nos órgãos genitais, talvez deva usar o exercício seguinte, Bênção do corpo, para aumentar o fluxo de chi ali. Se você detesta a sua barriga "balofa", use esse exercício para amar e admirar a sua barriga e vitalizá-la como o seu centro energético. Use o exercício da Bênção do corpo para resgatar aquelas partes do corpo que você de bom grado trocaria e ajudar todo o seu ser a cintilar com o chi do amor a si mesma.

EXERCÍCIO 6

BÊNÇÃO DO CORPO

1. Sente-se ou deite-se em qualquer posição confortável.
2. Inspire profundamente até o abdome três vezes e deixe o corpo relaxar.
3. Comece a prática do Sorriso interior, vendo à sua frente uma imagem de amor (o seu rosto sorridente, o seu parceiro, o seu filho, o sol). Recolha a energia quente e amorosa através do seu terceiro olho e a direcione, sucessivamente, para cada parte do corpo. Comece pela cabeça e vá descendo pelo corpo, para o rosto, o pescoço, os braços, as mãos, o peito, os seios, as costas, a barriga, os órgãos sexuais, as nádegas, as pernas e os pés.
4. Examine as suas avaliações sobre cada uma das partes do corpo enquanto lhes envia a energia amorosa. As avaliações com freqüência se apresentam como blocos quando você tenta enviar energia favorável. Por exemplo, sorria para os braços e deixe que quaisquer avaliações aflorem à consciência – "fracos, flácidos, a pele está seca e descamada, cotovelos feios, pêlos demais".
5. Envie energia favorável àquela parte do corpo e altere a sua intenção para ver todos os pontos fortes que ela possui, usando palavras em silêncio ou em voz alta para enumerar as características positivas – "meus braços são capazes de expressar amor, carregar os meus filhos, escrever, rezar e têm um belo tom moreno".
6. Imagine a energia das suas avaliações sendo liberada e expelida do corpo pelas mãos e pelos pés. É útil imaginar que as avaliações têm uma cor ou textura específica. Enquanto inspira, envie energia quente e favorável àquela parte do corpo. E enquanto expira, imagine a energia favorável enchendo essa parte e a energia da avaliação fluindo para baixo, pelos braços ou pernas, e para fora do corpo, até o chão.
7. Continue para cada parte do corpo que quiser tratar, tomando consciência das suas avaliações e enviando energia amorosa para substituir as avaliações. Quanto mais específica você conseguir ser sobre as avaliações e, em particular, sobre as suas afirmações, maior "desobstrução" ocorrerá.
8. Quando terminar, sacuda as mãos e os pés para liberar qualquer energia negativa retida que você talvez ainda contenha.

Na primeira vez em que fizer essa prática, é útil e interessante percorrer o corpo inteiro. Você talvez se surpreenda com a veemência de algumas das suas avaliações e com a quantidade delas! Talvez fique igualmente espantada com os muitos sentimentos amorosos e valorizadores que pode ter em relação ao seu corpo. Não é necessário percorrer o corpo inteiro a cada vez. Pode ser que você enfrente uma dificuldade maior para amar as nádegas, ou os seios ou a vagina. Você pode fazer o exercício apenas com essas poucas áreas a fim de "reprogramar" a sua maneira de pensar e sentir. Fazer esse exercício antes da exploração do corpo (apresentada no próximo capítulo), ou em qualquer momento antes do auto-aperfeiçoamento, ajuda a fortalecer a sua intenção de *amar a si mesma*.

Agora que você identificou os seus bloqueios para o prazer, é hora de achar o seu caminho para o orgasmo.

CAPÍTULO 5

O CAMINHO PARA O ORGASMO

Como você pode encontrar o seu caminho para o orgasmo com facilidade e sempre que quiser? Usando as descobertas das práticas taoístas que você já aprendeu e o poder da sua energia sexual, você pode explorar o terreno do próprio prazer e encontrar os pontos e toques que vão inspirar a sua energia orgástica. Se está aprendendo a ter orgasmo, eu a conduzirei por um processo de cinco etapas que lhe permitirá entregar-se à celebração orgástica de si mesma realizada pelo seu corpo. Você aprenderá a ajustar a sua intenção, usar o músculo do sexo, avivar a energia sexual, conhecer a sua anatomia do prazer e entregar-se às ondas do orgasmo. Se você já tem orgasmos, este capítulo a ajudará a intensificá-los e ampliar a capacidade do seu corpo para o prazer. Para aquelas que têm orgasmo com facilidade, recomendo que leiam as seções que se seguem sobre o fortalecimento do músculo do sexo e a exploração da anatomia do prazer, para que possam aumentar o prazer que já têm durante a relação sexual. Compreender as chaves para o prazer vai ajudá-la bastante quando você quiser desenvolver a sua capacidade de orgasmos múltiplos.

INTENÇÃO

No capítulo anterior, comentei em detalhes como as suas expectativas guiam a sua experiência sexual. Sugeri que você estabelecesse as suas intenções para a atividade sexual a fim de ampliar o repertório sensual da sua experiência orgástica. Uma intenção é um desejo ou aspiração do que você gostaria de experimentar. Funciona como um princípio orientador, de modo que, quando você se perde — "aqui estou eu, segurando o meu vibrador, sentindo-me culpada pelas coisas que esqueci na lista do mercado" —, você possa achar o caminho de volta — "ah, sim, estou explorando o meu corpo e reverenciando o meu prazer". Há uma diferença sutil, mas importante, entre uma intenção e um objetivo. Normalmente, na sociedade ocidental pensamos em um objetivo como uma meta que precisamos atingir. Se não atingimos os nossos objetivos, fracassamos e então nos sentimos mal conosco mesmas. A finalidade de estabelecer uma intenção é abrir-se a uma possibilidade maior, não se criticar por não haver cumprido a sua intenção. *Presume-se* que a sua intenção seja algo que comumente não seja fácil para você fazer.

Ao considerar a sua intenção, pense em uma aspiração geral para explorar o seu prazer sexual. Com base nessa aspiração geral, você pode ter desejos específicos para uma determinada relação sexual ou sessão de auto-aperfeiçoamento. Sugiro que você anote a sua intenção geral em um diário ou talvez em algum lugar em que possa vê-la regularmente. Ela deve se referir especificamente à sexualidade ou a algum dos bloqueios emocionais que a afastam do seu pleno desejo. No capítulo 1, conhecemos Jean e Charlie, um casal de quase 60 anos que enfrentava dificuldades no casamento. Em particular, Jean se constrangia com a sua aparência física e por isso se afastava sexualmente do parceiro. Jean formulou assim a sua intenção geral: "Vou praticar a atenção amorosa para com o meu corpo, partilhar o meu corpo generosamente com o meu parceiro e entregar-me ao meu prazer." A intenção de Jean ajudou a guiá-la para fazer as alterações emocionais necessárias a fim de que pudesse experimentar plenamente o seu prazer.

Quando definimos intenções para nós mesmas, inevitavelmente teremos pensamentos conscientes e inconscientes que dificultarão o cumprimento da nossa intenção. Gabriella, uma contadora de 32 anos que nunca tivera um orgasmo, tinha a intenção de "confiar no meu corpo, fazer tudo o que puder para desenvolver o desejo e experimentar o orgasmo". No entanto, quando fazia o auto-aperfeiçoamento, ela mergulhava em pensamentos críticos: "O que há de errado comigo? Por que não consigo ter orgasmo? Sou um caso perdido." Esses pensamentos esgotavam a energia sexual de Gabriella e ela continuava a ter dificuldade para atingir o orgasmo. A autocrítica torna quase impossível relaxar até o prazer. A maioria de nós decide ficar longe de pessoas que nos criticam ou insultam de forma despropositada. Mas com freqüência é a *crítica interior* que é a mais brutal *e* a mais difícil de evitar.

No capítulo anterior, comentei a importância de amar e não maldizer o seu corpo. Você pode usar algumas dessas mesmas técnicas para reprimir a crítica interior e ajustar-se à sua intenção durante a atividade sexual. Quando se perceber tendendo a uma disposição de espírito crítica, respire profundamente várias vezes e faça o exercício do Sorriso interior, concentrando-se no coração. Puxe suavemente a sua atenção de volta para o prazer e o amor a si mesma. A princípio, isso pode ser bastante difícil, mas a prática de combinar o amor a si mesma com o prazer para si mesma pode render recompensas extraordinárias, tanto dentro quanto fora do quarto.

Ajustar-se às próprias intenções é um desafio espiritual perpétuo, mas que bem vale a pena o esforço. O foco da sua prática precisa ser no amor a si mesma. Quando você se perder em pensamentos críticos, não aumente a dificuldade censurando-se por *ter* esses pensamentos. Leve com delicadeza a sua mente de volta à sua intenção, usando o Sorriso interior e a Respiração abdominal para relaxá-la e suavemente guiá-la de volta ao seu prazer. Se essa descrição tem o aspecto suspeito de uma prática de meditação, em que de uma forma suave a mente é afastada das distrações mundanas, ela é isso mesmo. É uma meditação sobre a capacidade ilimitada do seu corpo para o amor e a alegria sensual, um potencial que é absolutamente prodigioso.

Qual é a *sua* intenção nesta viagem sensual? Aonde você gostaria de ir e o que quer experimentar? Considere a sua intenção durante alguns momentos e, depois, anote-a. Use-a como um princípio orientador enquanto explora o potencial do seu corpo.

O MÚSCULO DO SEXO

O único músculo no corpo que é essencial para o seu prazer sexual é o músculo pubococcígeo (PC), também afetuosamente conhecido como o músculo do sexo. Fortalecer o músculo PC a ajudará a ter orgasmos sempre que quiser, melhorar a sua capacidade de ter orgasmos múltiplos e lhe proporcionar a força para dar prazer intenso a um parceiro durante a relação sexual.

O músculo PC é, na realidade, um conjunto de músculos menores que cercam a uretra, a vagina e o ânus, e sustentam os órgãos pélvicos. Ele se estende do osso púbico, na frente, até o cóccix, atrás, o que dá origem ao seu nome (ver a ilustração na p. 117). Aprender a contrair e relaxar de forma eficaz o músculo PC aumentará o prazer que você sente e a facilidade com que pode ter orgasmos por estimulação tanto clitoriana quanto vaginal. Quando você contrai o músculo PC, amplia o fluxo sanguíneo para toda a área pélvica, o que aumenta a energia sexual e a lubrificação.

A maioria das mulheres toma conhecimento do músculo PC quando os médicos ou as parteiras sugerem que elas façam os exercícios de Kegel, também conhecido como pompoarismo. Antes e depois do parto, os exercícios de Kegel melhoram a sustentação pélvica do útero e da bexiga e ajudam a tratar e prevenir a incontinência urinária (caso em que a pessoa urina involuntariamente). Por enquanto, porém, quero ressaltar como familiarizar-se com o músculo PC pode esquentar a sua vida sexual.

FORTALECIMENTO DO MÚSCULO PC

É relativamente fácil localizar o músculo PC. Na próxima vez em que for ao banheiro, comece a urinar e, então, pare antes de terminar. É o músculo PC que você usa para isso. Um exercício básico é parar o jato várias vezes enquanto se urina para sentir o músculo atuando. Mas para ter uma noção melhor de onde o músculo PC fica na área *vaginal* e de como contraí-lo, é útil sentir o próprio músculo. O exercício de compressão vaginal vai ensiná-la a sentir e avaliar a força do seu músculo PC.

Depois de saber onde fica o músculo PC e como contraí-lo, você pode começar a fortalecê-lo. Comece contraindo o músculo PC e tente mantê-lo contraído durante 10 segundos. Se o músculo estiver fraco, talvez seja difícil segurá-lo durante esse tempo. Se você sentir os músculos afrouxarem, simplesmente deixe que afrouxem. Depois de contrair durante 10 segundos, relaxe durante 10 segundos. Se relaxar for difícil para você, tente colocar dois dedos de volta na vagina e fazer de novo o sinal da paz, só que desta vez afaste os dedos com força moderada enquanto inspira até a área vaginal, sentindo-a ceder e relaxar. Em seguida, aperte os músculos de novo em torno dos dedos, mantendo durante 10 segundos, depois relaxe durante 10 segundos enquanto separa os dedos. Como qualquer músculo, o PC pode parecer cansado depois do exercício. Quando começar, repita três vezes a contração e o relaxamento. À medida que adquirir força, você deve aumentar o número de repetições, até chegar a 10 repetições duas vezes ao dia. Isso pode parecer muito, mas lembre que você pode fazê-las enquanto dirige o carro, assiste à televisão ou fica sentada no trabalho (provavelmente sem os dedos!). Se contrair o músculo PC lhe proporcionar um pequeno surto de energia sexual, como acontece com muitas mulheres, isso tornará o dia de trabalho muito mais interessante. Você pode levar essa energia sexual para a Órbita microcósmica, que aprenderá no próximo capítulo, e usá-la para vitalizar a mente, abrir o coração e rejuvenescer os órgãos.

Quando você começar a contrair o músculo PC, é quase impossível contraí-lo e não contrair ao mesmo tempo os músculos das nádegas ou os abdominais. Embora não haja nada de errado em contrair outros músculos, será mais fácil para fortalecer especificamente o músculo PC se você conseguir identificá-lo e isolá-lo dos outros músculos. Uma das melhores maneiras de contrair o músculo PC e *não* as nádegas ou o abdome é fazer a contração enquanto você expira e relaxa o resto do corpo. Se você relaxar o músculo PC enquanto inspira e contraí-lo enquanto expira, isso favorece igualmente um ótimo e breve exercício meditativo.

EXERCÍCIO 7

COMPRESSÕES VAGINAIS

1. Deite-se ou sente-se na beirada de uma cadeira e introduza dois dedos na vagina, até a segunda articulação, ou nó.
2. Comprima o músculo PC em torno dos dedos. Você deve sentir uma leve contração das paredes da vagina em torno dos dedos.
3. Separe os dedos como se estivesse fazendo o sinal da paz. Em seguida, relaxe os dedos, mas os mantenha afastados, e contraia de novo o músculo PC para ver se você consegue juntar os dedos. Com prática, você conseguirá comprimir os dedos juntos com força cada vez maior.

Algumas das mulheres que me procuram para exercitar o músculo PC não têm músculos PC fracos; na verdade, elas têm dificuldade porque estão cronicamente retesando, ou contraindo, o músculo PC. Se o músculo estiver contraído, pode ser doloroso fazer sexo com penetração ou um exame vaginal, porque o músculo PC retesado bloqueia a entrada da vagina. É interessante observar que o músculo PC abrange o esfíncter anal. Tanto a cultura oriental quanto a ocidental reconhecem um fenômeno aparentemente universal de ansiedade e retração emocional associado a músculo PC e ânus tensos. Pense nas implicações de expressões como cê-dê-efe. Ela sugere uma pessoa fechada, ansiosa e perfeccionista. Essas características são o contrário do estado emocional receptivo, relaxado e franco de que cada um de nós necessita para ter prazer sexual profundo. Se você conseguir aprender a relaxar o músculo PC e o ânus, será muito mais fácil experimentar o orgasmo e especialmente o orgasmo prolongado, que você conhecerá no capítulo 7. É igualmente tão importante aprender a relaxar um músculo PC tenso demais quanto fortalecer um músculo PC fraco. Os exercícios que se seguem vão ajudá-la a relaxar conscientemente o músculo PC. E quem sabe? Você talvez relaxe um pouco mais na sua vida como um todo!

Quando você começar, tente fazer esse exercício em nove ou 18 repetições a cada vez, pelo menos uma vez por dia. Reverter padrões antigos de tensão do corpo leva tempo. Talvez demore várias semanas até você conseguir relaxar o músculo PC quando quiser.

Assim que conseguir relaxar o músculo PC com facilidade, mude o padrão da respiração para ficar semelhante ao do exercício de Flexões do músculo PC. Contraia o músculo PC enquanto expira e relaxe-o enquanto inspira.

EXERCÍCIO 8

FLEXÕES DO MÚSCULO PC

1. Inspire e relaxe o músculo PC.
2. Expire e contraia o músculo PC, puxando-o para dentro do corpo.
3. Repita nove ou 18 vezes.
4. Em seguida, contraia o músculo PC durante 10 segundos enquanto continua a respirar tranqüilamente.
5. Repita três vezes.

Depois de se familiarizar com o uso do músculo do sexo, use-o para ativar o seu próprio fogo durante o auto-aperfeiçoamento ou a relação sexual. Quando você contrai o músculo PC durante a atividade sexual, isso aumenta a sua excitação. Talvez seja mais divertido para você fazer os exercícios do músculo PC usando um pênis artificial para a contração, ou com um parceiro durante o ato sexual. Enquanto você se estimula, ou o seu parceiro a estimula, contraia o músculo ritmicamente e isso a ajudará a levar a excitação até o orgasmo. Se você tem um parceiro, ele também apreciará as suas novas habilidades; à medida que o músculo PC fica mais forte, as contrações em torno do pênis se tornam intensamente prazerosas. Se você quiser desenvolver mais o controle e a capacidade do músculo vaginal, os exercícios do Ovo de jade, no capítulo 8, lhe ensinarão técnicas mais sutis para melhorar o tônus vaginal.

EXERCÍCIO 9

RELAXAMENTO DO MÚSCULO PC

1. Esvazie a bexiga antes deste exercício.
2. Inspire profundamente até o abdome e concentre-se no músculo PC.
3. Inspire e suavemente contraia e puxe para cima o músculo PC.
4. Expire e empurre para fora o músculo PC.
5. Continue os passos acima até sentir que consegue diferenciar a sensação de relaxar o músculo PC da sensação de contraí-lo.
6. Mais uma vez, inspire e contraia levemente o músculo PC.
7. Em seguida, expire e "solte" o músculo PC, sentindo-o expandir-se e relaxar sem empurrar para fora.

ENERGIA SEXUAL

No capítulo 2, você examinou quais as características eróticas que favorecem o seu desejo. Agora é hora de colocar em prática esse conhecimento. Reserve tempo para o auto-aperfeiçoamento em uma atmosfera que considere sensual e sedutora. Se você gosta de fantasia ou de literatura erótica, crie uma cena mental, leia os seus trechos preferidos, ou assista a algumas cenas de um filme erótico para atiçar a sua imaginação sexual. Lembre-se de que quanto mais intenso o seu desejo, ou energia sexual, mais fácil será chegar ao orgasmo.

Para esta prática, você precisará de uma camiseta bem folgada, sem sutiã, ou pode ficar nua, se preferir. É melhor que o aposento seja agradavelmente quentinho. Comece achando uma posição sentada confortável. Coloque o calcanhar, ou uma bola firme ou um pano enrolado, de encontro ao clitóris e à vagina para mantê-los estimulados e ajudá-los a conservar o chi. Use o Sorriso interior e sorria para o seu coração, enviando energia amorosa para serená-lo e abri-lo. Em seguida, sorria para os órgãos sexuais, sentindo que eles se aquecem e se ativam. Puxe o chi com a intenção da sua mente para os grandes e pequenos lábios e para o clitóris, sentindo-os se dilatarem com o fluxo sanguíneo aumentado — o início da excitação.

Em seguida, esfregue as mãos juntas energicamente, até sentir calor. Coloque as mãos sobre os seios, protegendo-os com o seu propósito amoroso e enviando-lhes o chi das mãos. Segure os seios e sorria para eles. Os seios estão ligados ao centro do coração. Se você não gosta de tocar os seios, simplesmente deixe as mãos sobre eles e imagine a sua energia despertada se deslocando até os órgãos sexuais e o clitóris, despertando mais o chi destes. No capítulo 8, comentarei em detalhes a Massagem dos seios, mas aqui vou apresentar uma versão simples para alimentar o seu desejo.

Com as pontas dos dedos e usando um óleo se quiser (e estiver nua), contorne os seios, movendo-se em torno do mamilo do meio do peito até a parte externa dos seios. A mão esquerda se moverá a partir do centro do peito, para baixo e para a esquerda; a mão direita se moverá a partir do centro, para baixo e para a direita. Contorne de leve com as pontas dos dedos pelo menos nove vezes. Depois, acaricie a totalidade dos seios, fazendo círculos suavemente com as pontas dos dedos sobre a pele e pressionando a carne contra a caixa torácica. Acaricie os mamilos, a princípio de leve e depois com mais pressão. À medida que os seios se enchem de chi, os mamilos se dilatarão e endurecerão. Sinta o despertar dos seios despertar o seu centro sexual e sinta a ligação entre os seios e os órgãos sexuais, em particular o clitóris, que com freqüência irá formigar

EXERCÍCIO 10

O DESPERTAR DA ENERGIA SEXUAL

1. Sente-se em uma posição relaxada.
2. Coloque o calcanhar, uma bola firme ou um pano de prato enrolado, de encontro ao clitóris e à vagina.
3. Sorria para o centro do seu coração, sentindo o coração se aquecer e se abrir.
4. Em seguida, sorria para os seus órgãos sexuais – útero, ovários, vagina, clitóris e grandes e pequenos lábios –, sentindo a energia amorosa revigorá-los.
5. Esfregue as mãos juntas e coloque-as sobre os seios, sorrindo para eles e enviando-lhes chi.
6. Comece a Massagem dos seios (ver p. 194), esfregando em círculos do meio do peito até a parte externa dos seios.
7. Acaricie os seios e mamilos, enviando o seu chi desperto para os órgãos sexuais e o clitóris.
8. Depois da exploração ou do auto-aperfeiçoamento, mova o chi em círculo no seu centro abdominal.

ou se dilatar. Segure os seios e envie o seu chi desperto até o clitóris e a vagina. Ainda que você não sinta o chi nos órgãos genitais, enviar energia amorosa para lá e aumentar o foco sobre os órgãos genitais favorecerá a sua energia sexual.

Você pode usar a energia sexual despertada para o auto-aperfeiçoamento. É ótimo fazer esse exercício antes de explorar a sua anatomia do prazer, pois o clitóris e a vagina estarão mais sensíveis ao toque se estiverem repletos de energia sexual.

A SUA ANATOMIA DO PRAZER

A energia sexual é vital, mas, para fazer a chaleira com água que é a sua excitação passar de quente a fervendo de prazer, você precisa compreender intimamente a sua anatomia do prazer. Vou levá-la para percorrer passo a passo as suas zonas de prazer íntimo para você saber exatamente do que precisa para o orgasmo. Recentemente, uma mulher me pediu conselho sobre um novo relacionamento sexual. Ela disse: "Estou tendo um problema. Tive um namorado com quem todas as vezes eu tinha orgasmo pelo sexo oral. Aí tive um segundo namorado com quem eu conseguia ter orgasmo pela estimulação com o dedo e pela estimulação vaginal. Agora estou com um homem a quem me sinto profundamente ligada, mas não consigo ter nenhum orgasmo." Perguntei se ela se masturbava. Ela disse: "Sim e sempre consigo ter orgasmo com o meu vibrador. O que há de errado comigo?" Eu disse: "Parece que você teve um namorado que sabia o que fazer com a língua, um segundo namorado que sabia o que fazer com o dedo e, agora, um terceiro que ainda não descobriu nem um nem o outro." Sabemos que ela pode ter orgasmo porque ela consegue isso facilmente sozinha. Ela simplesmente precisava decidir quais técnicas para estimulação oral e manual davam realmente certo para ela e ensiná-las ao novo namorado. Acontece também que algumas mulheres que usam vibradores com regularidade notam que a área clitoriana fica um tanto "insensível" ao toque dos dedos ou da língua. Isso geralmente se resolve diminuindo ou eliminando a estimulação com o vibrador, para "ressensibilizar" a área.

Nenhuma de nós cresceu sabendo do que precisávamos para ter orgasmo. Tivemos de descobrir pela experimentação. Em muitos países do mundo, existe uma tendência de que, nos casais heterossexuais, é tarefa (e prerrogativa) do homem dar prazer à mulher. As mulheres são desencorajadas a dar prazer a si mesmas, especialmente durante o ato sexual. Isso significa que o orgasmo da mulher fica condicionado a ela achar um parceiro que possa "descobri-la" e "proporcionar-lhe um orgasmo". Embora essa seja uma questão predominantemente heterossexual, Carmen, uma lésbica de 48 anos que tem um relacionamento estável, queixou-se de que, "como ambas somos condicionadas a ser estimuladas por um homem, isso cria um problema nos relacionamentos de lésbicas. Se somos as duas mulheres e fomos as duas condicionadas a esperar para ser estimulada, como dar a partida?" Supor que uma outra pessoa tem a responsabilidade de iniciar o sexo e lhe dar prazer pode levar a muitas e longas noites passadas em casa, sem ninguém iniciar o sexo.

Quando se considera nesses termos, parece absurdo esperar que outra pessoa compreenda os seus órgãos sexuais íntimos melhor do que você. Ninguém pode proporcionar-lhe um orgasmo. Você mesma precisa criá-lo. Ele acontece no seu corpo e, portanto, cabe a *você* proporcioná-lo. Não há meio mais infalível de ter orgasmos regulares do que saber, exatamente, o que a deixa ligada e a faz gozar. No começo, você ou o seu parceiro talvez fiquem inseguros, quando você se tocar ou pedir o que quer durante a relação sexual; portanto, reafirme ao seu parceiro que o fato de você dar uma ajudinha não significa que

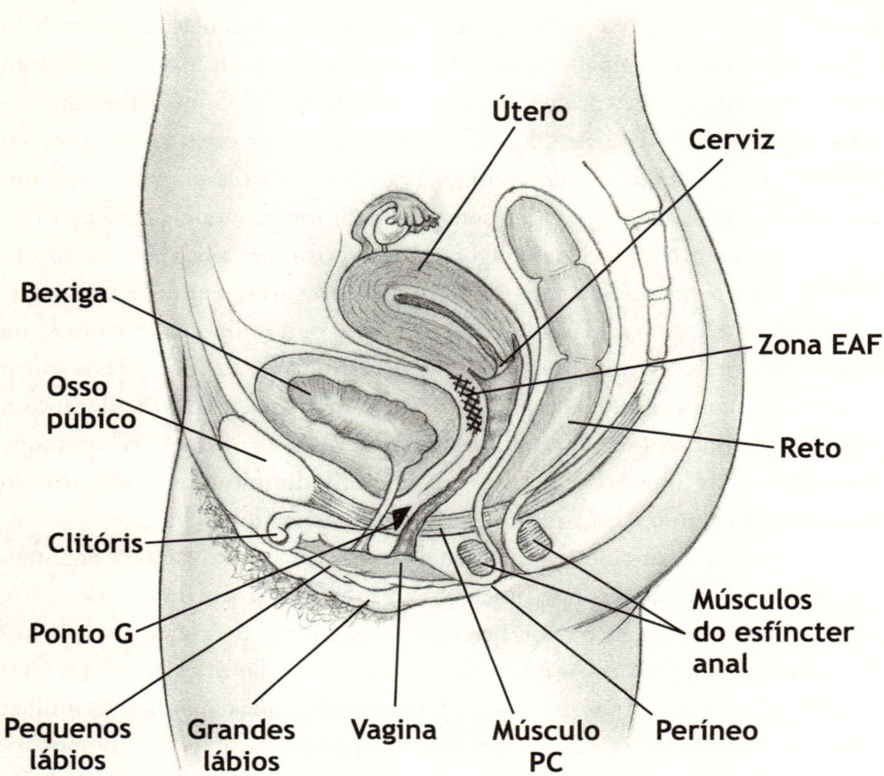

Os órgãos sexuais

ele ou ela não seja hábil. Diga a ele ou ela que você descobriu o que lhe dá o máximo prazer e quer partilhar isso.

Algumas mulheres se sentem pouco à vontade para se tocar sexualmente e, se esse for o seu caso, você pode fazer esses exercícios com o seu parceiro e deixar que ele ou ela a estimule. Mas eu insisto em que você pense em tentar se tocar e fazer o auto-aperfeiçoamento. Esse é decididamente um dos passos mais importantes para aprender a ter orgasmos satisfatórios e regulares. Algumas mulheres receiam que, caso se masturbarem, terão menos desejo para a relação sexual em parceria. Estudos demonstram que isso não ocorre de forma alguma. Muitas mulheres que são sexualmente ativas de modo regular com

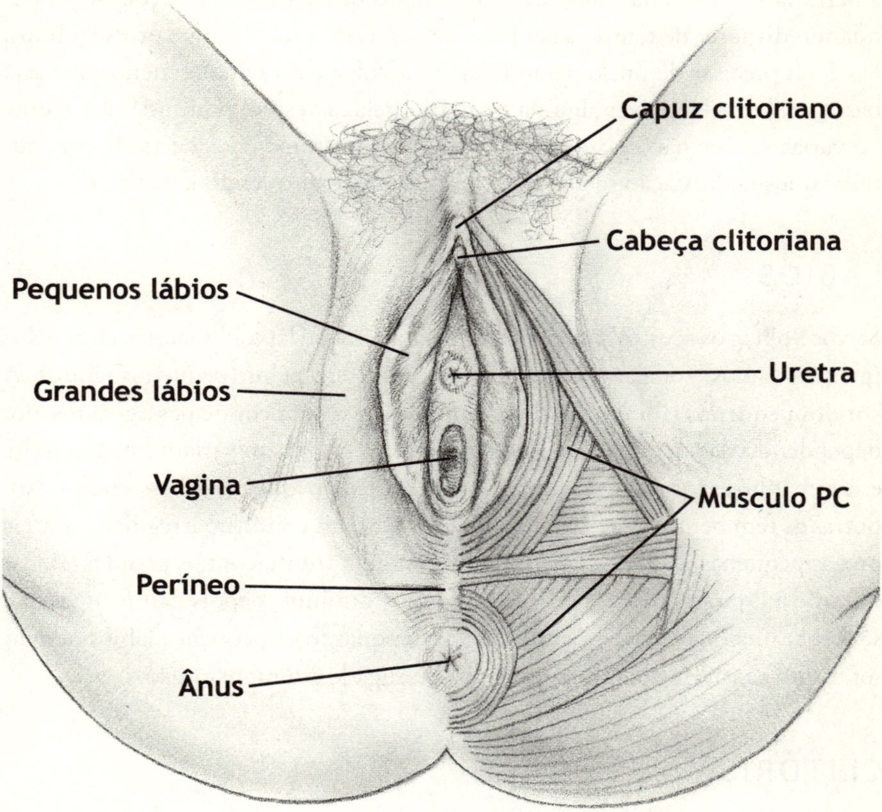

Músculo PC e órgãos genitais externos

os seus parceiros *também* se masturbam com freqüência. Lembre-se de que os hormônios que são liberados com a atividade sexual aumentam a probabilidade de atividade sexual futura. Excitar a si mesma a deixará excitada para o seu parceiro. E se você não tem um parceiro, o auto-aperfeiçoamento é essencial para manter saudáveis os seus tecidos e hormônios, sem falar que é uma dádiva quando você precisa liberar a tensão sexual.[1]

Vou começar a sua exploração com uma discussão detalhada da sua anatomia sexual. Em seguida, você fará um exploração completa do corpo destinada

1 Se você reluta em se tocar, o livro clássico de Betty Dodson, *Sex for One*, é um guia interessante para os prazeres de amar a si mesma.

a deixá-la vibrando da cabeça aos pés. Sugiro que você leia as seções seguintes quando dispuser de tempo a sós para "se conferir" à medida que prosseguimos. Você vai precisar de um espelho para ver a vulva e a vagina, a menos que seja bastante flexível. Se tiver alguma hesitação, relaxe, respire profundamente uma ou várias vezes e não deixe de seguir adiante. Será uma enorme ajuda para aumentar a sua satisfação sexual saber "o que está acontecendo lá embaixo".

LÁBIOS

Se você olhar os seus órgãos genitais por fora, dois "lábios" maiores com pêlos (grandes lábios) rodeiam dois lábios menores sem pêlos (pequenos lábios). A cor dos pequenos lábios varia de castanho a cinza para cor de pêssego a rosado, dependendo da cor da pele de cada mulher. Eles também variam imensamente em tamanho e formato. Algumas mulheres têm pequenos lábios compridos; outras os têm bem curtos. Na maioria, eles têm um contorno irregular e muitas pregas pequenas, o que lhes permite se dilatarem (junto com os grandes lábios) durante a excitação. Em geral, eles tendem a diminuir depois da menopausa e se tornar menos salientes.[2] Tanto os grandes quanto os pequenos lábios podem ser muito sensíveis quando acariciados ou sugados durante o sexo.

CLITÓRIS

Em geral, a cabeça do clitóris fica escondida, parcial ou completamente, pelo capuz do clitóris, uma pequena aba de pele. Para ver o clitóris, você precisará usar os dedos e puxar para trás a pele acima do clitóris, o que retrairá o capuz. Deve-se ressaltar que o clitóris é o único órgão no corpo humano que existe exclusivamente para o prazer. Se já não for, o clitóris provavelmente se tornará seu bom amigo, pois contribui para o orgasmo. A cabeça do clitóris é o equivalente anatômico da glande do pênis, mas tem um número maior de terminações nervosas (8 mil, para ser exata), em um espaço muito mais compacto. O clitóris é, portanto, intensamente sensível, às vezes a ponto de ficar dolorido, mas, quando manipulado com cuidado e carinho, pode proporcionar enorme prazer.

---

2 Se você estiver interessada em ver as variações entre mulheres (e não for uma ginecologista), uma bela coleção de fotos de vulvas de diversas mulheres está disponível no livro *Femalia*, organizado por Joani Blank.

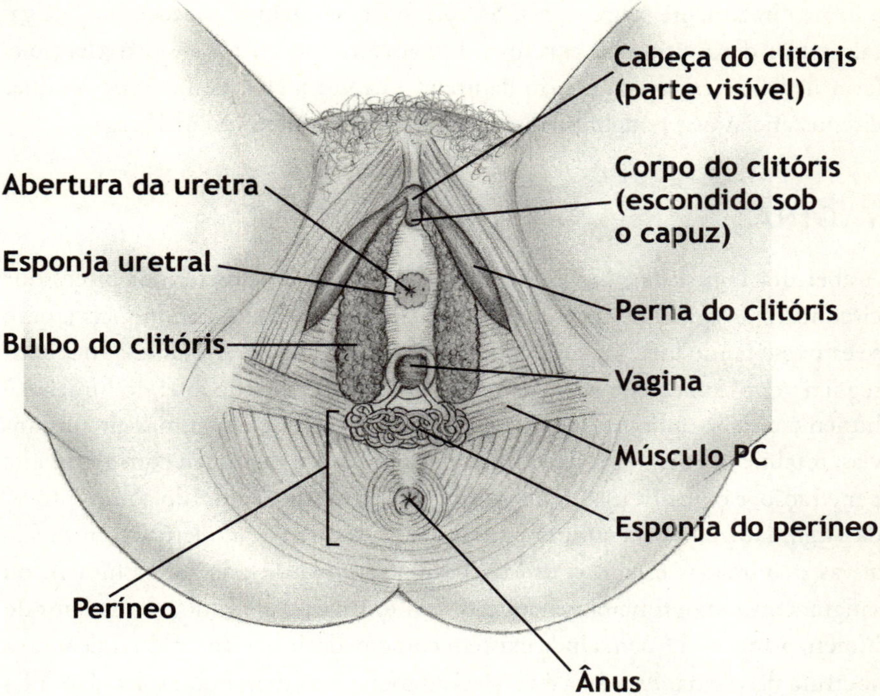

Tamanho natural do clitóris

O clitóris é, na verdade, 10 vezes maior do que pensávamos uma década atrás. A cabeça clitoriana é a única parte que podemos ver, mas o corpo, o bulbo e os braços do clitóris se prolongam muito mais (ver a ilustração acima). Essa é uma das razões por que toda a área da vulva pode ser extremamente sensível ao toque. O clitóris se dilata e se torna muito mais saliente durante a excitação sexual. De um ponto de vista taoísta, estimular o clitóris é importante, pois ele está relacionado a todas as glândulas do corpo e afagá-lo pode melhorar o seu equilíbrio hormonal.

URETRA

Se você afastar os pequenos lábios, conseguirá ver a abertura da uretra. Em algumas mulheres, ela pode ser quase imperceptível, mas em geral é vista como uma pequena cavidade nos tecidos a meio caminho entre a cabeça do clitóris e a vagina. Algumas mulheres acham a estimulação da uretra excitante e podem até ter orgasmo pela estimulação uretral, em geral com uma pressão entre suave e firme diretamente sobre a área. Se você sofre freqüentes infecções na bexiga, talvez não deva estimular essa área diretamente, pois a pressão externa pode levar mais bactérias para dentro da uretra e causar inchação da uretra — duas circunstâncias que podem predispor as mulheres a infecções na bexiga.

VAGINA

A abertura vaginal fica às vezes oculta pelos lábios e pelos tecidos moles que circundam a vagina. Se você forçar para baixo os músculos abdominais (como se estivesse tendo uma evacuação intestinal), os tecidos se afastarão e você conseguirá ver o começo da passagem vaginal e talvez parte do anel do hímen. O hímen é uma membrana que cobre parcialmente, ou, em algumas circunstâncias, totalmente, a entrada da vagina. O rompimento do hímen com a primeira penetração, e o possível sangramento, é o que tem sido alardeado como "prova" da virgindade na nossa cultura patriarcal. Na sociedade moderna, com moças ativas e animadas e com o uso de tampões, pode ou não haver hímen, ou sangramento, na primeira penetração. Em todas nós, contudo, os vestígios do hímen, o anel do hímen, ainda existem como pedacinhos de tecido rodeando a abertura da vagina. Essa área é sensível ao toque e contém muitas das glândulas que lubrificam a vagina.

Músculo PC. Logo na entrada da vagina, existe um anel muscular que faz parte do músculo PC. Essa é a parte mais estreita da vagina e, quando está retesada, em razão da ansiedade ou simplesmente por nunca ter sido distendida, a penetração pode ser muito incômoda. Felizmente, nós temos controle sobre esse músculo e podemos aprender a relaxá-lo e flexioná-lo, usando os exercícios do músculo PC apresentados no início deste capítulo.

Ponto G. Depois do músculo PC, fica a área do famoso "ponto G", assim batizado pelos pesquisadores sexuais John Perry e Beverly Whipple em homenagem ao dr. Ernst Grafenberg, o médico que primeiro o descreveu na bibliografia médica.[3] Durante milhares de anos os taoístas têm se referido a essa área como a pérola negra. Se você apalpar a parede frontal da vagina, no lado da barriga, aproximadamente um ou dois nós dos dedos para dentro, existe uma área de tecido enrugado que se dilata com a excitação. Nem sempre é fácil achá-lo, mas a maioria das mulheres tem mais sorte quando fica excitada, pois

3 Algumas mulheres gostam de se referir ao ponto G como o seu ponto *Goddess* ("Deusa"), em vez de em referência a um homem que tem pouca familiaridade com a sua anatomia particular.

o ponto pode dilatar-se até o tamanho de uma moeda de 25 *cents*. Quando você ou o seu parceiro estimula o seu ponto G, inicialmente isso pode dar a sensação de que você precisa urinar. Isso ocorre porque o ponto G consiste em uma massa de tecido glandular que cerca a uretra, também designada como a "esponja uretral". O ponto G é a área da esponja uretral que pode ser apalpada através da parede anterior da vagina (no lado da barriga). Quando a mulher está muito excitada e se aplica uma pressão, com movimentos firmes e regulares, no ponto G, a "necessidade" de urinar pode se transformar em uma plenitude profunda e prazerosa. Em muitas mulheres que têm orgasmo vaginal, isso se deve à estimulação do ponto G.

Como ocorre com todos os pontos vaginais, a estimulação do ponto G pode parecer não só fisicamente como também emocionalmente intensa. Monique, uma estudante de 36 anos, relata: "Só descobri o meu ponto G há dois anos e meio e senti um enorme alívio emocional, como se ele estivesse tocando lugares que nunca haviam sido tocados antes. Acho que pressionar e forçar os músculos abdominais para baixo ajuda a não ser tão doloroso. Agora parece um alívio enorme." Vale a pena mencionar que nem todas as mulheres talvez tenham um ponto prazeroso nesse lugar; portanto, se você não conseguir achá-lo, não se preocupe. Também é verdade que cada mulher pode ter os seus próprios pontos prazerosos que apenas não são ainda famosos. Uma das instrutoras do Tao curativo com que conversei me disse que toda a sua vagina é "um tubo de prazer" e que ela tem áreas sensíveis por toda parte. Muitas mulheres notam uma sensibilidade maior na mesma profundidade do ponto G, mas em todas as paredes da vagina — menos como um ponto, e mais como um anel de prazer. A única maneira de descobrir o seu próprio cenário de prazer é fazer uma exploração.

Zona erótica anterior do fórnice. Essa área foi pesquisada e denominada pelo sexólogo malásio dr. Chua Chee Ann. Localiza-se no fundo da parte anterior (ou lado da barriga) da vagina, próximo da cerviz (ver ilustração na p. 116). Você precisará de dedos compridos ou de um pênis artificial para tocar esse ponto sozinha. A zona EAF é mais extensa e menos definida do que o ponto G. Você pode experimentar toques leves ou pressão firme e ondulante nessa área. Como o ponto G, as mulheres experimentam uma sensação prazerosa profunda que pode resultar em orgasmo. Ao contrário do ponto G, porém, a zona EAF é uma área que pode ser facilmente estimulada com o ato sexual. No fim do capítulo, são descritas posições para alcançá-la.

"Pontos". De uma perspectiva taoísta, qualquer parte da sua anatomia é capaz de grande prazer, e até de orgasmo, se você conseguir concentrar ali a sua energia sexual. A experiência de muitos instrutores do Amor curativo é que toda a área genital é capaz de prazer intenso que leva ao orgasmo. Dentro da vagina, estão representados pontos de acupressura para a cura de todos os órgãos internos. Tocar toda a extensão da vagina estimulará o fluxo de chi para o corpo (veja a ilustração na p. 204).

PERÍNEO

O períneo abrange a área de pele e músculo que se estende por 1 ou 2cm entre a vagina e o ânus. Sob o períneo, há uma densa rede de vasos sanguíneos, às vezes chamada de "esponja perineal" ou "corpo perineal". Durante a excitação sexual, esses vasos sanguíneos se distendem como os outros tecidos eréteis da vulva e ficam sensíveis a afago, pressão e toque com a língua de leve. O conjunto de músculos sentidos no períneo é uma parte do músculo PC que comentei antes.

ÂNUS

O ânus é um forte esfíncter muscular que, além do canal anal, tem a segunda maior concentração de terminações nervosas do corpo. A estimulação anal, seja por toque ou penetração suave, pode ser muito excitante para algumas mulheres. Muitos dos mesmos nervos que inervam a vagina inervam igualmente o reto. Se você está começando a experimentar a penetração anal, não deixe de usar bastante lubrificação e bastante delicadeza. O canal anal não secreta lubrificação própria e pode ficar ferido por uma penetração abrupta sem lubrificação. Comece com um dedo e acrescente mais dedos, ou brinquedos ou partes do corpo, se continuar sendo prazeroso. É também usual fazer a estimulação anal junto com a estimulação clitoriana ou a penetração vaginal, para multiplicar as sensações. Algumas mulheres podem ter orgasmo só com a estimulação anal. Se você aprecia estimulação anal, não deixe de lavar as mãos, brinquedos e partes do corpo que tocam o ânus *antes* de tocar o resto dos órgãos genitais, pois as bactérias do ânus podem causar infecções vaginais. Algumas mulheres que prevêem atividade anal e se preocupam com matéria fecal fazem uma lavagem intestinal de antemão.[4]

---

4 Para aquelas que quiserem instruções detalhadas sobre atividade e penetração anal, ver o livro de Tristan Taormino, *The Ultimate Guide to Anal Sex for Women*.

EXPLORAÇÃO DO CORPO

Agora que você se familiarizou com a sua anatomia do prazer, vamos passar algum tempo descobrindo exatamente do que é que você gosta. Para o próximo exercício, você vai precisar de privacidade e de um lugar confortável e quentinho, para ficar à vontade consigo mesma. Se quiser experimentar um vibrador, certifique-se de que tem um à mão. O vibrador costuma ser o meio mais fácil para a maioria das mulheres ter orgasmo. Se quiser explorar os pontos vaginais, você talvez precise de lubrificante e um pênis artificial, ou de outro objeto comprido e liso. Diferentes mulheres preferem lubrificantes diferentes. A vantagem dos lubrificantes solúveis em água é eles serem facilmente removidos com água e serem eliminados da vagina com as secreções naturais. Os lubrificantes à base de óleo permanecem na vagina por um período de tempo mais longo. Já há no mercado muitos lubrificantes à base de água que são bastante acessíveis. No capítulo 9, são abordados os lubrificantes e suas diversas propriedades.

Antes de começar a Exploração do corpo, prepare o local com os recursos que considerar sensuais e confortáveis. Música, velas, incenso e essências podem ser agradáveis. Se quiser, tenha um óleo ou creme para massagem disponível para passar na pele. Deitar-se em um lugar confortável, com as costas apoiadas por almofadas, dá bom resultado. Aconselho que você faça a Bênção do corpo ou a Respiração abdominal simples, para se concentrar e relaxar antes de fazer este exercício. Também recomendo que se concentre e envie a sua energia sexual para os órgãos sexuais, como descrito no exercício despertar da Energia sexual. Será também importante esvaziar a bexiga antes da estimulação vaginal, para não precisar urinar.

Quando se tocar, lembre-se de que há muitos tipos de toque a explorar. Os mestres tântricos falam em sete níveis de toque, do quase imperceptível (soprar) ao forte o bastante para tirar sangue (arranhar). Embora não esteja recomendando que tire sangue durante este exercício, quero realmente que você experimente a sensação de diferentes toques. Experimente lamber, soprar, arranhar, morder e chupar a pele, assim como simplesmente passar as pontas dos dedos sobre a carne. Você também pode experimentar com diferentes texturas e materiais, como seda, materiais ásperos, penas e até gelo. O toque desperta a pele e aumenta o chi e o fluxo sanguíneo. É uma prática taoísta dar tapinhas por toda a pele de uma pessoa para despertar o chi. Desenvolver a sua variedade de toques é realmente importante porque é isso que mantém a relação sexual interessante e animada. E mantém você igualmente interessada e animada.

Por fim, a intenção deste exercício é explorar o seu corpo e não necessariamente chegar ao orgasmo. Se você experimenta uma queda significativa no desejo depois do orgasmo, retarde o orgasmo até o fim da exploração para que possa sentir desejo enquanto explora o corpo. Se você está aprendendo a ter orgasmo e sentir o orgasmo chegando, não hesite: vá em frente! E embora eu vá comentar técnicas para o prazer com o clitóris e a vagina, a finalidade deste exercício é revelar o potencial sensual em todo o seu corpo. Passei esse exercício para Jill, uma cabeleireira de 49 anos, como dever de casa. Quando voltou à aula na semana seguinte, Jill explicou como ele havia afetado as suas percepções: "Sempre delimitei a minha sexualidade nos órgãos sexuais e nos seios. E esse exercício me fez lembrar de que a parte sensual-sexual se estende até as pontas dos dedos das mãos e dos pés. Foi realmente o corpo inteiro." Algumas mulheres podem ter orgasmo com estimulação fora da área genital, nos mamilos, orelhas ou nuca; portanto, não subestime o poder sensual do corpo inteiro! E não se apresse. Jill acrescentou: "Ontem à noite, relaxei e fiz a exploração do corpo e o auto-aperfeiçoamento. Eu estava só explorando e adorei a sensação de tocar os grandes lábios durante muito tempo, antes de sequer chegar perto do clitóris. Eu estava pensando: 'Meu Deus, faz uns 20 minutos, isso é tempo demais?' Não, porque com 25 minutos eu estava indo às nuvens, feito um foguete!" Leva tempo para descobrir o que dá a partida nos *seus* foguetes. Acompanhe o ritmo do seu corpo. E divirta-se!

EXPLORAÇÃO DO CORPO

1. **Relaxe.** Faça a Respiração abdominal e depois o exercício do Despertar da energia sexual para acordá-la. Em seguida, desligue-se dos pensamentos e concentre-se nas suas sensações.

2. **Cabeça.** Comece estimulando o couro cabeludo, passando os dedos entre os cabelos e passando as unhas sobre a pele. Puxe suavemente as raízes dos cabelos para estimular mais o couro cabeludo. Usando a pressão das mãos, friccione o couro cabeludo com as pontas dos dedos. Passe as pontas dos dedos ou outros materiais sobre os lábios e o rosto. Observe onde a pele fica mais macia e mais aquecida. Dedique certo tempo a contornar as orelhas com toques bem delicados, em seguida esfregue os lóbulos entre os dedos vigorosamente, até eles ficarem quentes. Como as orelhas representam o corpo inteiro na medicina chinesa, você pode despertar o chi esfregando-as. Experimente colocar os dedos dentro dos sensíveis canais auditivos.

3. **Pescoço.** Passe as mãos ou um pano até a base do pescoço. Coce suavemente a nuca (os gatos adoram isso!). Contorne o pescoço com as mãos e também use as unhas. Quais tipos de toque a fazem encurvar o pescoço, numa entrega sensual?

4. **Braços.** Usando seda, um tecido áspero ou as palmas das mãos e as unhas, deslize por toda a extensão dos braços, sentindo a sua força e seu peso. Observe a sensação diferente no lado interno do braço (a parte yin) e no lado externo (a parte yang). Tente dar tapinhas e beliscar e veja se isso desperta mais o seu chi. As mãos e os dedos são extremamente sensíveis. Coce a parte interna dos pulsos e dedos. Morda, lamba e chupe as palmas e os dedos. O que lhe dá uma sensação agradável? Em seguida, passe para o outro braço.

5. **Barriga.** Acaricie o peito e a barriga com as mãos abertas, sentindo a maciez deliciosa desse centro do seu ser. Use materiais diferentes ou gelo para ver como a sua pele reage. Brinque com o umbigo.

6. **Nádegas.** Use as unhas e coce as nádegas, para baixo e de um lado ao outro. Segure-as nas mãos e sinta o seu peso firme. Sinta onde as nádegas terminam e o pêlo pubiano começa... mas não vá ainda até lá!

7. **Pernas.** Acaricie toda a extensão das coxas, sentindo a diferença entre a forte parte externa e a macia parte interna, que se funde com a área pubiana. Aperte ou dê tapinhas na carne, sentindo os nervos despertarem. Deslize as mãos por trás dos joelhos e toque-os de leve, como se fazendo cócegas ou riscos sobre a pele delicada. Com as mãos em concha, aperte as panturrilhas. Acaricie as pernas, dos joelhos até os pés. Passe as mãos sobre o peito dos pés e deslize suavemente os dedos das mãos por entre os dedos dos pés. A pele é muito sensível. Como a orelha, o pé representa cada parte do corpo, portanto não deixe nenhum pedacinho de pele sem ser tocado! Use as unhas ou um pano no arco dos pés ou entre os dedos dos pés. Em seguida, em um só movimento para cima, passe as mãos desde as pernas, pela barriga, até os seios.

8. **Seios.** Com as mãos em concha, segure os seios. Independentemente do tamanho que tenham, eles são capazes de gerar uma quantidade extraordinária de chi e prazer. Aprecie os seios e contorne a parte externa com os dedos ou um pano. Aperte-os delicadamente e sinta o seu peso. Experimente toques leves ou outros materiais em torno da aréola e do mamilo. Delicadamente (ou não tão delicadamente, se você preferir!), aperte os mamilos e role-os entre os dedos. Tente puxar levemente os mamilos. Tente passar as unhas de leve sobre a superfície dos mamilos. Se tiver um vibrador, veja qual é a sensação do toque vibratório sobre eles. Você pode continuar a estimular os seios e o resto do corpo enquanto desloca o toque para o púbis.

9. **Púbis.** Passe os dedos e as unhas por entre o pêlo pubiano, roçando a pele. Sinta como a pele é macia e acolchoada sob o pêlo. Puxe-o delicadamente enquanto desce até os órgãos genitais, para despertar o chi.

10. **Lábios.** Deslize os dedos para baixo e sobre os grandes lábios. Esfregar de leve, passar tecidos ásperos ou plumas pode dar uma sensação agradável. Esses lábios se dilatam com a excitação. Afaste os grandes lábios e comece a apalpar os pequenos lábios. Se não estiver molhada, você talvez deva usar um lubrificante ou mergulhar um dedo na vagina. Esfregue os pequenos lábios entre os dedos e puxe-os delicadamente. Eles também se dilatam e escurecem com a excitação.

11. **Clitóris.** Encontre o clitóris no alto dos pequenos lábios. Comece rolando o corpo do clitóris sob a pele dos lábios e púbis. Se você deslizar o dedo indicador púbis abaixo em direção ao clitóris e esfregar para a frente e para trás, vai sentir o corpo do clitóris, como um cordão sob a pele, deslizando sob o dedo. O corpo não é tão sensível quanto a cabeça, mas também é prazeroso. Deslize para baixo pelo lado esquerdo do corpo até a cabeça clitoriana, que provavelmente ainda estará coberta pelo capuz. Experimente alguns toques diferentes no clitóris através do capuz. Você pode esfregar de um lado para o outro, deixando a cabeça clitoriana deslizar sob o seu dedo para a frente e para trás. Tente fazer pequenos círculos sobre a cabeça clitoriana. Firme a cabeça clitoriana com um ou dois dedos, pressionando-a contra os pequenos lábios, e tente toques rápidos, para cima e para baixo.

Todos esses toques podem ser suaves e leves ou podem ser mais firmes. Tente também vibrar o dedo de encontro ao clitóris. Veja o que lhe parece melhor. Quanto maior a variedade de que gostar, mais diversão você pode ter. A maioria desses movimentos pode ser feita com uma das mãos, deixando a outra mão livre para tocar o resto do corpo, acariciar os seios — ou segurar este livro aberto. Quando um determinado toque parecer agradável, continue com ele e não pare até o seu prazer culminar no orgasmo ou começar a diminuir. Se ficar menos prazeroso, altere o local, a intensidade ou o ritmo da estimulação e procure ir aumentando de novo o prazer.

Vamos experimentar agora técnicas com as duas mãos. Você pode colocar um dedo de cada mão em cada lado do clitóris e esfregar para cima e para baixo, ou em volta em círculo, para uma sensação duplicada. Pode também usar uma das mãos para manter o clitóris firme (ele é um pequeno e escorregadio botão de prazer), colocando o segundo e o terceiro dedos em cada lado do clitóris (como um sinal da paz de cabeça para baixo) com a mão menos

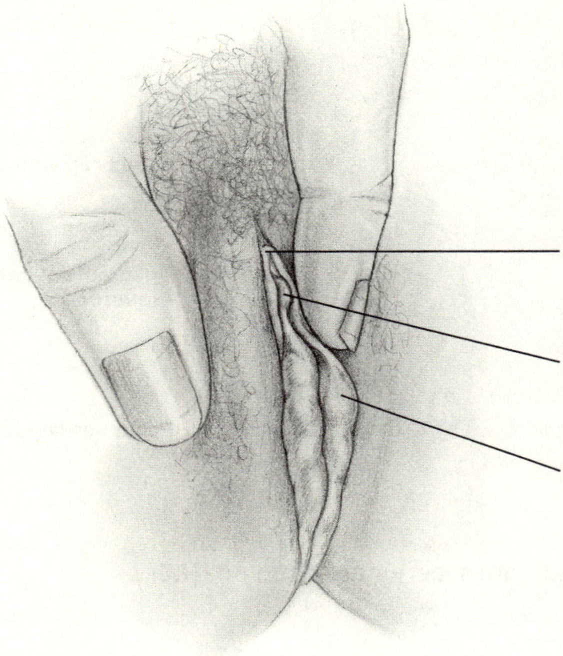

Estimulação do clitóris através do capuz

hábil (a maioria de nós tem uma preferida) e usar os outros dedos para brincar com o clitóris. Alguns especialistas em sexo (e muitas mulheres) recomendam enfaticamente que se toque o clitóris com o prepúcio puxado para trás, pois a sensação é muito mais aguda. Lembre-se de que a pressão precisa ser *muito* leve (pense em borboletas) e eu recomendaria um lubrificante. Você talvez ache que alguns dos lubrificantes mais espessos tornam os seus movimentos fáceis, mas não excessivamente escorregadios.

A mão menos hábil vai ter de puxar o capuz para trás a fim de descobrir o clitóris. Há várias maneiras de fazer isso. A mais simples é colocá-la sobre o osso púbico e puxar para cima, retraindo o capuz. Como alternativa, algumas mulheres acham fácil retrair o capuz com o polegar e então acariciar o clitóris com o dedo da mesma mão, o que possibilita uma abordagem do clitóris descoberto com uma só mão.[5]

5 Algumas dessas técnicas são extraídas da excelente abordagem de Steve e Vera Bodansky, em seu livro *The Illustrated Guide to Extensive Massive Orgasm*.

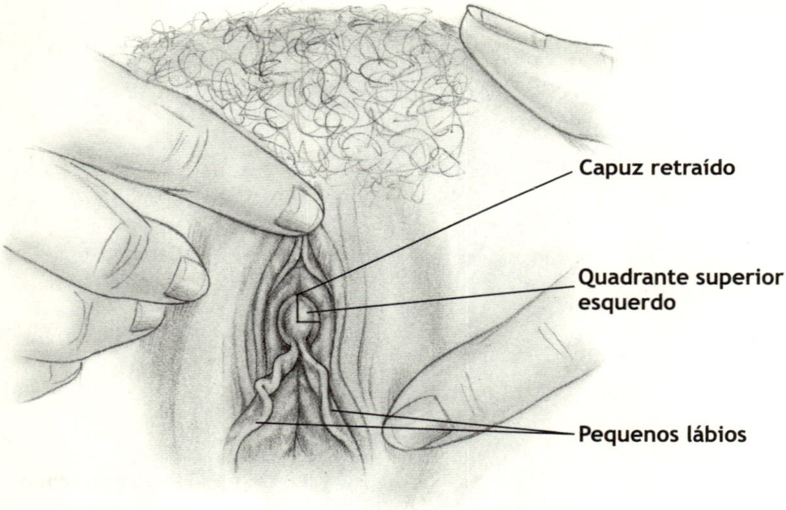

Quadrante superior esquerdo do clitóris

Lembre-se de que, como o clitóris é tão sensível, pequenos movimentos podem provocar uma sensação forte. Experimente toques breves para cima e para baixo e toques circulares. Muitas mulheres têm um ponto especial que as lança em êxtase. Se você encontrar o seu "ponto", insista ali por algum tempo. A energia sexual leva tempo para se intensificar, mas é uma viagem maravilhosa até o orgasmo. Steve e Vera Bodansky, professores que pesquisaram o orgasmo feminino por 50 anos, confirmam em seu livro *The Illustrated Guide to Extended Massive Orgasm* o que eu tenho observado na minha prática do ensino: muitas mulheres são mais sensíveis no quadrante superior esquerdo da cabeça clitoriana (veja a ilustração nesta página). Você pode ou não gostar da estimulação ali, mas não há dúvida de que vale a pena verificar.

Você pode fazer qualquer uma das técnicas de estimulação que apresentamos usando também um vibrador. Se você nunca ou raramente teve um orgasmo, sugiro enfaticamente que experimente com um vibrador. Use-o na velocidade que parecer mais excitá-la para estimular o clitóris através do capuz ou diretamente. Ou estimule o clitóris com o dedo e coloque o vibrador junto a esse dedo, para transmitir a vibração. Você pode combinar a estimulação do clitóris pelo vibrador com a estimulação vaginal, ou vice-versa, para uma intensa combinação orgástica. Como já mencionei, usar um vibrador regularmente pode diminuir a sensibilidade do clitóris ao toque manual ou oral. Usar um jato de água (massagem com ducha, torneira de banheira, bidê, ou jato de Jacuzzi) pode proporcionar o mesmo resultado orgástico sem o efeito da perda de sensibilidade. O banheiro pode tornar-se o seu local preferido na casa.

12. **Vagina.** A sensibilidade da vagina varia em todas nós, mas, se você conseguir despertar os nervos vaginais do prazer, as recompensas podem ser enormes. É também verdade que muitas mulheres que têm orgasmo somente com a estimulação do clitóris podem ter experiências orgásticas mais intensas se a estimulação do clitóris for combinada com a penetração vaginal. Se você já está lubrificada pelas preliminares, vá em frente. Mas se não estiver, vai precisar de lubrificação para que isso continue a ser prazeroso e agradável.

Comece contornando com um ou dois dedos a abertura da vagina. Mergulhe os dedos um ou dois nós para dentro e vire-os para cima, na direção da barriga, para achar a área que descrevi como o ponto G. Ela pode parecer enrugada e, quando pressionada, pode lhe dar a sensação de que você precisa urinar. Faça uma pressão rítmica e moderada, comprimindo a área ao mesmo tempo que dá toques para a frente, como se fizesse o sinal de "venha cá" (veja a ilustração na p. 131). Faça movimentos circulares em torno do ponto. Experimente vibrar os dedos de encontro ao ponto G, sacudindo-os rapidamente para a frente e para trás, tocando o ponto durante o movimento para a frente. Se com os toques seguidos a vontade de urinar não for se transformando em prazer, experimente abrir os dedos em "V" e estimular a mesma área, mas evitando exatamente o meio, onde fica a uretra. Com a outra mão, tente fazer pressão para baixo sobre a barriga pélvica, logo acima do osso púbico, ao mesmo tempo que faz pressão para cima no ponto G com os dedos na vagina. Isso faz um "sanduíche" do ponto e lhe proporciona mais estimulação. Isso também faz um "sanduíche" da bexiga, portanto só mantenha essa posição se estiver confortável. Explore igualmente os lados e o fundo da vagina, na mesma profundidade. Em algumas mulheres, esse é um anel de prazer.

Usar um pênis artificial curvo ou um vibrador feito para essa finalidade permite tocar o ponto G em uma posição menos apertada. Estimula-se melhor o ponto G com os dedos ou com um pênis artificial por ele ficar tão próximo da entrada da vagina. No fim do capítulo, são comentadas posições possíveis para a estimulação do ponto G durante o ato sexual em parceria, com um pênis ou uma cinta com pênis artificial.

Dependendo do comprimento dos seus dedos e da vagina, você pode ou não conseguir alcançar a zona EAF com os dedos. A maioria das mulheres precisa agachar-se ou colocar uma perna sobre uma cadeira para fazer isso.

Embora não seja uma posição extremamente sensual, ela pode ajudá-la a sentir a área com as mãos pelo menos uma vez. Aperte os dedos contra o fundo da vagina e procure sentir a cerviz, uma protuberância firme de consistência parecida com a ponta do seu nariz. Algumas mulheres experimentam prazer, e até orgasmo, com a estimulação cervical. A maioria das mulheres sequer se dá conta da cerviz, a menos que elas estejam fazendo um teste de Papanicolau, ou quando a cerviz é acidentalmente "abalroada" durante a penetração vaginal, provocando uma profunda dor nada sexual, como uma cólica. A zona EAF se localiza em uma área mais ou menos extensa, na parte anterior da vagina, ou lado da barriga, bem junto da cerviz. Esse ponto pode reagir a toques leves, como cócegas, ou a uma pressão mais vigorosa, como o ponto G. Deslize um pênis artificial, um vibrador ou outro objeto fino e comprido na vagina, pelo lado da barriga, até atingir o alto. Isso ajudará a colocar o pênis artificial em um ângulo que pressione mais vigorosamente o lado da barriga no fundo da vagina. Para a maioria das mulheres, isso significa que a mão que segura o pênis artificial se mova para trás, em direção ao ânus, para que a ponta vaginal do pênis artificial se incline para a frente, na direção da zona EAF.

Tente pressionar ritmicamente o ponto, ou pressionar com um movimento circular. Tenha em mente que a estimulação e a fruição tanto do ponto G quanto da zona EAF são melhores após intensa excitação e/ou orgasmo clitoriano. Descobrir as áreas que mais lhe agradam pode exigir certa experimentação.

Para intensificar as sensações vaginais, tente contrair o músculo PC de encontro aos dedos ou a um pênis artificial enquanto você os movimenta para dentro e para fora. Isso empurra as paredes vaginais de encontro aos seus dedos e também cria um "vácuo" na vagina quando você faz o movimento para fora, que pode ser muito prazeroso.

Se você ainda está excitada e quer ter orgasmo, combine os toques que forem mais excitantes para você, respire profundamente e inicie a escalada para o orgasmo. Com freqüência, usar um toque clitoriano combinado com penetração vaginal leva ao clímax. Não esqueça a estimulação dos mamilos ou algum outro toque no corpo que a excite. Tente contrair ritmicamente o músculo PC enquanto toca a vagina e o clitóris. Isso imita as contrações do orgasmo e pode ajudar a lançá-la no êxtase orgástico. Essas técnicas podem ser mais que suficientes para colocá-la nas nuvens. Se não forem suficientes, talvez você esteja com dificuldade para se entregar, que é o quinto passo no caminho para o orgasmo.

ENTREGA

Agora que você concentrou a sua intenção, fortaleceu o músculo PC, avivou a energia sexual e explorou a sua anatomia do prazer, é hora de se entregar à onda orgástica. Você pode ter o cenário perfeito e todos os toques certos, mas se não abandonar o controle consciente e se entregar ao processo orgástico, pode pairar eternamente à beira do orgasmo. Se você é uma pessoa que gosta de "controlar" a sua vida, essa pode ser a parte mais difícil para ter orgasmos regulares. Mas encare isso como uma oportunidade excepcional. Esse é o único lugar na sua vida em que é completamente seguro e extremamente divertido se soltar e se entregar ao prazer do seu corpo. Essa é a sua queda livre sensual, meninas, e a melhor viagem que vocês jamais farão.

Apesar das nossas melhores intenções, a maioria das mulheres não consegue ter orgasmo se concentrando no orgasmo. Quando nos concentramos em alcançar o nosso *objetivo*, ficamos na nossa cabeça e não habitamos completamente o nosso corpo, tornando assim mais difícil ter orgasmo. Para ter

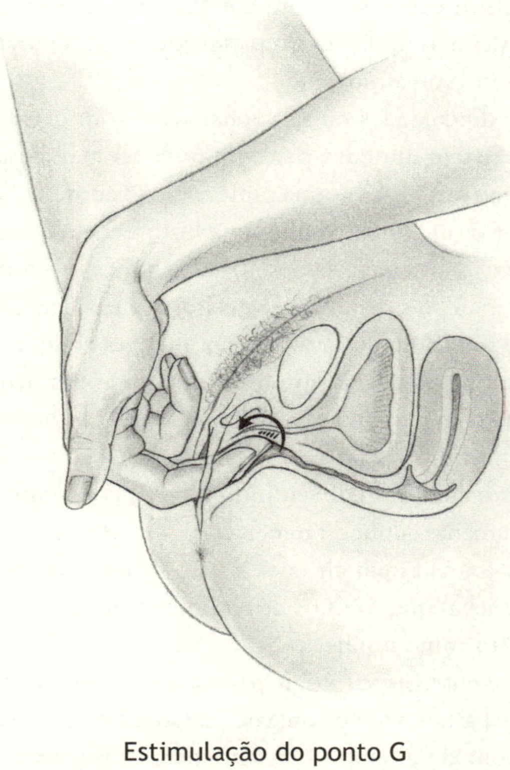

Estimulação do ponto G

orgasmo, relaxe nas sensações agradáveis no seu corpo e não se interrompa. À medida que o prazer crescer e se intensificar, não resista. Entregue-se à celebração do seu corpo. Ao buscar o orgasmo, a questão não é tanto "subir cada vez mais", e sim *deslizar*. Gosto de pensar nisso como "ceder" ao orgasmo e deixar a onda orgástica passar através de você.

Minha paciente Jill me disse: "O meu bloqueio para o orgasmo é o diálogo interior que não consigo calar na maior parte do tempo. Então, em vez de tentar *não* usar palavras, uso as expressões certas 'soltar' e 'entregar-se', e agora o único momento em que me entrego completamente é no quarto. Mas ainda tenho de usar a palavra." Use o que funcionar para que você se entregue ao seu prazer. Jill efetivamente diz a si mesma naquele momento para "se entregar". Você pode também tentar a Respiração abdominal ou fazer o Sorriso interior para os órgãos genitais, a fim de concentrar a atenção e a energia sexual antes de continuar.

Durante o sexo em parceria, talvez ajude concentrar-se nos olhos ou no rosto atento do seu parceiro. Outras mulheres precisam fechar os olhos para se concentrar nas próprias sensações. Um número considerável de mulheres usa a fantasia para se "arrebatarem" e ajudá-las a se entregar. Se você gosta de livros ou filmes eróticos, experimente fazer o auto-aperfeiçoamento enquanto lê ou assiste a algumas cenas. Algumas mulheres simplesmente criam fantasias na mente durante a progressão até o orgasmo.

Se você teve dificuldades no relacionamento com o seu parceiro muito além da cama, ou se tem um novo parceiro, pode ser mais desafiador se entregar durante a relação sexual. Lily, uma pintora de 44 anos, descreve a sua história com a entrega e o orgasmo: "Tenho uma história bem antiga de resistência à entrega. Enquanto estava na faixa dos 30 anos, nunca tive realmente controle sobre o orgasmo, só depois de muitos parceiros sexuais e muitos, muitos anos de não querer me soltar. Eu gostava de sexo, mas era completamente incapaz de ter orgasmo porque não estava disposta a me soltar. Eu não me sentia suficientemente segura com nenhuma daquelas pessoas." Lily acrescenta que o que finalmente lhe permitiu começar a ter orgasmos foi "vencer a vergonha e reconhecer a minha sexualidade. Pude sentir orgulho de conseguir ter um orgasmo e de que podia realmente conhecer o meu corpo — que outra pessoa não tinha de fazer isso para mim. Então cheguei à fase seguinte, de simplesmente me amar de verdade e achar que eu tinha de ser um ser humano plenamente sexual — que isso era certo como mulher".

Aprender a se entregar vai exigir prática, portanto seja paciente consigo mesma. Talvez leve bastante tempo até você descobrir o padrão de toque de que precisa e insistir com ele o tempo suficiente para conseguir se entregar ao seu prazer. Muitas mulheres acham que precisam seguir o esquema de tempo do seu parceiro — que elas precisam "apressar-se" e ter orgasmo. Para a maioria das mulheres, o orgasmo não se acomoda ao seu horário e tentar apressar faz com que ele escape mais depressa. Serena, uma mulher alegre de 60 anos de idade, disse-me: "De certo modo, tenho essa noção preconcebida de que é o esquema de tempo de uma outra pessoa que eu devo seguir, que devo me concentrar no meu parceiro e lhe dar prazer. E assim a pessoa, o ambiente e o tempo ficam tão interligados. Temos de dar a nós mesmas esse tempo e ensinar aos nossos parceiros o tempo de que precisamos." Peça a ajuda do seu parceiro para lhe dar todo o tempo de que você precisa para atingir o orgasmo ou explorar todas as facetas do seu prazer. Se tiver dificuldade para se entregar com o seu parceiro, então tente ter orgasmo durante o auto-aperfeiçoamento. Muitas mulheres acham muito mais rápido e mais fácil ter orgasmo sozinhas do que com um parceiro, pelo menos enquanto estão desenvolvendo a sua capacidade orgástica.

JUNTAR TODAS AS PEÇAS: O CAMINHO PARA O ORGASMO

Se esse foi o seu primeiro orgasmo, parabéns! Se foi um dos muitos que você vem tendo na vida, parabéns por dedicar um tempo a reverenciar o seu corpo e experimentar esse prazer na sua vida agora. Se você ainda tem dificuldade com o orgasmo, seja paciente. A superação de velhos padrões de reação leva tempo. Busque o seu prazer e concentre-se nele. Quanto mais você relaxar e simplesmente seguir o que parece bom, mais depressa o orgasmo virá. Se você nunca teve um orgasmo, será útil tentar estimular-se regularmente, até mesmo diariamente, durante algumas semanas, de modo que o despertar das terminações nervosas possa desenvolver-se sobre as sensações do dia anterior.

PARTILHAR O SEU ORGASMO COM O SEU PARCEIRO

Agora que descobriu o seu caminho para o orgasmo, você pode querer envolver o seu parceiro, que pode lhe dar uma mãozinha, ou duas. Tentar novas posições pode às vezes ser útil para descobrir novas fontes de prazer na vagina sensível. No livro *O Orgasmo Múltiplo do Casal*, comento em maiores detalhes as técnicas orais e posições, mas incluí, nas páginas seguintes, algumas posições particularmente boas para estimular diferentes partes da vagina e levar as mu-

EXERCÍCIO 11

O CAMINHO PARA O ORGASMO

1. **Defina a sua intenção.** Leia a sua declaração de intenção na p. 109, ou crie a sua intenção para já nesse momento. Por exemplo: "Hoje quero me apreciar ao máximo enquanto me toco", ou "Quero estimular-me mais intensamente e experimentar todo o prazer de que for capaz".
2. **Avive a sua energia sexual.** Prepare-se e prepare o seu ambiente com os complementos eróticos que favoreçam o seu desejo, que a relaxem e a deixem excitada – velas, óleos, almofadas, massagem. Explore a fantasia sexual ou a literatura erótica, se gostar disso. Coloque música sensual e dance. Mexer os quadris sensualmente vai despertar o seu centro sexual. Vista-se como achar convidativo, ou não use nada. Tome um banho e saia relaxada, excitada e disposta a ficar ainda mais excitada.
3. **Desperte sua energia sexual como fizemos nas páginas anteriores.** Usando o sorriso interior, sorria para o coração e sinta-o abrandar-se e abrir-se. Sorria para o útero e os ovários, o clitóris, os lábios e a vagina, sentindo-os aquecerem-se com o chi. Massageie os seios e os mamilos e envie a sua energia sexual despertada para os órgãos sexuais, como fizemos no exercício para o Despertar da energia sexual.
4. **Acaricie a sua anatomia do prazer.** Use seda ou toque áspero para acariciar os mamilos e outros pontos sensíveis que tenha descoberto na exploração. Use os dedos ou um vibrador para tocar o clitóris, puxando para trás o capuz, se preferir. Use os dedos ou um pênis artificial para penetrar a vagina e estimular os pontos sensíveis com toques rasos e profundos. Tente tocar o ponto G ou a zona EAF.
5. **Aperte o músculo do sexo.** Contraia o músculo do sexo, comprimindo e segurando ritmicamente enquanto se afaga.
6. **Entregue-se ao seu prazer.** Agora toque o clitóris, encontrando um ritmo que lhe dê prazer, ao mesmo tempo que pressiona os pontos vaginais ou acaricia os mamilos. Ponha de lado o controle e deixe o prazer crescer. Mexa-se ou emita sons enquanto as sensações se intensificam, deslizando para o seu prazer e cedendo a um delicioso e satisfatório orgasmo.

lheres ao orgasmo. Se o seu parceiro puder conhecer os ritmos e prazeres do seu corpo, ele ou ela pode acariciá-la até o orgasmo enquanto você se entrega verdadeiramente ao seu prazer. Faça o seu parceiro ler este capítulo, ou pelo menos a seção "A sua anatomia do prazer", a partir da p. 114, bem como esta seção. É também importante que você partilhe com ele ou ela exatamente como e onde você gosta de ser tocada. Não há dúvida de que você pode discutir o assunto, mas decididamente a melhor maneira de ele ou ela entender exatamente como tocá-la é observá-la tocar-se. Você talvez se sinta constrangida, mas um parceiro amoroso provavelmente ficará fascinado pelo seu prazer — e quase certamente também se excitará. É importante, porém, que essa sessão partilhada se concentre em você. Se puder, chegue ao orgasmo enquanto o seu parceiro observa. Isso pode encerrar o seu "encontro" ou, se você se sentir à vontade, o seu parceiro pode então tentar estimulá-la.

Depois de você se estimular ou no "encontro" seguinte, o seu parceiro tentará levá-la ao orgasmo, usando as técnicas que você lhe mostrou. É essencial que ele ou ela tente tocá-la *da maneira como você se toca*, não da maneira como *ele* ou *ela* quer tocá-la. A maioria das mulheres que estão aprendendo a ter orgasmo regularmente acha mais fácil ter o orgasmo com a estimulação do dedo ou língua do seu parceiro no clitóris e/ou na vagina. Para a finalidade dessa sessão de "demonstração", o seu parceiro precisa concentrar-se em lhe dar prazer e evitar o ato sexual. Obviamente, não há nada de errado no ato sexual, mas a maioria das mulheres tem orgasmo mais facilmente com os "outros" aspectos da relação sexual e nós queremos aprimorar a sua capacidade e do seu parceiro para levá-la ao orgasmo.

Se você consegue ter orgasmo sem um vibrador, é mais fácil passar para a relação sexual em parceria. Mas se você precisa de um vibrador para ter orgasmo, não há razão para que ele não possa ser integrado à relação sexual. Se, porém, você quer aprender a ter orgasmo sem um vibrador, dê "folga" ao vibrador e se concentre na estimulação manual (ou oral, se preferir) do clitóris e da vagina. Em geral, com persistência e experimentação suficientes, você conseguirá ter orgasmo com estimulação manual, usando as técnicas nas páginas anteriores.

Depois que o seu parceiro conseguir levá-la ao orgasmo com os dedos e/ou com a língua, você pode tentar ter um orgasmo durante a penetração. Pode fazer isso mais facilmente estimulando o clitóris durante a relação sexual. Você pode tocar-se em praticamente qualquer posição, mas a princípio fica provavelmente mais fácil quando você está por cima e pode controlar o ritmo e o fluxo. Em seguida, experimente com o seu parceiro estimulando o seu clitóris durante a relação sexual, para levá-la ao orgasmo.

EXPLORAÇÃO DA CÂMARA DE JADE: POSIÇÕES PARA A ESTIMULAÇÃO VAGINAL

Cada mulher é diferente quanto às posições preferidas e ao que lhe proporciona mais prazer. Às vezes, queremos a ligação emocional das posições face a

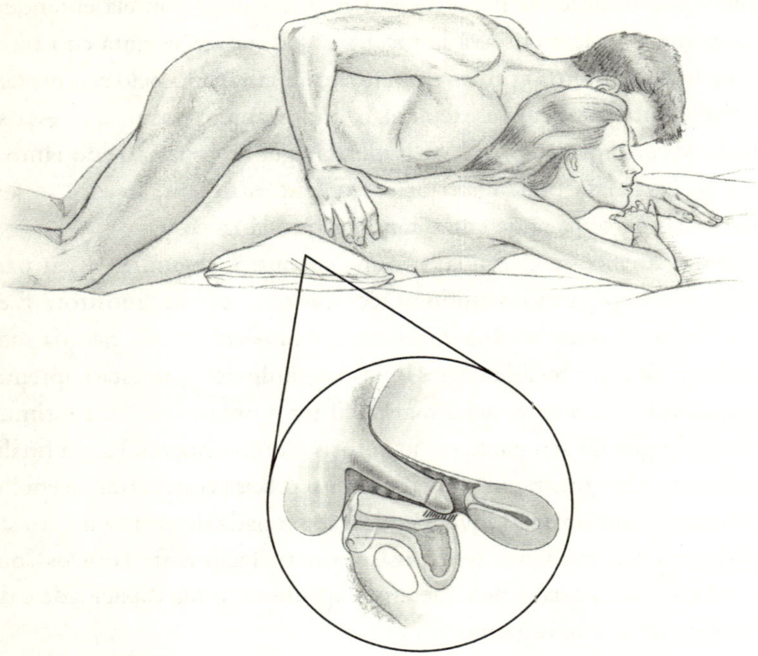

Posição para a estimulação da zona EAF

face e, em outros momentos, ansiamos pela vigorosa característica animal das posições "por trás". Às vezes, queremos relaxar e ficar por baixo e, em outros momentos, queremos assumir o controle e ficar por cima. É bom ter no seu repertório uma variedade de posições de que você gosta para poder exprimir do que você precisa naquele momento. Algumas posições, porém, vão favorecer mais as suas chances de estimular o ponto G e a zona EAF.

A posição do útero e o ângulo da vagina variam ao longo da vida e até ao longo do ciclo mensal. E a "flexibilidade" da vagina irá variar dependendo da sua idade e de se você teve um parto por via vaginal. Isso significa que não há posições genéricas para atingir pontos vaginais para todas as mulheres. Determinadas posições, porém, favorecem ao máximo a possibilidade de a penetração vaginal estimular o "alvo" pretendido. Lembre-se de começar suavemente, pois toda posição nova pode exigir certa acomodação. E uma estocada com força em um ângulo novo pode acertar a cerviz — uma experiência muito dolorosa. Às vezes pode ser desafiador descobrir pontos vaginais sensíveis e, quando encontrados por acaso, achá-los de novo. Essa foi a experiência de Julie, uma fisioterapeuta de 34 anos, que me confidenciou: "Há sete anos meu marido e eu vínhamos tendo relações sexuais satisfatórias quando ele atingiu uma área incrivelmente prazerosa, bem no fundo da minha vagina, durante o ato sexual e eu não conseguia parar. Foi o orgasmo mais forte que já tive. Levamos várias semanas para achá-la de novo, mas desde então sabemos exatamente como atingi-la: deito de barriga para baixo e ele deita por cima de mim, estocando para baixo. Isso me proporciona os mais profundos e intensos orgasmos. Perco completamente o controle." O que Julie descreve é uma posição que é geralmente boa para estimular a zona EAF durante o ato sexual com um parceiro, ou com uma parceira usando uma cinta com pênis artificial.

Também é possível alcançar a zona EAF com a mulher por cima e inclinando-se para trás. Você pode inclinar-se para trás virada de frente para o seu parceiro, ou pode virar-se para os pés do seu parceiro e inclinar-se para trás, obtendo um ângulo de penetração ligeiramente diferente.

Algumas mulheres gostam de estimular a zona EAF com o homem por cima e a parte inferior do tronco feminino erguida em um ângulo de modo que a penetração atinja o fundo da parede vaginal anterior (veja a ilustração nesta página). Ela pode colocar os joelhos ou os calcanhares sobre os ombros dele, ou ele pode sustentá-la por baixo dos joelhos. Você pode ajustar o ângulo em que

Posição alternativa para a estimulação da zona EAF

a parede vaginal está sendo estimulada erguendo as nádegas um pouco mais ou um pouco menos. Essa posição pode ser um tanto penosa para o parceiro e de coordenação um pouco mais complexa, uma vez que pode ser mais difícil para o parceiro permanecer dentro da vagina.

Estimular o ponto G durante o ato sexual pode ser difícil para algumas mulheres, pois ele fica a apenas 2,5cm ou menos da entrada da vagina. Os dedos são realmente os instrumentos ideais para estimular o ponto G, a menos que o seu ponto G fique localizado mais para dentro da vagina. Nesse caso, as mesmas posições que funcionam para a zona EAF também funcionam para o ponto G, apenas em um ângulo de penetração mais raso.

Usar os dedos para estimular o ponto G ritmicamente e ao mesmo tempo tocar o clitóris com a língua é o que leva muitas mulheres bem perto do céu. Durante o ato sexual, estocadas rasas, para dentro e para fora, às vezes estimulam o ponto G, especialmente se forem dadas em um ângulo para cima. A melhor posição de que tomei conhecimento para estimular o ponto G durante o ato sexual é quando a mulher deita de costas na cama ou em outra superfície elevada. O parceiro penetra de forma rasa e segura o pênis na base para colocá-lo num ângulo bem voltado para cima, na direção do ponto G, dando estocadas para cima. Como alternativa, a mulher pode segurar o pênis na base e colocá-lo no ângulo para usar para o seu prazer.

Experimente o que lhe parecer bom. Nunca se sabe, você talvez descubra um novo ponto precioso só seu. Mesmo que ainda tenha dificuldade com o orgasmo, lembre-se de que a energia sexual que você gera pode ainda beneficiar a sua saúde e aumentar a sua vitalidade. No próximo capítulo, vamos explorar como transformar essa energia sexual ou energia orgástica em energia vital, chi, para energizar todo o seu corpo e expandir o seu prazer da cabeça aos pés.

CAPÍTULO 6

ORGASMO DE CORPO INTEIRO

O orgasmo que a deixa com as mãos e os pés formigando, o coração aquecido e aberto, a mente ampliada e clara — esse é o orgasmo de corpo inteiro. Se você nunca o sentiu, ele é uma expressão extática do potencial humano que você não deve perder durante a sua vida. O fato de que você pode experimentá-lo toda semana, ou mesmo toda noite, é uma das grandes e freqüentemente inexploradas possibilidades da sexualidade humana. Quando perguntei a Julie, uma mulher de 34 anos que há oito anos vem praticando a relação sexual taoísta, qual a sensação desse tipo de orgasmo no seu corpo, ela descreveu: "Ele me permite alcançar um estado de consciência e contentamento ampliados, que só tenho sentido depois de horas de meditação, combinado a uma incrível sensação de alegria que me acompanha durante horas — às vezes o dia todo!" É possível todas nós experimentarmos esse estado de êxtase com os métodos que lhes ensinarei neste capítulo.

Alcançamos a experiência do orgasmo de corpo inteiro fazendo a energia orgástica circular por um caminho energético essencial do corpo que os taoístas denominam Órbita microcósmica. Ao fazer a energia sexual circular pela Órbita microcósmica, você transforma o desejo no seu "combustível de foguete" energético e reforça a sua vitalidade. A energia sexual combinada com a energia curativa do amor é a força mais poderosa dentro do corpo. Recorrer a essa fonte de energia aumenta extraordinariamente a sua força vital e alimenta o corpo, a alma e o espírito.

Embora no começo as informações possam parecer excessivas, com o tempo esses exercícios se tornarão tão naturais quanto a respiração. O seu chi já está fluindo na Órbita microcósmica. No primeiro exercício, vou ensiná-la a compreender o fluxo natural do seu chi para que você possa controlá-lo conscientemente e, assim, melhorar a qualidade e a quantidade da sua energia. Fazer isso lhe possibilitará ser a pessoa que você quer ser no mundo. Depois de fazer a Órbita microcósmica durante três semanas, Lily, de 44 anos, disse: "Acho que a órbita está me dando um bocado de energia extra. E a maneira como vejo essa energia se manifestar na minha vida é que estou tendo muito mais tempo para estar presente junto a outras pessoas. Eu me vejo confortando outras pessoas, encorajando as pessoas a falar e sendo intermediária em algumas situações. Ela está me permitindo passar a outro nível de estar presente de uma forma curativa." O que *você* faria caso se sentisse calma, concentrada e fortalecida diariamente?

Você vai começar a exploração da prática sexual taoísta, ou Amor curativo, aprendendo a fazer o chi circular dentro da Órbita microcósmica, que é como uma auto-estrada de energia no corpo. Como já expliquei, há muitos motivos para aprender as práticas do Amor curativo. Para começar, elas são divertidas, mas você também vai experimentar mais prazer do que possa algum dia ter imaginado. Elas também podem aprofundar a intimidade do relacionamento com o seu parceiro. E, por fim, de uma perspectiva taoísta, essas práticas aumentarão a sua energia principal, melhorarão a sua saúde e talvez prolonguem a sua vida. Primeiro você vai aprender a fazer a Órbita microcósmica, usando o chi para se familiarizar com o circuito e abrir o fluxo de energia. Quando você puder fazer o chi circular com facilidade pela Órbita microcósmica, vou ensiná-la a usar o Movimento ascendente orgástico para transformar a energia sexual em chi. A energia sexual é mais quente e mais volátil do que o chi e, portanto, mais difícil de controlar, por isso aprendemos primeiro a fazer a Órbita microcósmica com a clareza do chi. Se você praticar a Órbita microcósmica, o Movimento ascendente orgástico se tornará fácil porque você terá treinado o corpo e o sistema nervoso e será capaz de se ajustar ao fluxo sutil da sua energia.

A ÓRBITA MICROCÓSMICA

Em todas as tradições orientais, as práticas meditativas acalmam e concentram a mente. As práticas meditativas do Tao curativo fazem isso concentrando-se no movimento do chi. Ao fazer o seu chi circular na Órbita microcósmica, você o refina e o destila, criando uma qualidade melhor de energia, ou chi, para o seu corpo. A Órbita microcósmica se compõe de dois canais, o Canal posterior e o Canal anterior (tradicionalmente chamados Canal governador e Canal da concepção, respectivamente, na medicina chinesa). Esses canais se formam logo no início do desenvolvimento do feto no útero. O feto, que se assemelha a um disco achatado, se dobra para criar uma linha de junção, que se torna a linha mediana ao longo da parte da frente do corpo, ou o Canal anterior. A dobra oposta à linha de junção forma a coluna vertebral e a medula espinhal, ou o Canal posterior. A linha de junção anterior não é tão visível, mas, quando uma mulher está grávida, uma linha escura, chamada *linea nigra*, com freqüência aparece no centro da sua barriga, por isso o Canal anterior é denominado Canal da concepção.

O Canal posterior começa no períneo e sobe da ponta do cóccix, passando pela coluna vertebral, até o alto da cabeça, em seguida passa sobre a testa, para terminar entre a base do nariz e o lábio superior, onde há uma reentrância (veja ilustração na p. 142). O Canal anterior se estende da ponta da língua, descendo pela garganta e pela linha mediana do corpo, até o púbis e o períneo. Tocar o céu da boca com a língua completa a Órbita microcósmica. Há uma reentrância aproximadamente 0,5cm atrás dos dentes, onde o céu da boca se curva para cima, e é por aí que a energia desce mais facilmente do cérebro e passa pela língua, garganta e peito, até o abdome.

Começamos a Órbita microcósmica levando a energia do cérebro pelo Canal anterior até o centro abdominal, usando o exercício do Sorriso interior na p. 66. A essa altura, você talvez esteja pensando: "Que energia do cérebro? Não me resta nenhuma energia lá em cima!" Você talvez não tenha a clareza de idéias e a energia sensível de que precisa, mas a grande maioria de nós, neste mundo acelerado e sempre ligado, tem bastante energia errante. Às vezes, temos energia obsessiva no cérebro que, continuamente, confere a nossa lista de coisas a fazer e nos censura por aquilo que ainda não realizamos. Ou a nossa mente pode acompanhar cada experiência nossa com comentários críticos e avaliadores sobre o nosso valor ou o valor dos outros. *Essa* é a energia que eu quero que você *remova* do cérebro para poder encher a sua mente com a clareza do chi vital.

O chi está fluindo pela sua Órbita microcósmica até quando você lê este livro. Às vezes ele se move como um rio desimpedido e às vezes se move como se apenas pingasse. Quando abrimos a nossa Órbita microcósmica e fazemos conscientemente o chi circular, a energia flui através dela com mais facilidade, o que contribui para a nossa saúde em geral. Há, porém, "centros de energia" ao longo da órbita nos quais a energia se acumula e pode se multiplicar, ou onde a energia pode ficar mais lenta ou "emperrada", se esse centro não estiver aberto. Já comentamos alguns desses centros, como o umbigo ou o terceiro olho. As outras "paradas" ao longo da estrada do chi são indicadas na ilustração na p. 143.

Vamos examinar a localização de cada um dos centros de energia. Tenha em mente que esses não são pontos finitos e que, se você estiver nas proximidades,

Finalização da Órbita microcósmica

conseguirá sentir e recolher a energia ali. Além disso, eles não se localizam na superfície da pele, mas aproximadamente 2,5cm a 4cm sob a pele. Por exemplo, o Canal posterior não percorre a superfície das costas, mas sim por dentro da coluna vertebral, onde se localiza a medula espinhal.

Como já mencionei, o Canal posterior começa no períneo, que é uma pequena área muscular entre a vagina e o ânus. O centro seguinte é o cóccix, que fica na extremidade do sacro. O sacro forma um triângulo de cabeça para baixo na base da coluna vertebral. O centro seguinte, chamado Porta da vida pelos taoístas, localiza-se na parte inferior da região lombar, diretamente oposto ao umbigo. O centro T-11, que é a 11ª vértebra torácica, localiza-se a meio caminho ao longo da coluna, diretamente oposto ao plexo solar. O centro seguinte se localiza entre a quinta e a sexta vértebras torácicas, exatamente oposto aos seios e ao centro do coração. O centro C-7, que é a sétima vértebra cervical, localiza-se na base do pescoço. Você pode às vezes sentir um osso saliente na coluna vertebral onde o pescoço se une com o alto das costas; essa é a C-7. A Almofada de jade pode ser encontrada na base do crânio, em uma reentrância natural central. O centro seguinte é o alto da cabeça, que é o próprio vértice, ou ponto mais alto, do crânio. O terceiro olho, como já vimos, fica no meio e logo acima das sobrancelhas.

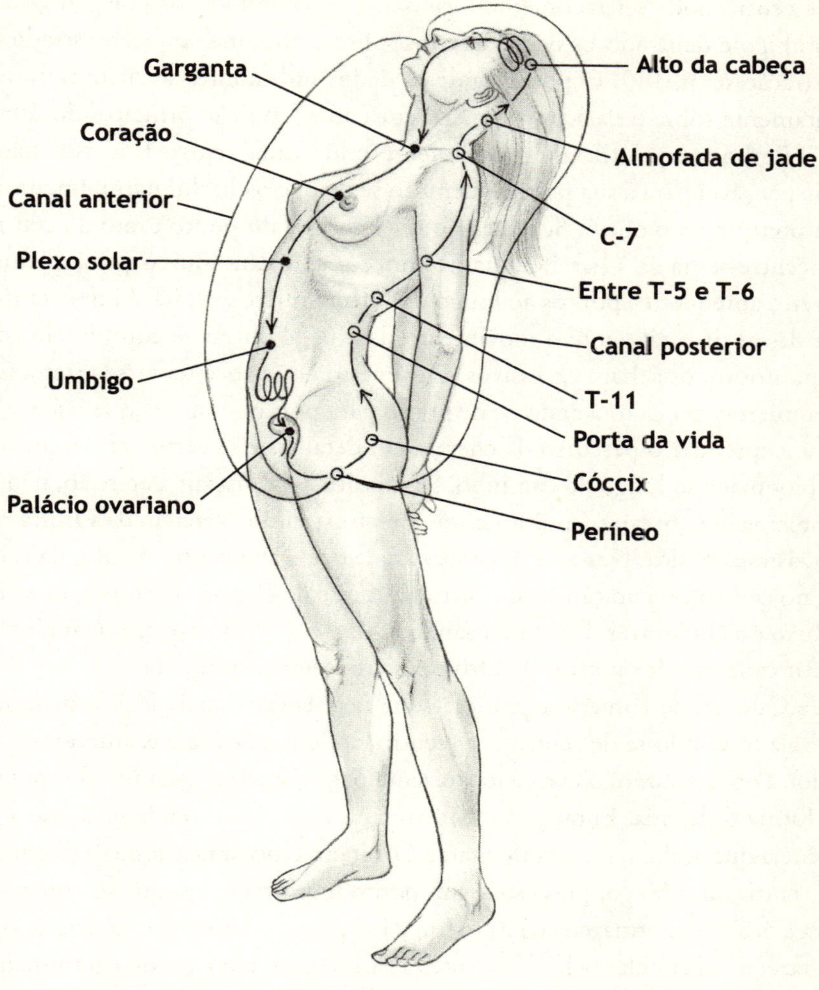

A Órbita microcósmica, com os canais anterior e posterior

Embora não seja um centro de energia em si mesmo, o Canal anterior começa no palato superior, ou céu da boca. O primeiro centro de energia desse canal é o centro da garganta, localizado na reentrância na base da garganta. O centro do coração fica no meio do peito, acima do esterno e entre os seios. O plexo solar se localiza vários centímetros abaixo do esterno, a meio caminho entre as costelas inferiores. O centro do umbigo, com o qual você já está familiarizada, fica, evidentemente, logo atrás do umbigo. Abaixo do umbigo, fica um centro importante para as mulheres, o Palácio ovariano.

Esse centro pode ser facilmente localizado, colocando-se os polegares sobre o umbigo e deixando os dedos abertos sobre o abdome, como mostrado na ilustração na p. 145. O ponto onde os dedos indicadores se encontram fica exatamente sobre o Palácio ovariano, que cobre a porção principal do útero.

Embora seja útil saber exatamente onde cada centro fica, isso não é indispensável para a sua prática. Lembre-se de que o chi flui naturalmente de um ponto para o outro. Se você não tiver certeza do ponto exato do centro, concentre-se na área geral enquanto move o chi. Para muitas principiantes, porém, aprender os pontos ao longo da Órbita microcósmica é importante a fim de sentir totalmente o movimento do chi. Já outras se confundem com os pontos ou os acham excessivos. Eu sugeriria que você tentasse fazer a Órbita microcósmica movendo-se de ponto para ponto, uma vez que isso a ajudará a aprender o percurso da energia em detalhes e se certificar de que não há bloqueios ao longo do caminho. Se for difícil ou distrair a atenção, não há problema em abreviar a prática como demonstrei no exercício da Órbita microcósmica básica. Nessa órbita abreviada, você se concentra no alto da cabeça, no centro do coração e no centro abdominal. Depois de conseguir sentir o fluxo do chi através da órbita usando esses três pontos, talvez seja mais fácil sentir cada um dos pontos da Órbita microcósmica completa.

Quando se começa a prática, com freqüência é mais fácil visualizar a energia movendo-se de centro para centro, ao longo dos canais anterior e posterior. Por essa razão, o exercício a orienta para visualizar cada um dos pontos de forma ordenada. Enquanto o Movimento orgástico ascendente segue a seqüência que acabamos de comentar, a Órbita microcósmica começa e termina no centro do umbigo, pois este é um ponto importante em que se obtém chi para a órbita e se armazena o chi ao fim da seqüência. Durante o exercício, você vai fazer o chi circular pela órbita inteira várias vezes, começando e terminando no centro do umbigo

Talvez a ajude tocar o corpo no centro de energia em que você quer sentir o chi. Isso ajuda a concentrar a mente e também transmite chi das pontas dos dedos para aquela área. O chi flui facilmente das pontas dos dedos e também se irradia das palmas das mãos. Outra maneira de estimular o fluxo do chi é manter a palma ou as palmas abertas a alguns centímetros do corpo sobre o ponto em que você está concentrando o chi. Se colocar a mão direita sobre um ponto e a mão esquerda sobre o ponto seguinte, você pode visualizar a energia se movendo entre as suas mãos.

Também ajuda imaginar a energia fluindo pela parte da frente do corpo com a sua expiração — como se a energia estivesse caindo em virtude da gravi-

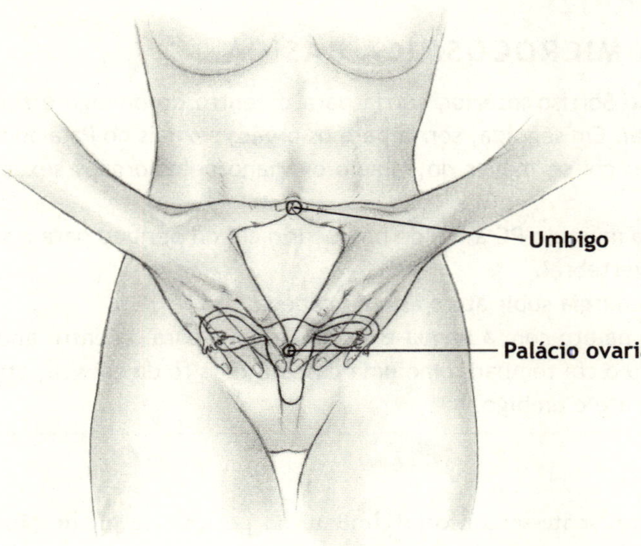

Localização do Palácio ovariano

dade, enquanto o seu peito relaxa e você expira. Para fazer a energia subir pelo Canal posterior, concentre-se em "sorver" a energia pelas costas acima com a inspiração. Inspire aos pouquinhos, em pequenas doses, como se estivesse tragando a respiração por um canudinho, e imagine a energia sendo puxada pelas costas acima com a respiração. No começo, essa prática parece complicada, mas, com a experiência, o chi pode circular pela órbita inteira em alguns segundos, usando-se apenas a intenção da mente.

Antes de fazer qualquer dos exercícios neste livro, é também importante que cultivemos a intenção amorosa para conosco com o Sorriso interior, para que o chi que fazemos circular tenha características amorosas e revigorantes. Você não deve fazer a Órbita microcósmica, ou qualquer dos exercícios, se estiver zangada, triste, impaciente ou de algum modo indisposta. Use os Sons curativos para equilibrar e tonificar as suas emoções e, então, faça a Órbita microcósmica. Assim, a Órbita microcósmica pode ser curativa e harmonizadora.

Comece a meditação da Órbita microcósmica aquecendo a coluna vertebral para que a energia possa fluir de modo mais uniforme. Muitas de nós passamos grande parte do dia sentadas e, assim, sentimos rigidez ou dores crônicas nas costas, o que, além de ser desagradável, pode impedir o fluxo da energia.

EXERCÍCIO 12

ÓRBITA MICROCÓSMICA BÁSICA

1. Usando o Sorriso interior, sorria para o centro do umbigo e sinta o chi despertar. Em seguida, sorria para os órgãos sexuais no Palácio ovariano e sinta o chi se mover do Palácio ovariano pelos órgãos sexuais até o períneo.
2. Aperte o músculo PC a fim de bombear o chi do períneo para o sacro e a coluna vertebral.
3. Sinta a energia subir até o alto da cabeça.
4. Toque o palato com a língua e sorria de novo para o centro abdominal, deixando o chi tombar como uma cascata do alto da cabeça, através da língua e até o umbigo.

Primeiro, sente-se confortavelmente na posição de meditação que descrevi na p. 65, com os pés no chão e o alto da cabeça esticado em direção ao teto. Em seguida, começando pela parte inferior da coluna, no sacro, balance a partir dos quadris, para a esquerda e para a direita. Suba pela coluna vertebral para as vértebras inferiores (lombares) e intermediárias (torácicas), balançando cada uma sucessivamente, para a frente e para trás. Balance igualmente cada vértebra no pescoço. Enquanto você faz isso, a sua cabeça naturalmente balançará de um lado para o outro.

Agora, volte para baixo pela coluna vertebral, do pescoço até o sacro, balançando cada uma sucessivamente. Repita três vezes. Em seguida, descanse e sorria, direcionando alegria, amor e cura para a coluna vertebral. Sinta-a aquecida e solta. Assim que a coluna vertebral estiver aberta e aquecida, você está preparada para começar a mover a energia pelo seu corpo.

INSTRUMENTOS PARA AJUDAR A SUA MEDITAÇÃO

Quase todo mundo tem dificuldade ao tentar fazer pela primeira vez a Órbita microcósmica. Alguns desses problemas são tão comuns que vou abordá-los como tópicos. Se você não teve nenhuma dificuldade para sentir ou fazer circular o chi, ainda assim é útil rever cada tópico, pois os comentários podem acrescentar profundidade e vigor à sua prática.

E se eu não conseguir sentir o meu chi? Quando você inicia a prática meditativa, pode ser difícil sentir o chi. Lembre-se de que as sensações do movimento do chi podem ser sutis, percebidas como formigamento, calor, borbulhamento ou dilatação. Quanto mais você concentrar a atenção em um determinado ponto, mais fácil será perceber que o chi está presente. Também acontece que todas nós percebemos o chi de forma diferente. Algumas mulheres o sentem, enquanto outras nunca o percebem, mas podem visualizar o seu movimento. Quando ensinei a prática a Desiree, uma escritora de 54 anos, ela disse: "Nunca o senti realmente se movendo, mas posso visualizá-lo. Eu simplesmente o imagino e assim fica mais fácil. Quando termino, sinto-me bem de verdade. Sinto-me purificada, relaxada e ligada, então acho que provavelmente está acontecendo, só que eu não me dou conta disso." Se você não consegue sentir o chi, mas consegue visualizar que o movimenta com a sua mente, ainda assim se beneficiará com a prática.

Se você está tendo dificuldade para sentir o chi, talvez deva começar a sua meditação simplesmente concentrando-se no ponto do umbigo,[1] que se localiza cerca de 4cm atrás do umbigo. A Respiração de Fole (na p. 150) se destina a ajudá-la a ativar o chi naquele ponto. Depois da Respiração de fole, você pode usar o chi que criou para começar a mover a energia na Órbita microcósmica.

Para muitas pessoas, é mais fácil sentir a energia sexual do que sentir o chi. Por enquanto, pratique a Órbita microcósmica simplesmente visualizando o caminho.

E se eu não conseguir mover o meu chi? A característica natural do chi é fluir, mas às vezes temos bloqueios que impedem esse fluxo. Quando o chi fica "emperrado" ou se move lentamente por uma área, você pode sentir dor, formigamento ou queimação. Esfregar a área onde o chi parece emperrado pode ser útil. Algumas pessoas tentam forçar o chi a fluir, o que é como tentar mover um lago com uma raquete de pingue-pongue. Relaxe, respire profundamente até o abdome e visualize um rio que corre sem bloqueios (ou qualquer imagem que funcione para você). É muito mais fácil remover a represa (que pode ser os

---

1 Alguns praticantes do taoísmo localizam o ponto abdominal central, Tan Tien, cerca de 2,5cm abaixo do umbigo e cerca de 4cm corpo adentro a partir dali. Não importa se você usar esse ponto ou o ponto do umbigo, pois ambos são energeticamente poderosos. Se você está acostumada a localizar o ponto abdominal abaixo do umbigo, não há problema em continuar a fazer assim. Na medicina tradicional chinesa, o "caldeirão fervente" se localiza logo abaixo do umbigo e o "vapor" ou chi que é criado se localiza no umbigo. Você pode usar qualquer dos dois pontos.

EXERCÍCIO 13

A ÓRBITA MICROCÓSMICA

1. Sente-se confortavelmente na postura de meditação.
2. Usando o Sorriso interior, sorria para o centro do coração, sentindo-o abrandar-se e abrir-se. Leve essa energia amorosa até o centro do umbigo. Toque o umbigo com os dedos e respire profundamente até a barriga. Sorria para o centro do umbigo, sentindo-o aquecer-se e o chi despertar. Fazer o Chi kung risonho (veja p. 63) pode ajudar a energizar o centro do umbigo. Sinta o chi acumular-se no umbigo como calor, pressão ou formigamento. Se não conseguir sentir, simplesmente visualize uma bola cintilante de chi atrás do umbigo.
3. Com o poder da sua concentração, mova o chi, ou a bola cintilante, do umbigo para o Palácio ovariano. Se for útil, coloque os dedos esquerdos sobre o centro sexual enquanto mantém os dedos direitos sobre o umbigo. Sinta o chi passando dos dedos direitos para os dedos esquerdos. Enquanto expira, sinta a energia descendo para o centro sexual.
4. Agora, mova o chi para o períneo. Sinta a energia irradiando do umbigo e do Palácio ovariano para o períneo. Imagine um canal entre o umbigo e o períneo alargando-se com o fluxo de chi.

O Canal posterior

1. Mova a energia do períneo para o sacro. É útil colocar a palma da mão esquerda sobre o sacro e as pontas dos dedos direitos sobre o Palácio ovariano. Sinta a energia fluir do Palácio ovariano e atravessar o períneo até o sacro. Contrair o músculo PC a fim de "bombear" a energia para o sacro é muito útil. (Explico isso detalhadamente no exercício Bombeamento da energia para cima, na p. 150.)
2. Inspire aos pouquinhos para puxar a energia do sacro pela coluna vertebral acima, até o centro da Porta da vida, e deixar a energia acumular-se.

obstáculos na sua mente) para as águas poderem fluir livremente do que tentar mover o próprio lago. Pode às vezes acontecer de o chi fluir espontaneamente para áreas fora do que você pretendia. Por enquanto, apenas fique relaxada e suponha que o chi foi para onde ele era necessário. Lembre-se de que quanto mais praticar, mais profundamente o seu "rio de chi" vai indicar o leito e mais fácil será movê-lo e controlá-lo. Os exercícios neste capítulo têm muitas etapas, mas logo você será capaz de mover o chi pela Órbita microcósmica a qualquer momento, em apenas alguns segundos.

3. Mova a energia até o centro da T-11 e sinta-a concentrar-se ali.
4. Deixe a energia subir até o centro entre a T-5 e a T-6.
5. Agora mova a energia até o ponto da C-7, na base do pescoço.
6. Deixe o chi fluir até a Almofada de jade, na base do crânio.
7. Mova a energia até o alto da cabeça. Sinta a energia fluindo por todo o percurso do sacro até o alto da cabeça.
8. Agora mova a energia através do cérebro até o terceiro olho e sinta a energia acumular-se ali. Tocar o terceiro olho com os dedos pode ajudá-la a se concentrar.

O Canal anterior

1. Toque o céu da boca com a língua, no alto do palato atrás dos dentes, e una os canais anterior e posterior (consulte a p. 143). Sinta a energia descendo do terceiro olho através da ponta da língua.
2. Mova a energia até o centro da garganta e imagine a energia fluindo da língua até o centro da garganta. Pode ser útil visualizar o chi entrando na sua saliva e engolindo-o até o centro da garganta.
3. Mova a energia até o centro do coração e sinta o coração abrandar-se e abrir-se.
4. Agora mova a energia até o plexo solar e sinta a energia juntar-se ali.
5. Coloque os dedos sobre o umbigo, abrindo-o ligeiramente, e deixe a energia voltar para lá. Imagine que uma cascata de energia está caindo do terceiro olho até a concha do umbigo. Pode ser útil passar a mão do terceiro olho até o umbigo, ajudando a energia a se mover.
6. Mova a energia em espiral logo atrás do umbigo para ajudar a sua absorção no abdome, no sentido contrário ao dos ponteiros do relógio e depois no sentido dos ponteiros do relógio, se quiser.

E se eu não conseguir lembrar todos os pontos? Você pode começar praticando a Órbita microcósmica básica e, em seguida, procurar chegar à órbita completa. Cada ponto tem características e associações especiais. Se você desenvolver a capacidade de sentir cada ponto e deixar o chi fluir uniformemente por ele, isso beneficiará sua saúde e seu bem-estar. Um modo de ampliar a força da sensação em cada ponto é fazer uma pausa para mover a energia em espiral naquele ponto específico, como fizemos no centro abdominal. Isso permitirá que pontos "fracos" se tornem mais fortes. Por exemplo, se você tem

EXERCÍCIO 14

RESPIRAÇÃO DE FOLE

1. Sente-se na postura de meditação.
2. Coloque as mãos uma sobre a outra por cima do umbigo.
3. Inspire e expanda o abdome inferior na região do umbigo, sentindo os pulmões se expandirem. Mantenha o peito relaxado e concentre-se em respirar com a barriga.
4. Expire com certa força, puxando o umbigo para trás e para dentro, em direção à coluna vertebral, e mantendo o peito relaxado. Sinta, ao mesmo tempo, os órgãos sexuais puxarem para cima, em direção ao umbigo.
5. Repita a inspiração e a expiração nove ou 18 vezes.
6. Relaxe e sinta o chi aquecido que você criou no centro do umbigo.

EXERCÍCIO 15

BOMBEAMENTO DA ENERGIA PARA CIMA

1. Balance os quadris para a frente e para trás. Ative a bomba do sacro comprimindo o ânus para cima em direção ao cóccix, ao mesmo tempo que balança os quadris para a frente e torna plana a curva das costas. Em seguida, balance os quadris para trás e descontraia o ânus. Isso deve dar a impressão de que você está montando um cavalo. Imagine que, a cada compressão do ânus, você está bombeando chi do períneo para o sacro e, através do sacro, para a coluna vertebral (veja a ilustração na página seguinte).
2. Encolha o queixo. Ative a bomba craniana (na base do crânio) encolhendo o queixo para dentro e para cima, depois o estique para fora, em um círculo suave e lento. Mantenha relaxados os maxilares e os músculos do pescoço. Olhe para o alto da cabeça e sinta a energia subir.
3. Depois de ativar as bombas do sacro e do crânio, descanse e, em seguida, comece a puxar a energia pela coluna vertebral acima até o cérebro. Voltar os olhos para o alto da cabeça também ajudará a direcionar a energia para lá. Ative a bomba do sacro para mover a energia do períneo para o sacro e, através do sacro, para a coluna vertebral. Inspire aos pouquinhos pela boca, para sugar o chi pela coluna vertebral acima. Ative a bomba craniana para puxar a energia até a base do crânio e para dentro do cérebro.

dificuldade para sentir o chi no centro do coração, desenvolver a capacidade de mover o chi em espiral ali e sentir o coração abrandar-se e abrir-se irá ajudá-la a sentir mais amor e alegria na sua vida.

E se eu não conseguir mover o chi pela coluna vertebral acima? Se você está tendo problemas para puxar a energia pela coluna vertebral acima, pode ajudar a energia a subir usando as bombas naturais da coluna. O líquido cerebrospinal banha o cérebro e a medula espinhal. Bombas no sacro (a parte posterior da pelve) e na base do crânio ajudam esse líquido a circular e podem também ajudá-la a puxar a energia pela coluna acima. Essas bombas eram bem conhecidas pelos taoístas antigos e ainda são atualmente usadas. Os médicos osteopatas manipulam essas bombas, usando terapia craniossacral para melhorar o fluxo do líquido cerebrospinal. Você pode fazer o exercício de Bombeamento da energia para cima de pé ou sentada.

E se as minhas costas doerem? Às vezes, é um pouco difícil puxar a energia para a base da coluna vertebral e algumas pessoas sentem um pouco de dor, formigamento ou comichão quando essa energia penetra na coluna. Se

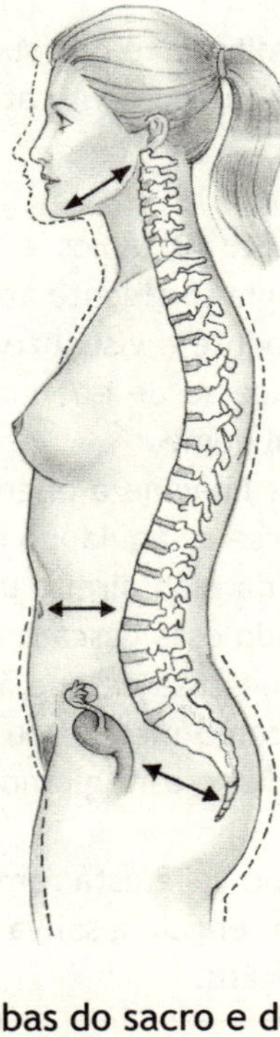

As bombas do sacro e do crânio

isso lhe acontecer, não fique alarmada. Você pode ajudar a passagem da energia massageando suavemente a área. Se você sentir dor em outras partes da coluna, é provável que a energia esteja bloqueada ali. Faça o aquecimento do balanço da coluna na p. 146 para descontrair a coluna e mobilizar a energia. Pode ser também útil esfregá-la ou pedir a outra pessoa para massagear a área.

E se eu sentir dor ou pressão na cabeça? Se a sua cabeça dói, você se sente tensa ou está tendo dificuldade para dormir, você talvez esteja deixando excesso de energia estagnada na cabeça. A energia pode superaquecer se permanecer em um mesmo local. Lembre-se de que o cérebro é ótimo para transformar energia, mas não para armazená-la. É importante manter a energia movendo-se pela cabeça durante a Órbita microcósmica. Um modo fácil de conseguir isso é fazer a energia circular em espiral assim que ela chega ao cérebro. Mova a energia em espiral de um ponto central para fora nove vezes. Em seguida, inverta o fluxo e mova em espiral nove vezes de volta ao centro (veja a p. 67).

EXERCÍCIO 16

LEVAR A ENERGIA PARA BAIXO

1. Sente-se na posição de meditação e coloque as mãos sobre o abdome.
2. Relaxe o corpo e respire profundamente até a barriga, liberando quaisquer bloqueios.
3. Toque o palato com a língua.
4. Sorria, curvando suavemente os lábios e sorrindo com os cantos dos olhos, direcionando a energia sorridente até o centro do umbigo.
5. Inspire e expire profundamente e visualize que, com a expiração, você está removendo todo o excesso de energia e pensamentos frenéticos, através da língua, para o abdome.
6. Leve a energia para baixo. Imagine a energia descendo pela frente do corpo como uma cascata e se acumulando no abdome. Ponha a mão esquerda em concha dentro da mão direita logo abaixo do umbigo, como se você estivesse recolhendo essa cascata de energia. Se a energia parecer mais espessa e mais viscosa do que água e mais difícil de mover, imagine que a energia é como melado ou um fio de linha e que uma roda em espiral no seu abdome está girando como uma roca e puxando a energia para baixo.
7. Engula a saliva. Imagine que você está removendo a energia da cabeça para a saliva e, em seguida, engula a saliva com força, movendo a energia diretamente para os órgãos.

Também é útil mover os olhos em espiral como um modo de direcionar a energia. Mantendo a cabeça em uma posição normal, olhe para cima, na direção do teto ou do céu. Em seguida, mova os olhos, ainda voltados para cima, na direção da orelha esquerda, depois para cima e para trás o máximo que puder, depois na direção da orelha direita, depois de novo para a frente em um movimento fluido. Você estará fazendo uma espiral que estará no mesmo plano, como se um relógio estivesse pousado no alto da sua cabeça. Ao "mover em espiral" os olhos, você ajuda a energia na cabeça a também se mover em espiral. Agora, mova os olhos em espiral na direção contrária, enquanto move a energia em espiral de volta para o centro da cabeça.

Enquanto a energia ainda está móvel, mova-a diretamente para o terceiro olho e para baixo, através do palato e da língua, até o centro da garganta e, daí, para baixo, até o abdome.

EXERCÍCIO 17

DESCARGA

1. Sente-se numa cadeira na posição de meditação ou deite-se de costas. Se deitar, eleve os joelhos com um travesseiro caso sinta dor na parte inferior da região lombar.
2. Coloque as mãos em frente à boca de modo que as pontas dos dedos se toquem e as palmas fiquem voltadas para os pés.
3. Feche os olhos e respire profundamente. Sinta o estômago e o peito se expandirem suavemente.
4. Sorria e expire lentamente, emitindo o som *RIIIIII*. Enquanto estiver expirando, empurre as mãos em direção aos pés. Imagine o seu corpo como um tubo de luz azul que você está esvaziando com as mãos, a partir da cabeça, descendo pelo peito, abdome e pernas até chegar às solas dos pés e, daí, para o chão.
5. Repita o som e o movimento nove vezes.

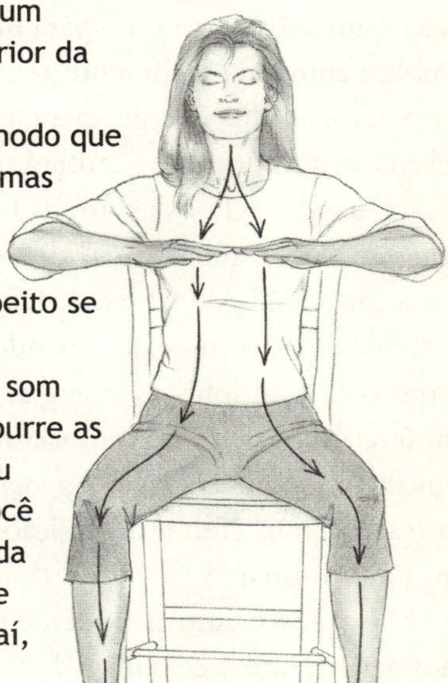

E se eu não conseguir levar a energia para baixo? Para muitas de nós que passamos tempo demais "na nossa cabeça", pode ser difícil levar a energia para baixo. Energia demais pode fazer você sentir-se tensa ou provocar dor ou pressão, como já comentamos. O exercício para Levar a energia para baixo ajudará.

Se você ainda sentir que tem energia demais na cabeça, o exercício de Descarga permitirá que remova a energia da cabeça para as pernas e, daí, para o chão.

Depois de aprender a mover o chi na Órbita microcósmica, você pode usar os mesmos princípios para fazer a energia sexual circular no Movimento ascendente orgástico.

O MOVIMENTO ASCENDENTE ORGÁSTICO

Depois que se domina a Órbita microcósmica, o Movimento ascendente orgástico é um exercício simples, mas extremamente eficaz para aumentar a energia e a concentração total. Muitas de nós estão exaustas por tantas exigências da vida moderna. Arranjar tempo para a relação sexual ou o auto-aperfeiçoamento parece um sacrifício a mais para um sistema já sobrecarregado. Mas eu vou ensiná-la a aumentar facilmente a sua energia sexual e usá-la regularmente para se proporcionar uma energia extra, como um "café expresso". Essa, porém, não a deixará irritável nem lhe causará tremores, embora possa levar à dependência.

Quando usamos as nossas forças criativas para aumentar a nossa paixão pela vida, não "afundamos" depois do clímax. Em vez disso, aumentamos a nossa capacidade de vibração. Da mesma forma que o amor de uma mãe não se divide em duas metades quando ela tem um segundo filho, a capacidade do corpo para multiplicar a energia, a concentração e a alegria é ilimitada. Não estou falando do tipo de entusiasmo que se obtém dos estimulantes artificiais. Um fluxo de chi saudável e generoso nos deixa atentas, ativas, calmas e contentes. Ficamos com a disposição de ânimo ideal para trabalhar, criar, cuidar dos filhos e amar.

No Movimento ascendente orgástico, você puxa a energia sexual dos órgãos genitais até o cérebro e de volta até o abdome, para se rejuvenescer. Esse exercício usa as mesmas técnicas e trilhas que comentamos na Órbita microcósmica. Lembre-se de que a energia sexual é parte do chi principal, a força vital geradora. Ela possui uma capacidade excepcional de nutrir o corpo e revigorar a mente. Embora a energia sexual seja mais fácil de sentir do que o chi, por ser tão intensa, ela é também mais difícil de controlar. Por isso tentamos aprender a Órbita microcósmica usando unicamente o chi, antes de tentar com a energia sexual.

A energia orgástica é simplesmente uma forma mais intensa de energia sexual. Se você já teve um orgasmo (e eu espero sinceramente que, ao terminar este livro, a sua resposta a isso seja um sonoro "Sim!"), compreende que ceder ao orgasmo é um processo de entrega. No começo, pode parecer desafiador render-se a esse ímpeto espontâneo de prazer enquanto ainda se lembra de bombear a energia dos órgãos genitais pela coluna vertebral acima. Com o tempo e a prática, isso se tornará tão natural quanto a respiração. O Movimento ascendente orgástico permite que você espalhe a energia sexual por todo o corpo, para vitalizar os órgãos e os sentidos. Collette, uma canadense de 56 anos, diz que, "com a prática do Amor curativo, os meus orgasmos são mais fortes e mais longos e chegam a todos os níveis dos órgãos sexuais, órgãos internos e sentidos".

A maioria das mulheres puxa a energia despertada pela coluna vertebral acima várias vezes antes do orgasmo. Fazer isso expande efetivamente o prazer, como veremos no capítulo seguinte, aumentando a capacidade do corpo de experimentar e gerar cada vez mais prazer. Você pode fazer o Movimento ascendente orgástico em qualquer nível de excitação e beneficiar-se com a circulação dessa energia de modo que, mesmo que você não tenha orgasmo, essa prática pode ampliar o seu prazer e a sua energia. Em última análise, você vai aprender a ultrapassar os limites até o orgasmo e, simultaneamente, enviar essa energia orgástica pulsando pelo corpo. Neste capítulo e no próximo, vou ensiná-la a fazer isso.

Os músculos da bomba do sacro (os músculos PC), que usamos no exercício de Bombeamento da energia para cima a fim de bombear a energia do períneo para a coluna vertebral, são os mesmos músculos que se contraem naturalmente com os espasmos do orgasmo. De fato, quando você consegue guiar conscientemente as contrações do músculo PC na pulsação rítmica do orgasmo, sentindo a energia orgástica fluir pelo corpo, o seu prazer será mais agudo e mais prolongado. Considero esse *orgasmo consciente* análogo ao sonho consciente. Você ainda está no prazer generoso do orgasmo, mas tem um controle sutil sobre a sua energia e a sua reação. Em vez de ser uma sonhadora orgástica sob o fascínio do orgasmo em si, você pode prolongar e intensificar o prazer do orgasmo *porque pode guiar a energia orgástica*. Sarina Stone, uma instrutora do Tao curativo em St. Paul, Minnesota, diz que "a diferença entre liberar a energia do orgasmo para fora e puxar o chi para cima e para dentro do corpo é comparável à diferença entre uma chuveirada na academia de ginástica e um banho voluptuoso com pétalas de rosa em um hotel cinco estrelas, seguido por uma terapia de relaxamento diferente a cada vez que você faz isso".

Quando despertamos e fazemos circular a energia sexual, ela é, como se poderia esperar, mais quente e mais difícil de controlar. Praticar a Órbita microcósmica tornará mais fácil concentrar e guiar a energia sexual no mesmo caminho. É útil começar a mover a energia sexual quando ela está apenas ligeiramente desperta e, à medida que você se sentir apta, avançar para níveis cada vez mais altos de excitação. No começo, você precisará interromper a estimulação contínua para fazer o Movimento ascendente orgástico, mas, à medida que se desenvolver, será capaz de fazer a energia sexual circular simultaneamente com a estimulação contínua.

Cheguei à conclusão de que é mais fácil aprender a prática enquanto se faz o auto-aperfeiçoamento simplesmente porque você pode controlar com facilidade a própria excitação. Isso também lhe permitirá ter uma noção da velocidade e intensidade da sua excitação. Muitas instrutoras do Tao universal usam o auto-aperfeiçoamento e o Movimento ascendente orgástico como um dos fundamentos da sua prática espiritual. Quando conversei com Julia, uma psicoterapeuta mexicana de 56 anos, ela falou com entusiasmo sobre o auto-aperfeiçoamento e as práticas do Amor curativo. Quando perguntei que efeito exerceram sobre ela, Julia respondeu: "Eles abriram um mundo totalmente diferente. Aprendi a entrar em contato com uma parte do meu poder feminino que eu sequer imaginara. Quando se aprende a desenvolver, valorizar e apreciar a própria energia sexual, você não precisa mais de um relacionamento para se manter satisfeita." É também verdade que as práticas do auto-aperfeiçoamento avivam o fogo de qualquer relacionamento que se tenha.

Independentemente de ter ou não um parceiro no momento, eu sugeriria que você aprimorasse a capacidade de desenvolver e fazer circular a sua energia sexual sozinha. Saida Desilets, instrutora canadense do Tao curativo, observa que: "Agora posso ser uma mulher cuja energia sexual está plenamente ativada mesmo sem um homem. Em geral, quando estou sozinha, fico sexualmente frustrada. Mas quando fiz a prática, isso não aconteceu. Ficam cada vez mais intensas as sensações no meu corpo e a sutileza. Eu tinha orgasmos constantes o dia todo. Eles eram tão sutis que eu não os notara antes. Eram como pequenas bolhas, sempre subindo." Você pode, evidentemente, também fazer o Movimento ascendente orgástico durante a relação sexual com um parceiro. No capítulo seguinte, eu lhe mostrarei como fazer isso.

A prática de fazer a energia sexual circular pelo corpo é poderosa. Por ser tão intensa, é importante ter certa cautela ao fazer a prática. É melhor praticar com um estado de espírito calmo e equilibrado. Se você estiver zangada ou impaciente, a prática simplesmente irá reforçar as suas emoções. É útil fazer o Sorriso interior para o coração e os órgãos sexuais antes de iniciar o Movimento ascendente orgástico, para se concentrar em fazer o exercício com um espírito de amor para consigo mesma e para com o seu parceiro, se a prática for conjunta. Eu também sugeriria que você fizesse a prática dos Sons curativos várias vezes por semana quando estiver praticando ativamente o Movimento ascendente orgástico, para ajudar a equilibrar as emoções e favorecer o fluxo desimpedido da energia sexual. Isso ajudará a manter as práticas sexuais seguras e torná-las muito mais eficazes para reforçar a sua saúde e vitalidade.

INÍCIO DA PRÁTICA SEXUAL

Você vai precisar de tempo disponível e ficar sozinha em uma atmosfera sensual favorável para praticar o Movimento ascendente orgástico. Como já mencionei, em geral é mais fácil aprender a prática sozinha, mas se você preferir fazê-la com o seu parceiro, vá em frente. É melhor, sobretudo no começo, não fazer o Movimento ascendente orgástico deitada, pois é mais provável que a energia fique "emperrada" no peito. Sentada, reclinada em ângulo ou de pé são boas posições. Tente manter a coluna vertebral em uma posição relativamente reta, sem inclinar para a direita ou esquerda, pois isso também pode impedir o fluxo da energia. Comece praticando o Sorriso interior para o coração e os órgãos sexuais, a fim de despertar o chi. Sorria para o coração até ele se abrandar e você poder senti-lo radiante e reluzente. Em seguida, sorria para os órgãos sexuais — útero, ovários e clitóris — e sinta-os aquecidos e cintilantes dentro do seu corpo. Envie o chi amoroso do coração para os órgãos sexuais, sentindo amor e admiração por eles.

Use quaisquer das técnicas de mente e corpo que funcionem para você, a fim de acender o seu desejo. Comece a prática tocando-se amorosamente. Esse momento é ideal para massagear e acariciar os seios, pois os seios estão diretamente ligados ao clitóris, energética e hormonalmente. (A Massagem taoísta dos seios, que será ensinada no capítulo 8, é ideal para essa finalidade.) Afague amorosamente o clitóris e os grandes e pequenos lábios, sentindo a energia sexual aquecida acumular-se ali. A maioria das mulheres sente a energia sexual em torno do clitóris, dos lábios e da vagina. Concentre a mente nessa energia e

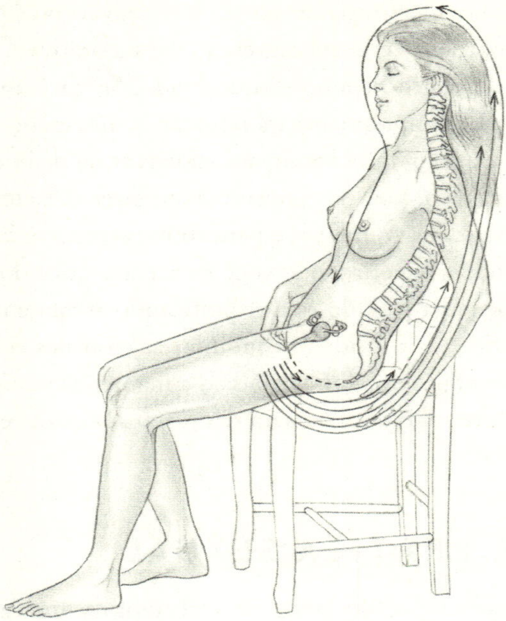

O Movimento ascendente orgástico

mova-a dos órgãos sexuais para o reto e, através do sacro, para a coluna vertebral inferior. Mais uma vez, use o poder da sua concentração e a contração do períneo e do reto. Tente colocar uma das mãos sobre o clitóris, a vulva ou o períneo e a outra mão sobre o sacro, e tente passar a energia entre os dois pontos. Assim como na Órbita microcósmica, essas técnicas e posições das mãos são simplesmente instrumentos que você pode usar para ajudar a mover a energia. Mais tarde, você conseguirá mover a energia apenas com o poder da mente.

Puxe a energia do sacro pela coluna vertebral acima, até a cabeça. Você pode parar em cada centro de energia, se quiser, ou simplesmente deixar a energia subir pela coluna até o alto da cabeça. Se necessário, pode também usar as bombas do sacro e do crânio no exercício de Bombeamento da energia para cima (veja p. 150), para ajudar a energia a subir. Para nutrir e energizar o cérebro, mova a energia em espiral na cabeça de um ponto central para fora, nove ou 18 vezes. Em seguida, inverta a direção e mova a energia em espiral novamente em direção ao centro da cabeça. Toque o palato com a língua e puxe a energia através do terceiro olho, descendo pelo Canal anterior, até o abdome, como no exercício para Levar a energia para baixo (veja p. 152). Mova a energia em espiral no abdome do centro para fora e, em seguida, inverta a direção e mova-a em espiral de volta, para ajudar a absorção.

As sensações que você experimenta ao fazer a Órbita microcósmica com a energia sexual podem parecer diferentes, mais aquecidas ou mais prazerosas. Pode ser mais difícil ou mais fácil para você mover a energia. Com prática, você será capaz de puxar a energia sexual pela coluna vertebral acima com um único pensamento, o que tornará o passar do dia bem mais divertido. Para muitas mulheres, a energia sexual se move mais rapidamente; por exemplo, ela pode se projetar da pelve direto até a cabeça. Também é comum a energia subir dos órgãos genitais direto para os órgãos abdominais. Preste atenção ao que parece bom no *seu* corpo. A razão de enviarmos a energia através do sacro até a coluna vertebral é para a energia sexual ser transformada em chi e refinada, para que possa nutrir o corpo. Se parecer que a energia está indo diretamente para o abdome, concentre-se em manter a energia na área em torno do períneo. Use a contração do ânus e a bomba do sacro para "recolher" a energia e enviá-la, através do sacro, para a coluna vertebral.

Algumas mulheres experimentam a Órbita microcósmica se deslocando naturalmente na direção oposta. A energia se move pelo Canal anterior acima até a cabeça e pelo Canal posterior abaixo até o períneo. Essa é considerada a direção tradicional yin, ou feminina, da energia. Mantak Chia e eu decidimos ensinar a Órbita microcósmica na direção yang porque é mais fácil para a maioria das pessoas mover a energia nessa direção. Se, porém, a energia se move mais naturalmente para você pelo Canal anterior acima e pelo Canal posterior abaixo, experimente mover a energia dessa maneira e observe como você se sente. Se a energia flui facilmente e você se sente calma e revigorada após a prática, não há problema em praticar nessa direção. Assim como na direção yang, colocar a língua de encontro ao palato une os Canais anterior e posterior. É igualmente importante não deixar a energia na cabeça; portanto, se a energia sobe pelo Canal anterior, ela então *deve* descer pelo Canal posterior (uma direção às vezes mais difícil). Se a energia parecer "emperrada" na cabeça e você não conseguir movê-la pelo Canal posterior abaixo, tente o exercício para Levar a energia para baixo, na p. 152, e o Sorriso interior, a fim de ajudar a levar a energia de volta até o abdome.

Depois de conseguir puxar a energia sexual para cima, tente excitar-se cada vez mais. Você pode usar qualquer técnica de que gostar: estimulação clitoriana ou vaginal, estimulação dos seios ou a sua imaginação erótica. Se usar um vibrador, lembre-se de que ele tem a sua própria carga "energética", ou elétrica. Para algumas mulheres, isso dificulta a prática. Além disso, como a estimulação clitoriana com um vibrador é tão intensa, pode ser também mais difícil controlar a excitação. Se você gosta de usar o vibrador e pode facilmente fazer a prática usando-o, então vá em frente. Experimente aquilo que parecer melhor para o seu corpo.

USO DA ENERGIA ORGÁSTICA

Você pode fazer a prática do Movimento ascendente orgástico usando a energia sexual em qualquer nível de excitação. A prática é, porém, ainda mais intensa e benéfica se você fizer a energia *orgástica* circular pela Órbita microcósmica. À medida que a excitação aumenta, continue a fazer a energia circular. Algumas mulheres precisam interromper a "ação" para isso, e outras conseguem fazer a energia circular enquanto continuam a se estimular. Se você não consegue ter orgasmo ou encontra dificuldade para tê-lo com a auto-estimulação, simplesmente excite-se o máximo possível e faça a energia circular. A prática é ainda assim muito benéfica, independentemente de você ter ou não orgasmo.

Se você tem orgasmo, preste atenção ao momento em que chega ao clímax. Contraia ritmicamente o músculo PC e o ânus e bombeie a energia através do sacro até a coluna vertebral. Em geral, quando temos orgasmo, uma pequena quantidade da energia sexual sai do corpo através do períneo. Se você conseguiu fazer a energia circular na órbita durante a excitação, mas não consegue mover a energia orgástica, ainda assim, como um todo, aumentará o chi e manterá a revigorante energia orgástica no seu corpo, *retendo a energia no períneo* com o poder da sua concentração até conseguir bombeá-la através do sacro. Isso exige que, ao mesmo tempo que se abandona ao prazer do orgasmo, você conserve certa concentração no períneo e bombeie essas deliciosas ondas de prazer diretamente para o sacro e a coluna vertebral.

É mais fácil, no começo, concentrar-se em mover a energia para a coluna vertebral durante o orgasmo. Depois do orgasmo, leve a energia orgástica coluna acima até a cabeça e mova-a em espiral. Em seguida, sorria para o umbigo e leve a energia para baixo até o abdome, para movê-la em espiral e armazená-la. Com prática, você pode conseguir fazer todas essas etapas durante o próprio orgasmo. Bombeie a energia para cima, mova-a para a cabeça, toque o palato com a língua e deixe a energia fluir para o abdome. À medida que você praticar, a energia fluirá naturalmente do períneo para o cérebro e descerá pela frente do corpo de volta ao períneo, em ciclos orgásticos. De fato, algumas mulheres experimentam um rápido giro da energia sexual através da órbita logo desde o início. Você pode então decidir encerrar os ciclos quando estiver preparada e levar a energia até o abdome para armazená-la.

Várias das minhas alunas custaram a "soltar-se" o suficiente para ter orgasmo ainda que mantivessem certo controle consciente sobre a energia sexual. "Sinto uma resistência para mover a energia para cima durante o orgasmo", comentou Lily. "Uma das minhas coisas preferidas no mundo é ter um orgasmo. Acho que é realmente o momento de se soltar e não pensar em nada." A intenção aqui não é transformar o orgasmo em uma tarefa, mas simplesmente canalizar a energia, como e quando parecer agradável e estimulante fazer isso. Faça o que lhe parecer confortável. À medida que você se familiarizar mais com a prática e integrá-la mais na sua relação sexual, isso parecerá mais natural. Tente fazer o Movimento ascendente orgástico de vez em quando e, em outros momentos, simplesmente "se solte". Lembre-se de que, se desenvolver a capacidade de controlar a energia sexual durante o orgasmo, você pode com muito mais facilidade ter orgasmos múltiplos e prolongados. Essa pequena perda de

EXERCÍCIO 18

O MOVIMENTO ASCENDENTE ORGÁSTICO

1. Prepare o clima com uma atmosfera sensual e a certeza de que você não será perturbada.
2. Sorria para o abdome, deixando que pensamentos dispersivos passem da cabeça para a barriga.
3. Excite-se com qualquer método que preferir e sinta o desejo acumular-se na pelve.
4. Bombeie a energia do períneo para o sacro, contraindo o músculo PC e o ânus. Em seguida, mova a energia através da Órbita microcósmica, usando a língua de encontro ao palato para unir os canais anterior e posterior.
5. Excite-se até o orgasmo e, quando as ondas do orgasmo começarem, contraia o músculo PC e o ânus para mover a energia até o sacro e a Órbita microcósmica. Tente manter o músculo PC ligeiramente contraído durante o orgasmo.
6. Faça a energia orgástica circular na cabeça nove ou 18 vezes, movendo-a em espiral para fora e, depois, para dentro.
7. Toque o palato com a língua e deixe a energia orgástica fluir pelo Canal anterior abaixo, até o abdome.
8. Sorria para o umbigo e mova a energia em espiral no umbigo para fora e, depois, para dentro, nove ou 18 vezes.

espontaneidade agora irá valer bastante as recompensas de orgasmo prolongado e arrebatador que a prática permite.

Algumas praticantes taoístas excitam-se quase ao ponto do orgasmo e continuam a mover a energia na Órbita microcósmica sem terem o orgasmo. Elas fazem isso porque às vezes pode ser muito complicado desfrutar a liberação do orgasmo e ainda reter toda a energia. Se você achar difícil fazer, não há problema em fazer a prática e não ter orgasmo. Acontece que, se você fizer a energia circular durante a excitação e depois tiver orgasmo sem a circulação da energia, você ainda se beneficia com a prática. A chave para desfrutar do orgasmo e manter a energia é adquirir domínio sobre o músculo PC. Fazer os exercícios do músculo PC, no capítulo 5, e a prática do Ovo de jade, que descreverei no capítulo 8, irá ajudá-la a desenvolver maior controle sobre esse importante músculo.

Algumas mulheres são dotadas de tanta energia sexual que ela dá a impressão de inundar a Órbita microcósmica. Se esse for o seu caso, existem outros canais no corpo que você pode envolver na sua prática meditativa para distribuir a energia. O mais simples desses é uma extensão da Órbita microcósmica que envolve as pernas em um número oito. Depois de levar a energia através da Órbita microcósmica, deixe a energia passar por cima do seu centro sexual para descer pela parte de trás das pernas e subir pela parte da frente das pernas, para se juntar de novo à Órbita microcósmica.

Para algumas mulheres, o Movimento ascendente orgástico se dá naturalmente, mas para a maioria de nós é preciso certa experiência para parecer natural. Não desanime. Se você fizer a prática da Órbita microcósmica regularmente, o Movimento ascendente orgástico será mais fácil porque você abriu os canais para a energia fluir. Se você continuar tendo dificuldade, não deixe de entrar em contato com uma instrutora de Tao curativo. Elas podem ajudá-la. Este livro foi escrito para ajudar a guiá-la no caminho do Amor curativo, mas não há substituto para uma instrutora que pode conduzi-la pela prática, responder às perguntas e abordar os problemas com você. Se possível, sugiro que você estabeleça contato com uma instrutora do Tao universal na sua região.

Acima de tudo, divirta-se. Se não conseguir mesmo completar o movimento e — que droga! — você teve outro orgasmo sem fazer o chi circular, *relaxe*. Ter um orgasmo é em si e por si mesmo uma alegre celebração do seu desejo e uma dádiva para o seu corpo. É importante ter em mente que, segundo os taoístas antigos, a maioria das mulheres perde muito pouca energia durante o orgasmo, portanto elas não precisam se preocupar demais com essa liberação. A questão não é ficar obcecada a respeito de quanta energia você tem ou perde, mas simplesmente partilhar a energia sexual revigoradora que você experimenta — antes ou durante o orgasmo — com o resto do seu corpo.

Aprende-se melhor a prática com o coração aberto e com senso de humor. No início, é melhor fazer a prática quando se sentir inspirada. Mais uma vez, não deixe a prática se tornar outra obrigação que você tem de cumprir, ou — que Deus nos livre! — outra voz a lhe dizer como deve ser a sua vida sexual. Você precisa tornar essas práticas *suas*. Praticar o Amor curativo é, na realidade, mais parecido com *brincar* com a energia. E quando nos sentimos alegres, o nosso chi flui facilmente.

Na minha experiência, a dificuldade mais comum, sem dúvida, é que a energia sexual quente fique "emperrada" na cabeça, onde pode causar dor de cabeça, pressão na cabeça, uma sensação de "desligamento", ou uma impressão de que a mente está acelerada, como se a pessoa tivesse tomado cafeína demais. Depois do Movimento ascendente orgástico, você deve sentir-se energizada, mas calma e segura, não agitada de uma forma desagradável. Se isso for um problema para você, não deixe de usar o exercício para Levar a energia para baixo, na p. 152, a fim de levar a energia até o abdome. Os Sons curativos também são úteis para firmar a energia, e o exercício do Aquecedor triplo (veja a p. 86), em particular, é eficaz para acalmar a mente e provocar o sono. Se essas sugestões ainda não ajudarem, ou se você tiver energia "emperrada em outras partes do corpo, é possível remover o excesso de energia do corpo usando o exercício de Descarga, que apresentamos na p. 153. Se achar que tem uma quantidade demasiada de energia sexual na área genital, você pode ajudar a sua absorção no corpo fazendo uma suave massagem na área depois do Movimento ascendente orgástico. Use as pontas dos dedos para esfregar em círculos suaves em torno dos grandes e pequenos lábios, a fim de ajudar a absorção da energia.

Quando você começar a praticar o Movimento ascendente orgástico, é importante ir devagar e sentir como o seu corpo reage. Heather, que já realiza a prática há um ano, comentou: "Precisei começar devagar. Eu já tivera o problema de ficar superaquecida antes. Foi importante para mim dar tempo para observar os efeitos de uma sessão de prática antes de fazer outra, para que eu pudesse entender as alterações." Se você se sentir energizada e contente, a prática está dando certo. Se, porém, você estiver irritável, não conseguir dormir, tiver dor de cabeça ou sensações incomuns de chi (dor, formigamento ou ardência) no corpo, não deixe de entrar em contato com uma instrutora do Tao universal para obter auxílio. Em geral, esses sintomas podem ser aliviados com a alteração da maneira como você faz a prática, ou com a suspensão da prática durante certo tempo. Lembre-se de que o corpo pode intrinsecamente equilibrar-se quando lhe é dada chance para isso. Infelizmente, a maioria dos médicos ocidentais não poderá ajudá-la quanto a esses sintomas. Já um praticante da medicina tradicional chinesa (acupuntura, fitoterapia ou terapia energética) pode ser útil, pois compreende o movimento do chi dentro do corpo.

ENCONTRO DE ALMAS: A TROCA DE ENERGIA COM O SEU PARCEIRO

É importante aprender a fazer a energia sexual circular dentro do seu corpo durante a relação sexual em parceria de modo que, independentemente da sua posição ou seu estado de espírito, você possa usar a energia sexual para vitalizar o seu corpo. Você pode fazer isso, literalmente, a qualquer momento e em qualquer posição, simplesmente usando a mente (e quaisquer movimentos que possam ser úteis) para mover a energia sexual através da Órbita microcósmica.

A prática tem tudo para ser desajeitada no começo, especialmente se o seu parceiro não a estiver fazendo. Quando aprendeu a prática, Gabriella, uma contadora de 32 anos, disse: "Reparei que, quando eu estava tentando fazer os exercícios do músculo PC e o Movimento ascendente orgástico, parecia que eu não estava prestando atenção ao meu marido. Em geral, é assim, 'tudo bem, tem esse ritmo', mas agora estou tentando fazer outra coisa e eu quase tenho a impressão de que existe esse desligamento entre nós porque ele não tem a menor idéia de que diabo estou fazendo. Ele diz assim, 'tudo bem, qualquer coisa que você precisar fazer, simplesmente faça'." À medida que a prática se tornar mais natural para você, ficará mais fácil integrá-la à relação sexual. Não deixe de explicar ao seu parceiro o que você está tentando fazer durante a relação sexual, para que ele ou ela possa ser seu aliado no processo. Garanta a ele ou ela que você não acha que algo esteja errado com ele ou ela, ou com a maneira atual de ter a relação. Explique que você quer partilhar um jeito de terem ainda mais prazer e intimidade juntos.

Você deve também avisar a ele ou ela que, durante a relação sexual, vai precisar fazer uma pausa ou diminuir o ritmo de vez em quando. Guiar suavemente as mãos, a língua ou os órgãos genitais dele ou dela quando você precisar de uma pausa, enquanto continuam a se tocar, pode manter a intimidade entre vocês. Olharem-se nos olhos pode também contribuir enormemente para a ligação entre ambos. Lily aprendera recentemente o Movimento ascendente orgástico numa das minhas turmas. Ela descreveu como foi a integração dessas práticas à relação sexual com o parceiro: "Greg e eu estávamos transando e tivemos de parar, fazer a energia circular, depois transar mais um pouco e depois parar de novo, porque não dava para manter a transa fluindo e fazer a energia circular. O que aconteceu naquele intervalo foi tão íntimo e tão doce quando estávamos olhando um para o outro e falando: 'Puxa, que legal, veja o que estamos fazendo juntos!'" Interromper a excitação para fazer a energia circular e, então, continuar a se tocar tem o bônus adicional de intensificar a sensação sexual. Permite que você recolha a energia sexual e a amplie de modo que, ao ter orgasmo, já atingiu um nível muito maior de energia sexual e, portanto, de prazer. Com prática, você talvez não precise fazer uma pausa durante a relação sexual e será capaz de simplesmente visualizar a energia se movendo dos seus órgãos genitais através da Órbita microcósmica durante a excitação e o orgasmo.

Alguns parceiros, homens e mulheres, podem se mostrar um tanto céticos e talvez até aborrecidos quando você adotar a prática. À medida que perceber o seu prazer e empolgação, porém, é provável que ele ou ela queira participar. (Ler *O Orgasmo Múltiplo do Homem* será muito útil para um parceiro do sexo masculino.) Se o seu parceiro não quiser fazer a prática, não há inconveniente em fazê-la sozinha. Lembre-se de fazer uma pausa e restabelecer a ligação com o seu parceiro através do contato pelos olhos e mãos durante a relação sexual. É bom colocar a sua mão sobre o centro do coração do seu parceiro e ele ou ela colocar a mão sobre o seu centro do coração, para estabelecer a ligação com a sua atenção amorosa e energia compassiva mútua. Essas práticas se destinam a aprimorar a experiência sexual e os relacionamentos íntimos, e não a prejudicá-los. Seja delicada consigo mesma e com o seu parceiro. Apenas ser sexualmente íntimo, de uma forma amorosa, é uma dádiva para a sua saúde e felicidade. Tenha intenções sem criar expectativas.

Se o seu parceiro também estiver adotando a prática taoísta, porém, pode ser muito íntimo e erótico interromper para respirarem juntos enquanto vocês fazem circular a energia. Depois de aprender a fazer a energia sexual circular dentro do seu corpo, você pode aprender a partilhar a energia sexual conscientemente com o seu parceiro no nível da alma. Fazemos trocas com o nosso parceiro fundindo as nossas Órbitas microcósmicas nas áreas onde flui a energia mais intensa — nos órgãos genitais e na boca. Através da nossa concentração e do contato de línguas, enviamos o nosso chi para dentro do nosso parceiro e pelo seu Canal anterior abaixo. O chi então se desloca de volta para nós através dos nossos órgãos sexuais, pelo Canal posterior acima até a nossa língua. Quando receber a energia do seu parceiro, deixe-a aquecer e abrir o seu coração, antes de se deslocar até os seus órgãos genitais. Isso cria uma refinada e potente combinação de energia sexual e compaixão que pode ser benéfica para ambos. Essa troca íntima de chi pode ser uma experiência profunda. Heather relembra quando fez a prática do Encontro de almas com o seu parceiro. "Houve algumas vezes em que senti proximidade das almas e que, em cada um de nós, estava esse vasto universo."

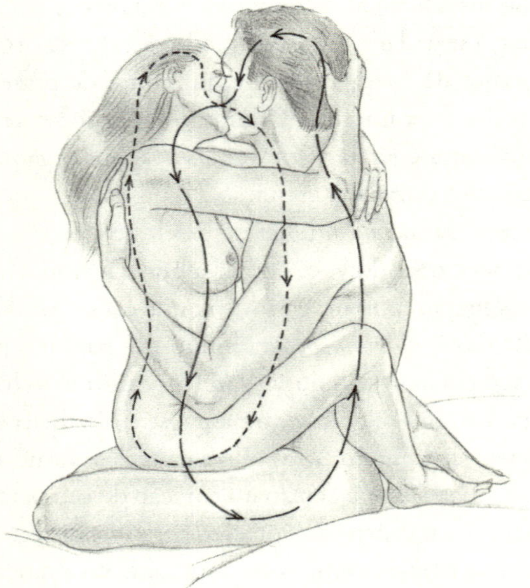

Encontro de almas

O Encontro de almas conduz além do mero prazer até o reino do espírito. Oriana é uma mulher de 40 anos que havia feito uma ampla exploração da sexualidade e do orgasmo prolongado com o seu parceiro, antes de conhecer a prática taoísta. Ela me confidenciou que, apesar da ampla experiência, "quando começamos a fazer o Encontro de almas, isso aumentou exponencialmente o nosso nível de intimidade". Além de trocar o chi através da língua, ela e o seu parceiro têm experimentado uma troca de energia espontânea igualmente através do terceiro olho e do centro do coração. Quando a energia é forte, é possível trocar o chi através de qualquer parte do corpo, como fazem os praticantes do Chi kung. A energia orgástica espiritual é particularmente benéfica para os órgãos e os sentidos. Quando sentir que a energia a percorre por dentro, você pode direcioná-la com as mãos para o corpo do seu parciero. O Encontro de almas lhes dá uma oportunidade de se curarem mutuamente.

EXERCÍCIO 19

ENCONTRO DE ALMAS

1. Faça uma pausa na relação sexual depois que vocês estiverem bastante excitados. Em geral, é mais fácil fazer este exercício na posição sentada, mas ele pode também ser feito na posição deitada. Vocês devem ficar de frente um para o outro e os corpos devem estar relativamente alinhados (cabeça com cabeça, órgãos genitais com órgãos genitais etc.). Se o seu parceiro for um homem, o ideal é que o pênis fique dentro da sua vagina ou encostado à vagina, para que a energia possa ser trocada. Se a sua parceira for uma mulher, encontre uma posição em que os órgãos genitais (o clitóris ou a área do osso púbico) se toquem.
2. Bombeie a energia sexual da área genital para o sacro, contraindo o músculo PC e usando a bomba do sacro. Deixe a energia subir do sacro até a cabeça.
3. Mova a energia em espiral na cabeça.
4. Faça contato entre as línguas e deixe a energia descer da sua cabeça e passar pela sua língua até o seu parceiro. Ajuda imaginar que, com a expiração, você está enviando a energia ao seu parceiro e, com a inspiração, está puxando a energia do parceiro até o seu corpo e pelo Canal anterior abaixo.
5. Deixe a energia do seu parceiro descer em cascata até o seu centro do coração. Sinta o seu coração aquecer-se e abrir-se.
6. Sorria e leve a energia até o abdome e depois até os órgãos genitais.
7. Faça a energia circular dos seus órgãos genitais até os órgãos genitais do seu parceiro e em torno do círculo energético em um número oito.
8. Depois de fazer a energia circular três ou mais vezes, imagine que essa energia sexual-espiritual, orgástica e refinada, está emanando do alto da sua cabeça e formando o seu corpo espiritual cerca de meio metro acima da sua cabeça. Visualize o seu corpo espiritual se unindo, acima da sua cabeça, com o corpo espiritual do seu parceiro.

Depois de fazer a energia circular três ou mais vezes, imagine que essa energia sexual-espiritual, orgástica e refinada, está se juntando acima da sua cabeça com a energia do seu parceiro. Você pode visualizar essa energia emanando do alto da sua cabeça, como se as imagens energéticas de cada um de vocês estivessem em união sexual logo acima de vocês. Isso permite que as suas almas se unam. Quando as mulheres praticam o Encontro de almas com os parceiros durante anos, eles desenvolvem uma ligação espiritual tão forte que, mesmo quando separados pela distância, podem meditar simultaneamente e deixar as suas almas se unirem acima deles. Collette confirma: "Com a prática do Amor curativo, a minha energia sai do meu corpo para encontrar o meu parceiro em outro nível quando ele está viajando."

Aprender a canalizar o chi através da Órbita microcósmica e do Movimento ascendente orgástico lhe permite ter acesso à sua energia vital e influenciá-la de maneira profunda. Você pode também usar essas técnicas para multiplicar e expandir o seu prazer orgástico. No capítulo seguinte, vou ensiná-la a multiplicar os seus orgasmos e expandir o seu prazer para que ele alimente seu corpo, coração e alma.

CAPÍTULO 7

ORGASMOS MÚLTIPLOS E ALÉM

Já comentamos que o orgasmo é bastante variável para cada mulher e isso também é válido para os orgasmos múltiplos. Neste capítulo, você vai explorar toda a extensão da sua possibilidade orgástica. Quando se aprende a direcionar a energia sexual, o prazer e o orgasmo podem expandir-se da maneira que você quiser. O padrão de prazer pode ser tão incomparável na sua expansão que é, na verdade, ainda mais do que orgasmos múltiplos, é além do orgasmo. Vamos começar aprendendo a ter orgasmos múltiplos sempre que você quiser.

PASSAR A TER ORGASMOS MÚLTIPLOS

Qualquer mulher pode passar a ter orgasmos múltiplos. Conheci muitas mulheres que conseguiam ter apenas um orgasmo durante a relação sexual, mas, com persistência paciente, foram capazes de reeducar o corpo e a mente para ter orgasmo muitas vezes. Quando uma mulher tem orgasmo apenas uma vez durante a relação sexual ou a sessão de auto-aperfeiçoamento, ela provavelmente está tendo aquilo a que me referi no capítulo 4 como um orgasmo terminal. A energia sexual vai se acumulando antes do orgasmo e depois cai vertiginosamente. Marisa, uma consultora de 42 anos, descreveu assim a sua experiência: "Acho que em geral, praticamente todas as vezes, eu me sinto realmente aliviada depois de um orgasmo total e não tenho vontade de tentar continuar avançando. Fico pregada mesmo." Obviamente, não há nada de errado em "ficar pregada", se é isso o que você quer, mas é possível conservar a energia sexual depois do orgasmo e ter quantos orgasmos adicionais você quiser. A intenção aqui não é criar expectativas, mas lhe oferecer novas possibilidades. Há noites de grande cansaço em que um orgasmo é tudo o que se quer, e haverá noites mais folgadas quando orgasmos múltiplos são aquilo por que você realmente suspira. Para garantir que você possa satisfazer esse anseio, vamos comentar várias técnicas importantes para ajudá-la a experimentar orgasmos múltiplos.

COM O MOVIMENTO ASCENDENTE ORGÁSTICO

O instrumento mais importante que encontrei para ajudar as mulheres a passarem do orgasmo único para os orgasmos múltiplos é o Movimento ascendente orgástico, que você aprendeu no capítulo anterior. O Movimento ascendente orgástico lhe permite aproveitar toda a energia orgástica de volta no corpo, de modo que a energia sexual permanece alta depois do orgasmo. Se a sua energia é alta, é muito mais fácil chegar ao clímax seguinte do prazer e desfrutar de quantos orgasmos você quiser.

Quando a excitação aumentar, faça uma pausa para canalizar a energia sexual no Movimento ascendente orgástico. Em seguida, enquanto atinge o orgasmo, lembre-se de contrair o músculo PC (ele estará naturalmente se contraindo com o orgasmo) e visualizar toda essa deliciosa energia orgástica pulsando da área genital para o sacro. Depois do orgasmo (ou ao mesmo tempo, se lhe parecer natural), envie a energia pela coluna vertebral acima e através da Órbita microcósmica. Faça a energia circular de volta até os órgãos genitais e alimentar a chama orgástica. Dentro de 30 segundos após o orgasmo, reinicie a estimulação genital ou dos mamilos e deixe que a energia sexual a leve até outro orgasmo.

Se precisar fazer uma pausa no auto-aperfeiçoamento ou na relação sexual para canalizar a energia sexual no Movimento ascendente orgástico, você talvez experimente uma queda momentânea na tensão sexual. Não se preocupe, pois você está armazenando a energia sexual em um nível mais profundo, o que então lhe permitirá acioná-la a fim de experimentar orgasmos múltiplos.

Lembre-se de que, assim que conseguir direcionar a energia sexual, você pode ter uma diversidade de experiências sexuais. Às vezes, a sensação será de muitos orgasmos separados; às vezes, você pode alcançar um planalto orgástico no qual o prazer ondula continuamente, sem fases separadas. Isso também é conhecido como "orgasmo de vale". Quando você for capaz de aproveitar e direcionar a energia sexual, é possível ter orgasmos não só nos órgãos genitais, como em todo o corpo. Julie, que vem praticando o Amor curativo há oito anos, descreveu a sensação do seu corpo ao fazer o Movimento ascendente orgástico: "Depois da relação sexual taoísta, todo o meu corpo dá a impressão de estar pulsando com energia suave. Fico profundamente relaxada, mas também sinto uma percepção ampliada e uma ligação mais intensa com o meu parceiro e com o universo." O chi aumentado em todo o corpo pode ser experimentado de diversas maneiras: formigamento, pulsação, ou apenas puro prazer. Usar a força do músculo PC permite que você acumule e aproveite essa energia sexual para maior prazer.

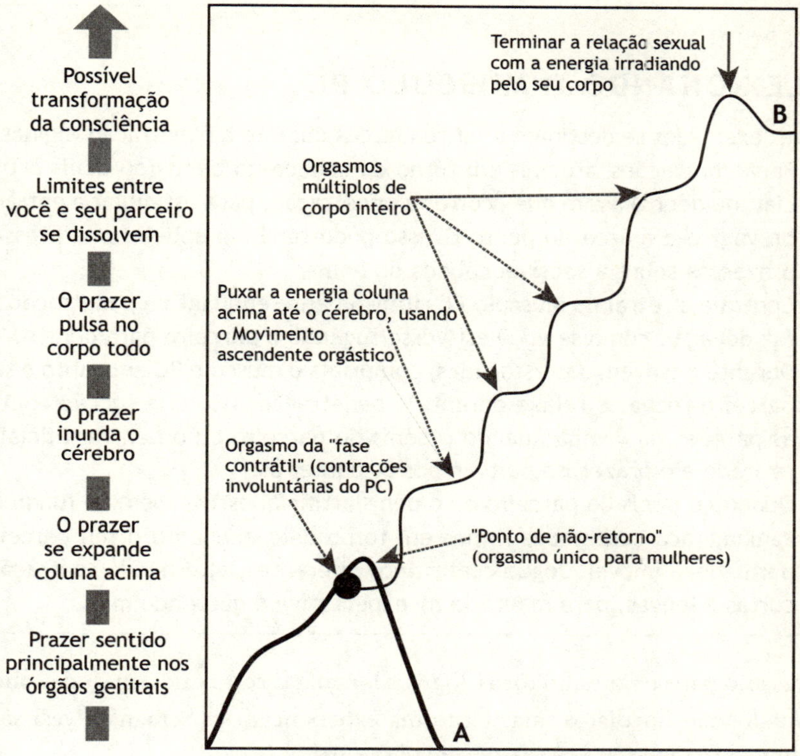

A. Orgasmo único para mulheres
B. Orgasmos múltiplos de corpo inteiro, com o Movimento ascendente orgástico

COM O MÚSCULO PC

No capítulo 5, você aprendeu a identificar e fortalecer o músculo PC. Agora é hora de fazer esse músculo corresponder à reputação de músculo do sexo. Enquanto o seu desejo cresce, tente contrair o músculo PC no ritmo da sua estimulação sexual. Isso levará fluxo sanguíneo à área e ativará a energia sexual. Lembre-se de que o músculo PC é o músculo que se contrai durante o orgasmo e a sua contração tanto pode gerar o orgasmo quanto tornar o orgasmo mais forte e mais longo. Numa das minhas aulas, ensinei as técnicas do PC a Carmen, uma administradora educacional de 48 anos. Uma semana depois, ela contou alegremente: "O músculo PC, que exercitei bastante, pareceu aumentar a minha energia sexual sob todos os aspectos, até com orgasmos mais fortes e em maior número. E contrair o músculo PC conscientemente durante

EXERCÍCIO 20

FLEXIONANDO O MÚSCULO PC

Estes exercícios se destinam a ser realizados durante a penetração vaginal.

1. Faça contrações rítmicas em torno da cabeça do pênis (ou pênis artificial, ou dedos) assim que ocorrer a penetração, para estimular a entrada da vagina e a área do ponto G. Isso pode também aplicar uma pressão prazerosa sobre a sensível cabeça do pênis.
2. Contraia e retraia o músculo PC ritmicamente enquanto a penetração se faz devagar, como se você estivesse sugando o parceiro para dentro.
3. Durante o vaivém das estocadas, comprima o músculo PC enquanto o seu parceiro recua, e relaxe durante a penetração. Isso cria sucção contra as paredes da vagina quando o pênis do parceiro ou o pênis artificial é retirado e é prazeroso para ambos os parceiros.
4. Quando o pênis do parceiro ou o pênis artificial estiver bem no fundo da vagina, faça contrações firmes em torno dele enquanto o seu parceiro permanece imóvel. Jogue com ritmos diferentes, alternando contrações curtas e longas, para mantê-lo na expectativa e querendo mais.

o orgasmo pareceu mesmo torná-lo mais longo." É certo que nem todas obtêm resultados tão imediatos, mas faça uma experiência esta semana e veja se ele melhora a sua força e a sua sensibilidade sexual.

No exercício Flexionando o músculo PC, há alguns truques para intensificar o seu prazer e, se você tem um parceiro, também intensificar tremendamente o prazer dele. Se o seu músculo PC estiver forte, você pode ser capaz de fazer o seu parceiro ter orgasmo com a simples contração rítmica em torno do pênis. Portanto, tenham cuidado, meninas, vocês têm uma arma escondida dentro da calcinha (como se vocês já não soubessem disso).

PROVOCAÇÃO

Uma das melhores maneiras de reeducar o corpo e a mente é a técnica básica, mas excelente, da provocação. Na acepção mais simples, provocação significa despertar a excitação, recuar e em seguida despertá-la de novo até um ponto mais alto. A idéia é simples, mas provocar a si mesma, ou a seu parceiro, de um modo que seja natural e sensual, e não abrupto e irritante, exige certa prática. Por exemplo, se você (ou o seu parceiro) estiver tocando o seu clitóris e avançando para o orgasmo, é provável que esteja usando um padrão rítmico de carícias para fazê-la chegar lá. Provocar significa que você intencionalmente não faria um dos

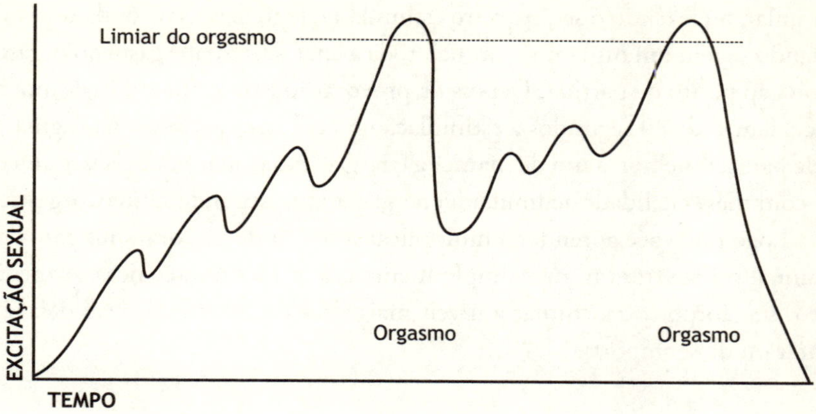

toques que é esperado no ritmo e deixaria a excitação baixar um pouco. Em seguida, retoma o padrão e permite que o prazer avance até um ponto ainda mais alto, mas ainda não ao orgasmo, e interrompe o padrão de novo. A provocação tem a ver com "Eu sei o que você quer e vou lhe dar isso, só que... não vai ser já". Ela aproveita a energia da expectativa e amplia o desejo. O corpo e as suas terminações nervosas se acostumam ao toque padronizado regular e ficam cada vez mais dessensibilizados. A provocação permite manter os nervos em constante expectativa, constantemente querendo e, portanto, constantemente sensíveis.

Para que o seu parceiro toque com sutileza o instrumento do seu corpo, você precisa comunicar-lhe exatamente do que gosta. Se você curte o que o seu parceiro está fazendo, diga isso — com palavras ou sons. Conforme o parceiro avaliar o seu desejo e a velocidade da sua excitação, saberá quando lhe dar o que você quer e quando interromper, apenas por um segundo, e deixá-la morrendo de vontade. A linha entre interromper apenas o suficiente para fazê-la ir adiante quando o parceiro retoma as carícias e fazer uma pausa tão longa que você perde o ímpeto é sutil. É preciso prática, ligação e comunicação para ser capaz de lidar com os desejos do outro como um especialista. Mas as recompensas da provocação bem valem os esforços.

A provocação "informa" ao corpo que, depois de cada clímax de sensação, outro clímax está a caminho. Isso é muito útil quando se quer que o corpo tenha orgasmo e, em seguida, busque mais sensação, em vez de perder todo o desejo. Como o corpo espera a chegada de outro clímax depois de cada calmaria de provocação, é maior a probabilidade de que ele espere outra onda de sensação, mesmo depois do orgasmo. Cumpra essa promessa começando a se estimular, ou fazendo o seu parceiro estimulá-la, logo depois da onda orgástica. Quando se tem um orgasmo terminal, toda a energia sexual é gasta no orgasmo e volta ao ponto de partida. Depois da provocação e do primeiro orgasmo, comece dentro de 30 segundos a estimulação no clitóris, nos seios, na vagina, ou onde parecer melhor, a fim de manter a energia sexual alta. Você conseguirá então com mais facilidade acumular a energia até um segundo clímax orgástico.

Logo que você aprender a multiplicar o prazer de um orgasmo para dois, o aumento para três ou mais simplesmente usa as mesmas técnicas. À medida que o seu corpo se acostumar a níveis mais altos de prazer, você vai deixar de contar ou de se importar!

SEM AFOBAÇÃO

Num dos meus seminários, comentamos a pressão que algumas de nós sentem para "apressar-se e ter um orgasmo" de modo que não abusemos da boa vontade do nosso parceiro. Está muito certo ter boa vontade para com o parceiro, mas se você quer aprender a ter orgasmos múltiplos, é essencial ser capaz de *pedir o tempo de que precisa.* Como isso é difícil para muitas mulheres, costumo sugerir que você combine um encontro sexual com o seu parceiro que seja especificamente concentrado em desenvolver o seu prazer de orgasmos múltiplos. Se você ficar preocupada com o seu parceiro, será difícil concentrar-se nas suas sensações e fazer a prática taoísta. É também complicado, no início, inserir a prática taoísta (e todas as etapas para passar a ter orgasmos múltiplos) na relação sexual em parceria. "Espere um pouco, amorzinho, enquanto eu consulto a etapa número três!"

Se você não quiser ter uma sessão sexual inteiramente concentrada na sua estimulação, tente combinar para manter a relação sexual com o seu parceiro durante um determinado tempo, independentemente de ele ou ela já ter chegado ao orgasmo. Minha aluna Lily, de 44 anos, descreveu a sua luta para dispor do tempo de que precisa: "Para mim, trata-se de encontrar aquele espaço onde não estamos correndo e dizer: 'Podemos fazer isso durante meia hora? Podemos relaxar e, se eu tiver um orgasmo, podemos continuar a transar e talvez eu possa ter outro orgasmo?' Porque se o meu parceiro estiver dizendo 'E quantos agora?', então eu penso 'Alcancei a minha cota? Tive quatro, então basta?' Eu gostaria de mudar a maneira como encaramos isso para que eu possa explorar plenamente o meu prazer." Todas nós precisamos encontrar esse espaço para nós mesmas, onde possamos brincar com o nosso prazer e avançar contra os nossos limites conhecidos para podermos achar a fonte borbulhante de energia sexual e êxtase que existe em cada uma de nós. O exercício 21 resume essas etapas, para consulta rápida.

ALÉM DO ORGASMO

Ao longo de várias décadas passadas, muitos especialistas em sexo ensinaram mulheres e homens a alcançar estados de prazer prolongado que superam a alegria momentânea do orgasmo único. Diversos autores e pesquisadores têm descrito esse estado como orgasmo múltiplo contínuo, orgasmo mesclado, ou orgasmo sexual prolongado ou ampliado.[1] O cerne da prática sexual taoísta é canalizar a energia sexual a fim de alcançar um estado ampliado de prazer do corpo inteiro e consciência espiritual elevada. As possibilidades de "ampliar" a sua experiência do orgasmo são tão infinitas quanto a sua imaginação. Comentarei aqui algumas dessas práticas.

PROLONGAMENTO DO ORGASMO

É possível prolongar o tempo habitual do orgasmo de cerca de oito segundos para mais de 60 segundos. Isso talvez não pareça um tempo longo, mas, quando se está nos espasmos intensos do orgasmo, um minuto dá a impressão de durar uma eternidade. Várias técnicas são úteis para prolongar o tempo do orgasmo. Contrair o músculo PC durante o orgasmo e mover a energia orgástica na Órbita microcósmica ajudará a manter a excitação alta. Você pode então prolongar o tempo do orgasmo continuando a contrair o músculo PC, mesmo quando normalmente teria terminado o orgasmo. Você está conscientemente fazendo continuar e encorajando as pulsações e, à medida que treinar o corpo, verá que consegue manter as ondas de prazer vindo.

O outro ingrediente essencial é o uso da respiração. Ao começar a ter o orgasmo, expire lentamente e, se ainda for capaz, faça ruídos. Os taoístas acreditam que a garganta e a vagina estão ligadas, talvez por isso seja mais fácil prolongar o orgasmo se você estiver exprimindo o seu prazer com a voz. Enquanto conseguir prolongar a expiração e continuar fazendo ruídos e contraindo o músculo PC, você pode prolongar o orgasmo.[2] É um grande incentivo para praticar o controle meditativo da respiração! Posteriormente, quando o seu controle da energia sexual se aperfeiçoar, você será capaz de prolongar o orgasmo por meio de uma

---

1 Para mais informações sobre o orgasmo múltiplo contínuo, ver o livro de William Hartman e Marilyn Fithian, *Any Man Can: the Multiple Orgasmic Technique for Every Loving Man* (Nova York: St. Martin's Press, 1984). Ver também *ESO*, o livro realmente inovador de Alan e Donna Brauer, e, mais recentemente, *Extended Massive Orgasm*, de Steve e Vera Bodansky. Numa linha de pensamento semelhante, ver *Expanded Orgasm*, de Patricia Taylor.

2 Essa idéia é discutida em *Tantra: the Art of Conscious Loving*, de Charles e Caroline Muir.

EXERCÍCIO 21

COMO PASSAR A TER ORGASMOS MÚLTIPLOS

1. Estabeleça a intenção de não se privar do seu prazer.
2. Desperte a sua energia sexual. Prepare-se e ao seu ambiente com as características eróticas que favoreçam o seu desejo, a relaxem e a excitem – velas, óleos, almofadas, massagem. Explore a fantasia sexual ou a literatura erótica, se gostar disso. Coloque música sensual, dance, acaricie o corpo com óleo, ou recorra a quaisquer outros prazeres que aticem o seu desejo sexual. Lembre-se de que quanto mais quente estiver a sua chaleira de desejo, mais fácil será ferver em orgasmos múltiplos.

   Usando o Sorriso interior, sorria para o coração e sinta-o abrandar-se e abrir-se. Sorria para o útero e os ovários, para o clitóris, os lábios e a vagina, sentindo-os se aquecerem com o chi. Massageie os seios e os mamilos e envie a sua energia despertada para os órgãos sexuais, através do Canal anterior.
3. Acaricie a sua anatomia do prazer. Lembre-se de tocar o corpo todo, pescoço e braços, seios e pernas. Quando estiver excitada e pronta, comece a estimular o clitóris com as mãos, um vibrador, ou a língua do seu parceiro. Use os toques que funcionaram para você na Exploração do corpo, no capítulo 5. Se o prazer diminuir, mude a área que está estimulando ou o tipo de toque (regular ou vibrante, suave ou forte).
4. Use a técnica da provocação para prolongar e intensificar o prazer. Aumente o prazer e então interrompa o toque apenas por um momento, depois continue.
5. Contraia o músculo PC a fim de enviar a energia sexual para a coluna vertebral enquanto a sua excitação cresce. Interrompa, faça a energia circular rapidamente, em seguida continue.
6. Entregue-se ao orgasmo com a estimulação do clitóris. Bombeie o músculo PC a fim de enviar a energia orgástica para a coluna vertebral enquanto tem o orgasmo e logo em seguida a ele.
7. Faça a energia circular através da Órbita microcósmica e de volta aos órgãos genitais, sentindo-os encherem-se com a energia orgástica aquecida.
8. Reinicie a estimulação lenta e suave do clitóris dentro de 30 segundos do primeiro orgasmo. Ache um toque que a agrada e insista nele, usando de novo a técnica da provocação.
9. Estimule o clitóris e a vagina simultaneamente. Passe para a penetração e estimule pontos sensíveis na vagina. Comprima o músculo PC ritmicamente para acumular energia na área vaginal. Deixe o prazer crescer e entregue-se novamente à alegria do orgasmo.
10. Depois do prazer orgástico, mantenha as duas mãos sobre o umbigo, sorria para a barriga, mova a energia em espiral e recolha a energia no abdome.

expiração longa, uma inspiração rápida, depois mais uma respiração ou duas. A garganta está aberta ao som e os órgãos genitais estão abertos ao prazer, o que permite que a onda de orgasmo continue fluindo através do corpo. Portanto, faça um isolamento acústico no quarto se for preciso, use o poder do seu músculo do sexo e conduza as pulsações ao orgasmo prolongado.

AMPLIAÇÃO DO ORGASMO

Outros especialistas em sexo consideram o orgasmo sexual ampliado ou prolongado um estado de energia sexual elevada, ligação e mesmo um estado espiritual de expansão. Nesse estado, a pessoa experimenta um prazer extraordinário, relaxamento total e consciência aumentada. As pessoas às vezes atingem um estado de orgasmo ampliado e se perguntam: "Como cheguei aqui?" Vou comentar vários métodos para atingir um estado de orgasmo ampliado de modo que você possa percorrer o caminho até lá sempre que quiser.

ORGASMO PÉLVICO PROFUNDO

Alan e Donna Brauer descreveram pela primeira vez um método para atingir um estado de orgasmo sexual ampliado que envolve uma reação orgástica alternativa. No início da excitação, a vagina externa (perto da entrada) se dilata e se estreita, a vagina profunda se alonga e se distende, e o útero se eleva. Tipicamente, o começo do orgasmo é marcado por um pequeno surto de prazerosas "contrações apertadas" do músculo PC. Em estados de excitação alta, as mulheres são também capazes de ter orgasmos que são marcados por "contrações de expulsão" dos músculos pélvicos profundos do útero e da parte posterior da vagina. Esses orgasmos são o que algumas mulheres consideram "orgasmos vaginais" e provavelmente se originam no nervo pélvico que inerva a vagina e o útero. Em vez das contrações rítmicas do músculo PC, na verdade o músculo PC está *relaxado* durante as contrações de expulsão e a vagina *profunda* se estreita. (Reações fisiológicas semelhantes ocorrem com a estimulação do ponto G.) Embora algumas mulheres tenham esses orgasmos espontaneamente, a maioria delas precisa aprender a ter acesso ao seu potencial para o orgasmo pélvico profundo.

Nos orgasmos típicos, o ritmo cardíaco aumenta e a tensão muscular é alta, mas o orgasmo ampliado é um estado de relaxamento total, com o ritmo cardíaco quase normal e entrega completa. A sensação do prazer é profunda, plena e mais difusa. É experimentado mais pela *liberação* e menos pelo *controle*.

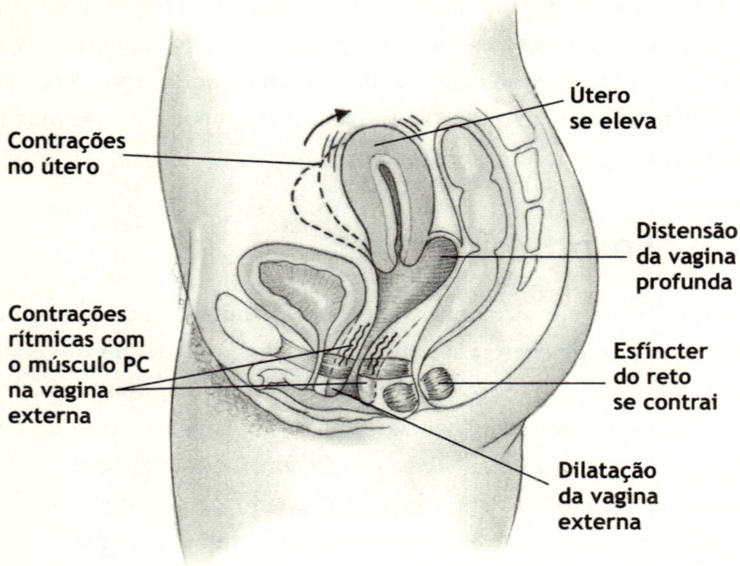

Alterações físicas com o orgasmo clitoriano

Em geral, a estimulação do clitóris resulta no que chamamos um "orgasmo típico" com as contrações apertadas do músculo PC. Para experimentar o orgasmo ampliado com as contrações de expulsão, a maioria das mulheres precisa de estimulação vaginal, seja do ponto G, da zona EAF ou de quaisquer outros pontos vaginais sensíveis (consulte o capítulo 5 para exploração dessas áreas). Comece com a estimulação do clitóris e passe para a estimulação simultânea de pontos no clitóris e na vagina. A maneira mais fácil de fazer isso é com um pênis artificial, ou com a língua e/ou os dedos do seu parceiro. A chave para ter um orgasmo ampliado é estar bem relaxada e deixar de lado quaisquer resistências mentais que você possa ter para experimentar plenamente o seu prazer. Muitas de nós têm receio de "expulsar" com a musculatura pélvica em razão de treino precoce de que esses músculos devem ser mantidos retesados para evitar "acidentes" com urina ou fezes. Para experimentar o orgasmo ampliado, porém, precisamos *relaxar* o músculo PC e tentar expulsar e *buscar* o nosso prazer. Esvaziar os intestinos e a bexiga antes da relação sexual pode ajudar quanto aos receios de sofrer "acidentes". Se isso for difícil para você, pratique o exercício do Relaxamento do músculo PC, na p. 112, para ajudá-la a relaxar e expulsar.

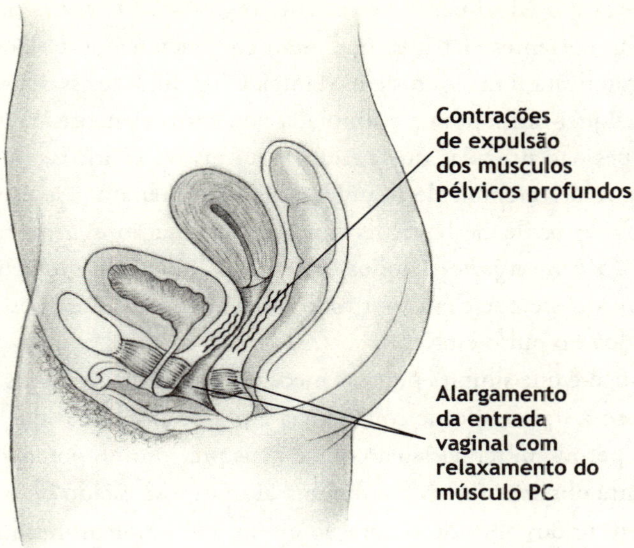

Alterações físicas com o orgasmo pélvico profundo

ORGASMO AMPLIADO TAOÍSTA

É possível atingir um estado semelhante de orgasmo ampliado usando técnicas sexuais taoístas, quer você esteja sozinha ou com um parceiro. Usar o Movimento ascendente orgástico e espalhar a energia orgástica pela Órbita microcósmica e pelo corpo todo leva a um estado semelhante de relaxamento profundo, entrega e bem-estar. Você pode combinar a prática taoísta com quaisquer das técnicas que já comentei, para intensificar e aprofundar o prazer. Os exercícios do Ovo de jade, no capítulo 8, são extremamente úteis para despertar pontos de prazer na vagina e preparar o caminho para o orgasmo pélvico profundo. Eles vão ajudá-la a desenvolver o controle consciente sobre a energia sexual na vagina e lhe permitir espalhar a energia sexual do orgasmo pélvico profundo pelo corpo todo.

Os Brauer registraram padrões cerebrais elétricos de pessoas em um estado de orgasmo sexual prolongado, que mostram a mesma atividade que está presente em estados de meditação profunda. O uso da Órbita microcósmica para fazer circular e expandir a energia sexual de uma pessoa tem obtido resultados muito semelhantes. Em 1996, no Instituto para Pesquisa de Realimentação em Biocibernética Aplicada, a atividade cerebral de Mantak Chia foi avaliada durante estados de meditação taoísta, inclusive o Sorriso interior, a Órbita microcósmica e o Movimento ascendente orgástico. Os níveis de potenciais cerebrais, ou correntes elétricas, que estão correlacionados a clareza, saúde e concentração ficaram mais altos em Mantak Chia durante essas meditações do que em qualquer outra pessoa examinada no centro vienense. E, ao contrário de outras pessoas avaliadas que usaram mantras ou cânticos, os níveis altos desses potenciais cerebrais de Mantak Chia continuaram a se elevar durante 20 minutos *depois* de ele haver terminado a meditação *e permaneceram altos durante as 15 horas seguintes!* Todos os sensores indicaram que, embora a sua energia continuasse a se elevar por todo o seu corpo, os músculos se mantiveram relaxados e o pulso estável.[3]

Isso sugere que simples práticas meditativas e sexuais taoístas são capazes de dar acesso a um estado de consciência e prazer ampliados que verdadeiramente nos permitem ter acesso ao que é mais precioso no potencial humano. É importante observar que Mantak Chia alcança esse estado de prazer e relaxamento profundos abrindo o coração e sentindo amor profundo através do Sorriso interior; depois ele continua a se manter aberto, calmo e sereno no centro do coração, ao mesmo tempo que faz a energia orgástica circular. Se você quiser sentir um elevado estado energético de orgasmo ampliado, comece com o Sorriso interior e lembre-se, durante a relação sexual, de continuar a mover a energia sexual e orgástica no centro do coração, mantendo-o aquecido e aberto, e concentrando a atenção no amor para consigo mesma e/ou para com o seu parceiro. Na sabedoria taoísta, o coração não é apenas o centro do amor, mas também o centro da alegria e do espírito.

É o poder combinado do desejo e espírito, paixão e compaixão, que nos abre para o nosso maior potencial. Muitas pesssoas descrevem sentirem-se mais próximas de Deus, da Deusa, do seu poder mais alto, do universo, ou do Tao (seja como for que você chame o poder universal que é maior do que você), enquanto transam com uma pessoa amada. Quando abrimos o coração e nos entregamos a nossas paixões, somos capazes não só de ter orgasmo dentro do nosso corpo, mas de nos fundirmos com as pulsações da alegria e vida por todo o universo.

---

3 Esse estudo foi realizado em 25 de outubro de 1996, no Institute fur Angewandte Biokypernetik und Feedbackforschung (Instituto para Pesquisa de Realimentação em Biocibernética Aplicada), em Viena, na Áustria. Foram medidos potenciais cerebrais ultralente (ULP) nos cérebros esquerdo e direito, usando um escâner, e foram monitoradas outras funções vitais do corpo (dados não-publicados).

EJACULAÇÃO FEMININA

A ejaculação feminina foi documentada no Ocidente por pesquisadores sexuais já na década de 1950, mas só recentemente tem sido aceita como um fenômeno concreto na imprensa leiga. Embora possa parecer novidade na nossa cultura, a capacidade de ejacular acompanha as mulheres há milênios. Há vários milhares de anos, Su Nu, conselheira sexual do Imperador Amarelo, comentava a importância das "três águas" das mulheres e descrevia as "emissões copiosas" do coração íntimo (sinônimo da área da vagina) de uma mulher, durante a excitação sexual. Práticas sexuais tântricas da Índia antiga descreviam o sêmen feminino, *amrita*, como uma ambrosia revigorante a ser buscada e saboreada.

O QUE É A EJACULAÇÃO FEMININA?

A ejaculação feminina está hoje documentada em muitas experiências clínicas, em incontáveis vídeos e nos relatos pessoais de milhares de mulheres. Quando Alice Ladas, Beverly Whipple e John Perry publicaram em 1982 o primeiro livro popular sobre o ponto G e a ejaculação feminina, toda uma multidão de mulheres nervosas, preocupadas por "molhar a cama", soltou um suspiro de alívio. Todas as mulheres ejaculam? Não, mas o surpreendente é que o número de mulheres que ejaculam é maior do que se possa imaginar. Em 1990, um questionário anônimo entre 1.183 mulheres profissionais liberais nos Estados Unidos e no Canadá revelou que 40% delas informaram soltar um fluido no momento do orgasmo.

A ejaculação feminina pode variar de apenas algumas gotas ao suficiente para encharcar os lençóis. Algumas mulheres ejaculam em um jorro impressionante enquanto outras (provavelmente a maioria) gotejam um fluido que é mais freqüentemente identificado como "a mancha úmida". Você talvez *já* ejacule e sequer saiba disso. Heather descreve a primeira vez em que notou a ejaculação: "Eu estava me masturbando e, de repente, um monte de fluido saiu na minha mão e eu pensei 'É isso que um homem faz'. Desde então, durante a relação sexual, às vezes aconteceu de eu ter uma descarga de fluido e o meu parceiro nota isso."

Antes de décadas recentes, muitas ejaculadoras se preocupavam muito com o fato de que pudessem estar urinando com o ato sexual. Infelizmente, algumas delas até sofreram correção cirúrgica do que foi equivocadamente interpretado pelos seus médicos como incontinência urinária. O conteúdo do fluido foi analisado por Ladas, Perry e Whipple, assim como por várias outras equipes de pesquisa, e todos concluíram que o conteúdo do sêmen feminino é bem diferente do da urina. Na realidade, o sêmen feminino até contém substâncias químicas idênticas àquelas produzidas pela próstata masculina e presentes no sêmen masculino, que são conhecidas como antígeno específico prostático (AEP) e fosfatase ácida prostática (FAP). O sêmen feminino tem um teor muito mais alto de açúcar do que a urina. Tem também uma concentração muito mais *baixa* dos produtos residuais que fazem a urina cheirar, digamos, como urina — uréia e creatinina. Se você está se perguntando se está, de fato, ejaculando, cheire as secreções. A urina tem um odor característico que é diferente do sêmen feminino. Suponho que, quando a ciência dispensar mais atenção à ejaculação feminina, veremos que ela não é de forma alguma incomum, mas simplesmente varia em intensidade.[4]

A maioria dos educadores sexuais acredita que a ejaculação feminina provém do ponto G quando este é estimulado. De fato, o ponto G é um conjunto de tecido glandular que cerca a uretra e pode ser sentido através das paredes da vagina. Ele é análogo à próstata nos homens (o que significa que se origina do mesmo tecido embrionário). Supõe-se que a estimulação do ponto G provoque uma liberação de fluido dessa "próstata feminina" para a uretra e para fora do corpo, freqüentemente com as contrações do orgasmo. Os taoístas, porém, acreditam que essa é apenas uma das origens da ejaculação nas mulheres.

A maioria das pessoas familiarizadas com o sistema taoísta (e com a teoria de que a ejaculação masculina pode ser debilitante para a energia do homem) pergunta: "A ejaculação feminina não é igualmente debilitante?" O sêmen feminino é diferente do sêmen masculino porque não contém as células sexuais (esperma) e, assim, menos energia sexual é perdida. Contanto que uma mulher esteja bem (e não indisposta ou exausta), a ejaculação é geralmente sentida como *fornecedora* de energia, em vez de ser debilitante. Isso é porque as mulheres são naturalmente yin, aquáticas e ligadas à terra. Quando uma mulher ejacula, a energia da terra volta para ela e a revitaliza. Contudo, se a sua energia estiver baixa e você se sentir debilitada pelo "orgasmo terminal" ou pela eja-

---

4 É curioso que, no estudo realizado por F. Cabello Santamaria e R. Nesters, foi examinada a urina (e o sêmen, se houvesse) de mulheres, antes e depois do orgasmo. Verificou-se que não só o sêmen feminino tinha níveis altos de AEP, como as amostras de urina pós-orgasmo nas mulheres que não ejaculavam também continham AEP (embora em níveis mais baixos). Isso sugere que mesmo as mulheres que não ejaculam de forma visível podem estar "ejaculando" dentro da uretra, mas sem expelir, ou ejaculando de forma "inversa" pela uretra acima e para dentro da bexiga.

culação feminina, fazer o Movimento ascendente orgástico e fazer a energia circular irá ajudá-la a reter maior quantidade da energia sexual.

Como muitos educadores sexuais, estou preocupada com a possibilidade de que a ejaculação feminina se torne o próximo padrão sexual para as mulheres e que aquelas que não ejaculam passem a se sentir inadequadas. Não existe, por certo, nenhuma razão por que toda mulher *precise* ejacular. As mulheres que realmente ejaculam identificam uma sensação de alívio e, às vezes, uma intensificação do orgasmo com a ejaculação. Mas a ejaculação não é indispensável para a satisfação ou realização sexual. Com freqüência me perguntam: "Toda mulher pode ejacular?" Não podemos ter certeza, mas creio ser provável que praticamente toda mulher tenha a capacidade de ejacular, quer ela o faça ou não. Considere a ejaculação um aspecto divertido da sua fisiologia que você deve explorar se assim quiser. Se você quiser aprender a ejacular, ou a intensificar a sua ejaculação, a seguir dou sugestões a serem experimentadas.

AS TRÊS ÁGUAS

Como mencionei, os taoístas antigos se referiam às três águas das mulheres, que deviam originar-se dos três portões. Com todas as pesquisas a respeito da ejaculação feminina, atualmente é possível ligar os três portões a que se referiam os taoístas às estruturas anatômicas ocidentais do clitóris, do ponto G e da cerviz.

O PRIMEIRO PORTÃO

O primeiro portão de uma mulher é o clitóris, que estimula a liberação da primeira água, ou o primeiro sêmen feminino. A primeira água é rala e clara. Varia em gosto ao longo do ciclo da mulher, mas pode ser muito doce ou um tanto ácida. Sabemos que algumas mulheres ejaculam, até abundantemente, apenas com a estimulação do clitóris. Esse sêmen pode ser proveniente das glândulas de Skene, que ficam em ambos os lados da abertura da uretra. Com a estimulação do clitóris, outras mulheres podem ejacular pela uretra a partir das áreas do ponto G, como mencionei antes.[5]

Para favorecer a liberação da primeira água pelo clitóris, você deve estar muito relaxada e com um nível alto de excitação. A ejaculação pode ser alcançada sem companhia ou com um parceiro, embora muitas mulheres com

---

5 Isso pode parecer anatomicamente implausível, mas a matriz clitoriana é ligada ao ponto G através dos bulbos clitorianos. (Veja a ilustração na p. 119.)

quem conversei tenham dito que achavam muito mais fácil ejacular com um parceiro. Se você estiver com um parceiro, é essencial que sinta confiança e relaxamento. Pode levar de 30 segundos a 30 minutos para abrir o primeiro portão, portanto a atenção amorosa e paciente é indispensável. Use quaisquer das técnicas de toque clitoriano do capítulo 5 que funcionem para você.

O clitóris é extremamente sensível e a chave para deixar as suas águas fluírem é permitir que o prazer cresça até um ponto em que pareça quase excessivo. Em vez de recuar na estimulação, respire fundo e faça a energia circular do clitóris para a Órbita microcósmica, a fim de expandir a sua capacidade para o prazer. Deixe o prazer guiá-la até o nível seguinte e mantenha o músculo PC aberto e relaxado. Algumas mulheres acham que uma leve pressão do músculo PC para baixo libera a sua água. É mais freqüente as águas serem liberadas com o orgasmo, mas nem sempre. Simplesmente um estado de grande excitação pode também permitir que as águas fluam. Monique, uma estudante de 36 anos, descreve a sua experiência: "Ejaculei com o meu namorado e foi incrível para mim. Fica realmente tudo molhado para mim. Também posso ejacular sozinha. Tem muito a ver com fazer pressão para baixo e é mais fácil sentada. O orgasmo é diferente. Primeiro tenho o orgasmo clitoriano e faço círculos em cima e em torno do clitóris. Então faço circular e me concentro na respiração, e ejaculo. É mais parecido com se soltar e estar relaxada. Ter alguma coisa na vagina ajuda. Depois eu me sinto muito relaxada. Uso as emoções para alimentar os meus órgãos e aprecio a sensação de me soltar."

O SEGUNDO PORTÃO

O segundo portão é o ponto G e é o modo mais comum de as mulheres ejacularem. Para abrir o segundo portão, é útil, embora não imprescindível, ter aberto o primeiro portão. Quando a excitação já estiver alta e o coração estiver aberto, é muito mais fácil abrir o segundo portão. Para a maioria das mulheres, quando se passa do primeiro para o terceiro portão, aumenta o nível de entrega e intimidade emocional indispensáveis para a abertura. Se você não experimenta a ejaculação clitoriana, é ainda muito mais fácil abrir o segundo portão se você já teve um orgasmo clitoriano. Se estiver se estimulando, use os dedos em gancho na vagina e aplique uma pressão mais ou menos forte, uniforme e firme, na área do ponto G na vagina anterior. (Consulte a descrição no capítulo 5.) Muitas mulheres acham mais confortável usar um pênis artificial ou um vibrador que seja curvo para a estimulação do ponto G. Você poderia tentar reclinando-se ou até de cócoras, para ajudá-la a atingir o ângulo correto.

Se estiver com um parceiro, faça com que ele ou ela use os dedos em um movimento de "venha cá", com a palma da mão para cima e os dedos curvados, para criar um movimento de puxar sobre a área do ponto G. Faça com que ele ou ela mova os dedos para trás e para a frente, amassando e puxando para a frente na área esponjosa do ponto G.[6] Deitar-se de costas com um travesseiro sob as nádegas, ou a abordagem por trás enquanto você fica de gatinhas com a cabeça abaixada, também tornam mais fácil o acesso ao ponto G.

Enquanto o ponto G é estimulado, é provável que você tenha a impressão de que vai urinar. Respire fundo e relaxe, sabendo que não vai urinar se tiver esvaziado a bexiga antes. Se tentar conter o que parece ser urina, você não será capaz de ejacular. Saida Desilets, instrutora do Tao curativo que também aprendeu as Artes Tântricas, aconselha às mulheres que "a massagem do ponto G é profundamente sagrada e pode suscitar sentimentos de vulnerabilidade e até raiva. Com a consciência e a energia do coração, amorosa e aquecida, a cura profunda pode ocorrer como um efeito colateral da ativação (do segundo portão). Quanto mais aberto e sereno o coração da mulher estiver, mais ela relaxará. Ambos os parceiros podem começar a respirar mais profundamente e encorajar sons a surgirem do fundo do corpo. Usar a voz para ativar o centro da garganta também ajuda a abrir esse portão. Nas tradições tântricas, como na tradição taoísta, o chacra da garganta e o chacra do sexo estão intimamente ligados e se afetam mutuamente. Ativar a voz ajudará a ativar mais o chacra do sexo e liberar as águas".[7]

O TERCEIRO PORTÃO

A terceira água se origina da estimulação da cerviz e da área imediatamente ao seu redor. No capítulo 3, comentamos em detalhes a zona EAF, que se localiza na parede vaginal profunda no lado anterior, ou da barriga, da cerviz. A estimulação dessa área e, em algumas mulheres, da própria cerviz provoca uma abertura adicional ao prazer e liberação profundos. Imagina-se que as terceiras águas sejam provenientes de glândulas dentro da cerviz, que regularmente secretam muco. A ejaculação cervical é a menos freqüentemente observada das três águas e os nossos dados não têm, portanto, aval científico. As mulheres que a experimentaram relatam que a ejaculação tem um volume menor e é um fluido viscoso e mais espesso.

---

6 Essa técnica é adaptada de *Pucker up*, de Tristan Taormino (p. 115-120).

7 Meus sinceros agradecimentos a Saida Desilets pela sua sabedoria e contribuição a esse tópico. O seu artigo, "Female ejaculation: the ancient art of ambrosia" (2003), está disponível on-line em www.universal-tao.com.

Para ativar você mesma o terceiro portão, use um pênis artificial ou vibrador para aplicar pressão e toques na zona EAF e em todas as áreas em torno da cerviz. Algumas mulheres gostam de pressão rítmica sobre a cerviz ou de uma fricção entre suave e firme. Se você estiver com um parceiro, ele ou ela pode usar os dedos (se forem bastante longos), o pênis ou um pênis artificial para estimular essas áreas. Consulte o capítulo 5 para as posições ideais para a estimulação da zona EAF e da cerviz. No taoísmo, a cerviz está associada ao coração, como se discute na prática do Ovo de jade no capítulo seguinte (veja também a ilustração na p. 204). Saida comenta: "Tenho percebido que a estimulação direta da cerviz pode com freqüência resultar em uma abertura intensa do coração — os sentimentos de amor e vulnerabilidade são comumente experimentados. Quanto mais uma mulher conseguir deixar-se mergulhar mais fundo dentro do seu próprio oceano misterioso, confiando em si mesma para guiar o seu parceiro até a sua liberação total, mais provável é que o terceiro portão se abra. A sensação dessa abertura é muitíssimo profunda e libera a terceira água. A cerviz pode dar a impressão de estar abrindo e fechando, ou sugando, enquanto se contrai na liberação orgástica."

ABERTURA DOS TRÊS PORTÕES

Abrir os três portões é um ato de amor e entrega e irá levá-la a um estado elevado de orgasmo ampliado. Quanto mais regularmente você conseguir abrir os seus portões, mais fácil será o acesso a essa capacidade no seu íntimo. Com a abertura de cada portão, faça uma pausa e faça o chi borbulhante circular através da Órbita microcósmica. Com a abertura total dos órgãos sexuais e do centro do coração, e com o fluxo da essência yin, aquática e natural, da mulher, o chi abundante é refinado em essência espiritual, ou shen. Abrir os três portões com um parceiro é uma experiência sagrada. Fazer o exercício do Encontro de almas da p. 167 lhe permitirá partilhar mutuamente a sua essência e fundir as suas almas.

Neste capítulo, você aprendeu a intensificar a energia sexual em orgasmos múltiplos e ampliados. Contudo, é difícil ter acesso ao nosso potencial íntimo mais elevado se somos desafiadas de fora pelas exigências e alterações hormonais que podem acompanhar as diferentes etapas da vida. No próximo capítulo, vou levá-la pelas dádivas do crescimento, e às vezes desafiadoras alterações físicas, de cada etapa na vida de uma mulher. Assim como no prazer sexual, a prática taoísta tem muito a nos ensinar sobre como permanecermos saudáveis e íntegros ao longo do nosso ciclo vital.

CAPÍTULO 8

CULTIVAR A SAÚDE SEXUAL AO LONGO DE TODA A VIDA

Uma das muitas dádivas da prática taoísta é que ela ensina a harmonizar o corpo e manter a vibração ao longo da vida. Sem sombra de dúvida, a nossa força curativa mais poderosa é a capacidade do corpo de curar a si mesmo. Quando você revigora a força do chi e a capacidade de direcioná-la, pode enviar esse chi curativo e o amor do seu centro do coração para qualquer ponto em que precisar de cura. Essa cura "holística" ocorre nos níveis físico, emocional e espiritual. A minha experiência como médica levou-me a crer que, embora muitas das minhas pacientes estejam doentes fisicamente, muitas mais estão doentes emocional e espiritualmente. A sociedade gasta recursos enormes tentando manter as pessoas saudáveis com o uso de drogas e tecnologia, mas um número cada vez maior de pesquisas está mostrando que as pessoas resistentes a doenças e de vidas longas têm saúde espiritual, emocional e social que as mantém *fisicamente* saudáveis. Como o chi, ou força vital, impregna todos os níveis do nosso ser e as nossas ligações com os outros, a cura profunda é possível quando sentimos e direcionamos o poder do chi com a compaixão do coração. O segredo do Sorriso interior é a geração de amor e compaixão *verdadeiros* dentro de nós, para nos favorecer e nos curar.

Monique, uma moça encantadora, trabalhou durante anos como dançarina erótica para se sustentar. Ela apresentava sintomas pré-menstruais intensos para os quais tomava remédios. Ao passar por um período emocionalmente difícil na sua vida, conheceu a prática do Amor curativo. "Fui a um workshop onde aprendi a ligar o útero ao coração", contou Monique. "Eu estava profundamente deprimida. Vi que o útero era a minha jóia. Passei a proteger mais a minha energia. Não queria mais saber de tapeações." Monique deixou o trabalho de dançarina erótica e seguiu um caminho de exploração taoísta. Com as práticas taoístas, a síndrome pré-menstrual se atenuou e a depressão se dissipou. Monique fez também muitas mudanças nos seus relacionamentos e agora anima outras mulheres a reverenciar o próprio corpo. "Eu desejaria que toda mulher amasse o seu corpo e não me refiro a enfeitá-lo. É preciso se sentir bem de dentro para fora — tudo o que nos deixa cheias de vitalidade. Quero ajudar outras mulheres a dominar o seu poder sexual."

Tenho testemunhado e ouvido histórias de curas aparentemente "milagrosas", de um ponto de vista ocidental, de pessoas que usaram o poder do chi para curar o corpo de um sem-número de doenças, de câncer terminal e desvio de coluna até recuperação da visão. Em cada um desses casos, a pessoa afetada se concentrou na intenção de curar e canalizou o chi curativo para a área em questão, ou fez com que outro praticante conhecedor da arte de canalizar o chi (chamado Chi kung médico no Ocidente) direcionasse o chi para lá.

Durante décadas, essas curas diretas foram objeto de debate e zombaria na medicina ocidental, mas elas *podem* ocorrer e *ocorrem*, apesar da incapacidade da ciência para explicá-las. A comunidade científica sequer começou a arranhar a superfície do que o corpo humano é capaz e quase todo médico conhece histórias de pacientes que inesperadamente apresentaram cura "espontânea".

Sarina Stone, uma instrutora do Tao curativo de St. Paul, em Minnesota, relata que na sua experiência de ensinar a prática do Tao curativo, "em um nível físico, é uma alegria ver problemas pessoais e problemas ligados à reprodução se resolverem à medida que os ambientes negativos se transformam em estados mais equilibrados. Há também um inegável 'rejuvenescimento' que ocorre para os praticantes avançados". Quando a prática taoísta leva o corpo a um estado de equilíbrio, a pessoa se sentirá com mais vigor e ficará doente com menos freqüência. Apesar de ser cautelosa a respeito do atual movimento antienvelhecimento, pois creio que o envelhecimento é um processo normal e natural, tenho de admitir que todos os instrutores taoístas que conheci são excepcionalmente vigorosos e parecem mais jovens do que a sua idade cronológica. Os taoístas não resistiam a que se ficasse velho; eles resistiam à decadência que tão freqüentemente acompanha o envelhecimento. Os taoístas buscavam a fonte da juventude no seu próprio corpo e buscavam imitar a vitalidade das crianças.

Você pode usar o poder do seu chi para se curar e ajudá-la a se manter bem. A energia sexual, quando combinada com o amor e a alegria do centro do coração, é uma força particularmente potente para a saúde e a cura. Mas você não precisa acreditar cegamente em mim. Experimente no seu corpo, usando os exercícios deste capítulo — inclusive a Massagem dos seios, a Respiração ovariana e a prática do Ovo de jade —, e veja o que acontece dentro de você. Ou, na próxima vez em que sentir dor de cabeça ou dor nas costas, tente canalizar a energia sexual e o amor do seu centro do coração para aquela área. Deixe a dor escoar pelo corpo até a terra e permita que a alegre energia do amor e da paixão encham essa área. Você talvez se surpreenda com a quantidade de poder que já possui para se curar.

CULTIVAR A SAÚDE DOS SEIOS

Há milênios, os seios vêm sendo um símbolo das mulheres e dos cuidados femininos. Eles estão associados ao chacra do coração e contêm as energias do amor e da alegria. A atual obsessão da sociedade com os seios como símbolos sexuais para os homens, contudo, deixa a maioria das mulheres com um sentimento de ambivalência quanto aos seios. Acrescente-se a isso o índice crescente de câncer de mama e se verificará que a *maioria* das mulheres tem certo medo e insegurança em relação aos seios. Os seios, como os corpos, existem numa variedade maravilhosa de formatos, tamanhos e cores. Infelizmente, os cirurgiões plásticos estão ganhando uma fortuna com a noção preconcebida da sociedade de que todos os seios devem ser grandes, como os de uma mãe madura ou que amamenta, e arrebitados, como os de uma adolescente — um ideal obviamente impossível. Evidentemente, o tamanho e o formato dos seios não têm nada a ver com o prazer que uma mulher sente ao ter os seios acariciados nem com a sua capacidade de amamentar os filhos.

Pouquíssimas mulheres estão totalmente satisfeitas com os seios que têm. As mulheres de seios pequenos sentem-se menos sensuais. As mulheres com seios que pendem graciosamente sentem-se velhas. Aquelas de seios grandes ressentem-se da atenção que eles (mais do que os seus olhos ou a sua mente) atraem. E algumas de seios grandes têm tanta dor no pescoço e nas costas que precisam submeter-se a cirurgia para reduzi-los.

As mulheres que amamentaram sabem que existem poucos prazeres na vida tão satisfatórios quanto fornecer o alimento ideal para os seus preciosos filhos. Mas nós passamos a maior parte da vida com seios que não estão amamentando. Quero encorajá-la a pensar nos seios *fundamentalmente* como o símbolo para *alimentar a você mesma*. Para muitas mulheres, isso talvez pareça contrário ao que intuitivamente se espera, já que com freqüência pensamos nos seios em relação a *atender a outros* (o prazer do nosso bebê ou do nosso parceiro). Mas particularmente nesta época de crescente câncer de mama, precisamos concentrar-nos em cultivar a energia nutritiva *dentro* dos seios para nós mesmas.

Isso não significa que não devamos apreciar a admiração do nosso parceiro pelos nossos seios. Ao contrário, se você puder entender essa admiração como amor e prazer, tanto melhor. Contudo, quero que você comece a sentir os seios *de dentro para fora*, em vez de senti-los de fora para dentro. Quero que valorize os seios pelo que eles fazem *por você*. Eles parecem bons para *você*? *Você* gosta de tocá-los ou de que outra pessoa os toque?

O meridiano dos rins passa pelo peito e pelos órgãos sexuais

Nenhuma de nós pode julgar outra mulher pelas suas decisões, porque todas nós lidamos com motivações e necessidades complexas, mas estou preocupada com o número crescente de cirurgias de implante nos seios, particularmente pela forma como isso provoca um curto-circuito no prazer da mulher. Essa cirurgia pode prejudicar as trilhas neurais e energéticas até o seio, diminuindo o prazer sensual da mulher. Pode também correr o risco de reduzir a sua capacidade de amamentar, caso ela queira fazê-lo. É um procedimento que pode diminuir o prazer da mulher com os seios a fim de *aumentar* o prazer do seu parceiro (ou de outra pessoa). Esse é um exemplo clássico de uma mulher diminuindo a sua energia vital ao entregá-la a outra pessoa. Na minha clínica, há muitas mulheres que decidiram fazer implantes nos seios para sua própria satisfação, ou com fins estéticos após uma cirurgia de câncer de mama. Sem dúvida, se a intenção for de auto-afirmação, o efeito energético do implante nos seios é mais benigno. Independentemente das decisões que você tenha tomado acerca dos seus seios, é essencial continuar a gerar compaixão e energia curativa para eles. Se você se submeteu a cirurgia nos seios, é ainda mais importante praticar a limpeza e a massagem dos seios, para remover deles a energia negativa e revigorar o chi. Se eles não forem muito sensíveis, essa massagem ajudará a despertar o chi e ainda proporcionará outros benefícios.

Da perspectiva taoísta, a estimulação ou massagem dos seios é importante para a saúde total da mulher. Os seios são glândulas que podem secretar leite e favorecer a secreção de hormônios. Quando os seios são estimulados, os hormônios oxitocina e prolactina são liberados pela glândula pituitária. Esses hormônios influenciam a lactação nas mulheres que amamentam, mas em todas nós eles produzem sentimentos de relaxamento, calma e ligação com os outros. No pensamento taoísta, considera-se que a estimulação dos seios estimula também o funcionamento das glândulas pineal e timo, assim como da glândula pituitária. A massagem dos seios é uma excelente maneira de começar a tomar consciência dos sentimentos que você tem dentro dos seios e iniciar o processo de auto-alimentação.

MASSAGEM DOS SEIOS

A Massagem dos seios é uma prática simples que aumenta o fluxo do chi para os seios e todo o sistema glandular. Recomendo que seja feita antes de praticamente qualquer outro exercício taoísta, mas sobretudo antes de fazer a Respiração ovariana e a prática do Ovo de jade, que aprenderemos mais adiante neste capítulo. A massagem dos seios é também um modo agradável de colocar a energia sexual em movimento e ativa antes de praticar o Movimento orgástico ascendente. O meridiano dos rins, que fornece chi e vitalidade aos órgãos sexuais, passa pelos seios e é estimulado com essa massagem. É por isso que a massagem dos seios, e particularmente dos mamilos, com freqüência estimula a energia sexual no clitóris e na área vaginal.

Nem todas se sentem à vontade ao tocar os seios. Ensinou-se à maioria das mulheres que isso é feio e pode ser difícil deixar de lado velhos padrões.

EXERCÍCIO 22

LIMPEZA DOS SEIOS

1. Retire o sutiã ou as roupas que apertem os seios.
2. Fique na posição de amazona. (Veja a ilustração na p. 210.)
3. Concentre a sua atenção amorosa sobre os seios e observe quaisquer experiências ou sentimentos negativos que possam chegar até você.
4. Junte as pontas dos dedos, com as palmas das mãos para baixo, diante da testa (como no exercício de Descarga, na p. 153).
5. Respire profundamente até a barriga e, com a expiração, emita o som "RIIII", movendo as mãos pelo corpo abaixo e sentindo as energias negativas fluírem dos seios com o abaixamento das mãos. Sinta essas energias negativas se moverem pelos pés abaixo, para dentro do chão.
6. Faça isso quantas vezes for preciso até sentir que os seios estão limpos.
7. Concentre-se no terceiro olho e sinta uma luz dourada vindo de cima de você, através do seu terceiro olho, fluindo até os seios e enchendo-os de luz e amor. Deixe as energias negativas continuarem a fluir para fora e serem substituídas pela luz dourada.
8. Encerre a prática enviando gratidão aos seios.

Além disso, algumas mulheres tiveram experiências negativas com toques nos seios, feitos por parceiros, e esses sentimentos podem ser reavivados quando elas se tocarem. Assim como para cada exercício deste livro, não faça a Massagem dos seios se isso parecer errado no *seu* corpo. É possível mover o chi e obter alguns dos benefícios da Massagem dos seios movendo as pontas dos dedos no ar sobre os seios e visualizando o chi se mover com eles. Fazer o exercício da Limpeza dos seios pode ajudar algumas mulheres a remover parte das energias negativas que eles têm.[1] Você pode fazer a Limpeza dos seios sempre que achar necessário. É útil fazê-la antes de começar a Massagem dos seios. Se tocá-los parece assustador, comece devagar, colocando as mãos em concha sobre eles ou passando os dedos suavemente sobre a pele dos seios. Pare de começar a se sentir mal ou constrangida. Algumas mulheres ficam nauseadas com a estimulação dos mamilos. Se for o seu caso, simplesmente faça a massagem sem tocar os mamilos.

---

1 Esse exercício se baseia no exercício de Descarga, na p. 153, mas o seu uso direto para limpar a energia dos seios foi inspirado por Maitreyi Piontek, uma das alunas de Mantak Chia, que escreveu sobre a prática sexual das mulheres em seu excelente livro, *Exploring the Hidden Power of Female Sexuality* (p. 107-109).

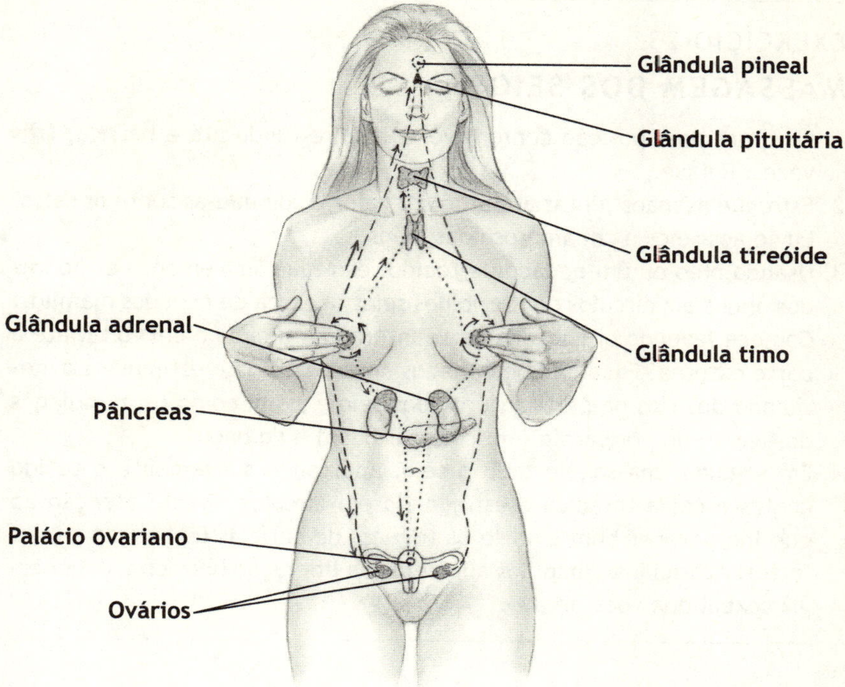

Massagem dos seios com estimulação de todas as glândulas

A massagem pode ser realizada "a seco", esfregando um tecido de seda ou tafetá sobre os seios. Você pode também usar um óleo natural (de amêndoas, azeite, os de semente de uva ou de gergelim são ótimos) a fim de lubrificar os seios para a massagem. Usar óleos essenciais além do óleo natural escolhido pode acrescentar um toque curativo adicional à massagem. Os óleos essenciais de gerânio, capim-limão, alfazema e rosa equilibram a energia dos seios. Eu recomendaria usar 30 gotas de qualquer mistura de óleos essenciais para duas colheres de sopa de um óleo "condutor", como amêndoas, azeite, semente de uva ou gergelim. Nunca aplique um óleo essencial diretamente na pele, a menos que esteja acostumada com as suas propriedades, pois muitos óleos essenciais, mesmo quando diluídos, podem causar irritação em peles sensíveis. Se ficar em dúvida, coloque uma gota do óleo essencial em uma pequena quantidade do óleo condutor, aplique-a na parte interna do pulso ou do cotovelo e não lave o local; se não houver coceira nem vermelhidão, você pode usar o óleo com segurança. Os óleos essenciais *nunca* devem ser aplicados na área da vulva nem ingeridos.

EXERCÍCIO 23

MASSAGEM DOS SEIOS

1. Encontre uma posição confortável e respire fundo até a barriga, três vezes. Relaxe.
2. Esfregue as mãos juntas até produzir calor e coloque-as sobre os seios. Envie aos seios o chi amoroso das mãos.
3. Usando óleo ou um pedaço de tecido, esfregue suavemente as pontas dos dedos em círculos em torno dos seios, a cerca de 4cm dos mamilos. Comece fazendo círculos da parte interna para cima e em volta, até a parte externa. Faça isso pelo menos nove vezes. Isso estimulará o meridiano dos rins na parte interna dos seios, assim como os meridianos do fígado, do pericárdio (músculo cardíaco) e do baço.
4. Em seguida, massageie todo o seio, apertando suavemente o tecido contra a caixa torácica e esfregando em círculos. Preste atenção ao que lhe parecer bom e varie os toques, de carícias levíssimas a mais fortes. Acariciar os mamilos aumentará a liberação hormonal e a energia sexual que você gera.

A Massagem dos seios é um modo excelente de amar e admirar os seios e de se beneficiar com a sua energia. Quando aprendeu a prática, Desiree, que hoje é avó, disse: "Foi tão reconfortante. Percebi que às vezes, quando estou perturbada, toco espontaneamente no peito sobre os seios. É como se dissesse: este é o lugar do conforto. E assim, fazer isso por mim mesma pareceu tão bom, realmente cura, alimenta e acalma." Carmen comentou: "Como tenho perdido peso e, aos 48 anos, estou me aproximando da menopausa, meus seios estão mudando de repente. Nunca na vida usei sutiã e sempre tive seios bem firmes. Agora eles estão começando a cair e ficar moles e eu não tenho gostado deles. Tenho olhado no espelho de perfil e perguntado: 'Ah, cara, para onde você foi?' E foi mesmo importante me apaixonar de novo pelos meus seios e a massagem dos seios me ajudou a fazer isso."

Comece a massagem dos seios como faria em qualquer das outras práticas, encontrando um local silencioso e reservado. Tire o sutiã ou roupas que atrapalhem e deixe os seios "respirarem". Se preferir, não há problema em ficar com uma camiseta ou um vestido folgado.

GRAVIDEZ, PARTO E SEXUALIDADE

A gravidez é uma experiência milagrosa e, para a maioria das mulheres, inclui as alterações físicas e hormonais mais intensas por que elas passarão. A experiência da gravidez, emocional e fisicamente, é diferente para cada mulher. Tive pacientes que sofreram náuseas constantes, vômitos e enxaquecas durante toda a gravidez, e pacientes que disseram nunca terem se sentido mais fortes ou mais cheias de energia do que quando estavam grávidas. A maioria das mulheres fica em algum ponto entre esses extremos. Quando juntamos todas as mudanças da gravidez com a esperança e o medo que a cercam, o resultado é uma experiência que altera profundamente a vida. Portanto, não é nenhuma surpresa que a vida sexual também seja alterada.

Para as gestações normais, é absolutamente seguro permanecer sexualmente ativa durante toda a gravidez. O ato sexual e o orgasmo causarão contrações uterinas suaves, que não prejudicam o bebê, a menos que haja risco de trabalho de parto prematuro. As mulheres que têm trabalho de parto prematuro são geralmente colocadas em "repouso pélvico". Por outro lado, se você está procurando maneiras de provocar o trabalho de parto no fim desconfortável da gravidez, o ato sexual com orgasmo é uma ótima maneira de fazer isso!

Desconfortos físicos, como náusea e fadiga no início da gravidez ou azia e dores nas costas perto do fim, podem ser uma ducha de água fria no desejo. Se você não estiver se sentindo bem, aconchego e massagem continuam sendo maneiras importantes de se ligar fisicamente com o parceiro. Lembre-se de que ainda é possível realizar a massagem taoísta e mesmo a prática do Encontro de almas sem fazer sexo, simplesmente tocando-se e fazendo a energia circular. Por outro lado, em razão das mudanças hormonais durante a gravidez, muitas mulheres têm efetivamente o desejo aumentado. Se for o seu caso, aproveite o tempo de que dispõe para a relação sexual e maior proximidade, antes do nascimento do bebê.

Depois do parto, você precisará fazer uma pausa na atividade sexual, para permitir que o seu corpo se recupere. E, às vezes, pode ser muito desafiador encontrar tempo e lugar para a relação sexual enquanto se cuida de um bebê. Lembre-se de continuarem a se tocar, quer façam sexo ou não. Isso mantém aqueles hormônios de vínculo fluindo entre vocês. Se você estiver amamentando, os hormônios prolactina e oxitocina permanecerão altos, aumentando o vínculo entre a mãe e o bebê e retardando o início da menstruação. Infelizmente, esses hormônios de "vínculo com o bebê" também exercem um efeito profundo sobre a libido, reduzindo-a significativamente na maioria das mulheres. Não desanime: quando a amamentação se reduzir e por fim cessar, em geral o desejo volta ao normal. Na maioria, as mães que amamentam notam que, quando fazem sexo, gostam exatamente da mesma forma e os orgasmos são igualmente fortes. Talvez faça sentido planejar a relação sexual, mesmo que você não "esteja a fim", sabendo que depois ficará contente por ter feito isso.

Muitas mulheres não percebem que os hormônios da amamentação também afetam o revestimento da vagina, tornando-o mais fino e diminuindo a lubrificação. Essas alterações são semelhantes àquelas que ocorrem depois da menopausa e podem tornar a penetração extremamente desconfortável. Tenha isso em mente na primeira vez em que for tentar a penetração após o parto e vá bem devagar, com bastante lubrificação. Tudo o que as mães que amamentam precisam é de lubrificação adicional, mas outras, especialmente as que amamentam mais de um filho, ainda sentirão dor. Consulte o seu médico para determinar a causa exata, mas, se for o revestimento mais fino da vagina, a aplicação de um creme tópico com estrogênio aumentará a elasticidade vaginal e a lubrificação, para inverter o processo.

Algumas mulheres acham que existe um conflito entre a maternidade próxima e a sua individualidade sexual. Isso é compreensível já que a nossa sociedade em geral pinta as mulheres como *ou* mães *ou* seres sexuais, mas nunca com os dois aspectos. É importante reconhecer e discutir os seus sentimentos com o seu companheiro. Nas famílias com que tenho trabalhado, contudo, quando o vínculo romântico e sexual entre os parceiros fica completamente subordinado à criação dos filhos, isso ameaça o vínculo do casamento. Para o senso de segurança de uma criança, é realmente importante saber que os pais se amam e querem passar certo tempo juntos. É normal que a freqüência do sexo diminua quando se está cuidando de crianças pequenas, mas vale muito a pena o planejamento prévio necessário para reservar algum tempo para a ligação amorosa e a relação sexual. Manter uma vida sexual ativa, embora discreta, alimenta os parceiros como casal, mas também proporciona o alicerce amoroso da sua vida familiar. O amor mútuo dos pais alimenta os filhos, da mesma forma que o amor que eles recebem diretamente. E também molda relacionamentos amorosos e saudáveis para os filhos, nas suas vidas.

Muitas das práticas taoístas são ideais durante a gravidez e o início da maternidade. O Sorriso interior, a Órbita microcósmica e o Movimento ascendente orgástico são úteis para tonificar e aumentar o chi. Uma das praticantes com que conversei fazia o Sorriso interior e a Órbita microcósmica durante a gravidez para serenar e abrir o coração, depois enviava a energia amorosa, através do útero, para o feto, sentindo a energia mover-se na órbita do feto.

A Massagem dos seios pode ser útil para seios doloridos e inchados. Os Sons curativos são essenciais para equilibrar o chi e acalmar as variações emocionais. Tai chi e Chi kung são práticas de meditação em movimento e facilitam a concentração calma (que, em geral, é escassa durante o começo da infância!) e o movimento livre do chi.

Em virtude da natureza da Respiração ovariana, que vamos abordar em seguida, é melhor não fazer essa prática quando se tenta engravidar ou durante a própria gravidez. A Respiração ovariana extrai chi do óvulo em desenvolvimento nos ovários e o "colhe" para nutrir o corpo. Quando você está tentando engravidar ou está grávida, você quer carregar o óvulo ou o embrião com o máximo possível de chi positivo. Fazer o Movimento ascendente orgástico ou a Massagem dos seios é uma excelente maneira de conseguir isso. Mas na maior parte da sua vida, quando não está grávida nem tentando engravidar, você pode usar o extraordinário poder e energia nos ovários para se fortalecer e se vitalizar.

UTILIZAÇÃO DO PODER DOS OVÁRIOS

Os taoístas acreditam que o chi mais poderoso das mulheres, a energia principal do chi, está localizado nos óvulos e ovários. Esse é o chi com que nascemos e a que me referi no capítulo 2, como sendo o nosso gerador de reserva. Esse chi possui tanto fogo yang criativo que é capaz de criar vida. Se não engravidamos durante um ciclo, o óvulo, e o seu chi, é expelido do corpo durante a menstruação. A prática da Respiração ovariana se destina a "colher" o chi principal dos óvulos antes que eles saiam na menstruação e transformar esse chi no corpo, para melhorar a vitalidade geral. (Se você quer engravidar, é claro que não deve tentar extrair o chi do óvulo.)

Muitas mulheres que menstruam e fazem a Respiração ovariana de forma regular observam que as regras são menos intensas e menos dolorosas. Inga é uma suíça que há 14 anos vem praticando a Respiração ovariana. Diz ela: "Meu ciclo menstrual passou de 23 dias há 15 anos, com muitos sintomas pré-menstruais, para um ciclo de 28 dias, sem efeitos secundários e com regras mais curtas. Quando pratico com mais intensidade, pulo dois ou três ciclos." A maioria das mulheres que faz a prática continua menstruando, mas as regras são mais leves e elas têm níveis mais altos de energia e libido. Algumas mulheres também notam que os sintomas de irritação ou tensão pré-menstrual se abrandam, como ocorreu com a canadense Collette. Ela observa: "A Respiração ovariana me ajudou a reduzir a dor, a perda de sangue, o cansaço e a tristeza com a mestruação." Praticantes avançadas podem ter, de um ponto de vista científico ocidental, um controle miraculoso sobre os ciclos. Quando conversei sobre a prática da Respiração ovariana com Tamara, uma instrutora do Tao universal de 39 anos, ela me confidenciou: "Tenho conseguido controlar quantos óvulos eu libero por ano. Não decidi parar de menstruar. Decidi menstruar a cada 45 dias, em vez de 28. Além disso, só menstruo durante um dia, em vez de cinco." Esse grau de integração com a própria fisiologia é verdadeiramente incrível.

Heather, de 28 anos e mãe solteira de duas crianças pequenas, confidenciou-me: "Comecei recentemente a fazer a Respiração ovariana, que tem funcionado bem para a frustração sexual", conta ela. "Um dia, eu estava tão 'quente' e achei que tinha de fazer sexo, então fiz a Respiração ovariana e fui capaz de mudar a energia de quente para fria. Depois eu me senti calma."

Mulheres de todas as idades, quer estejam menstruando ou na menopausa, podem fazer essa prática. Os ovários, mesmo após a menopausa, ainda têm energia principal a que se pode ter acesso. De fato, muitas mulheres na menopausa que fazem a prática regularmente relatam que quase não têm sintomas da menopausa e conservam a energia sexual e a lubrificação vaginal ao longo dessa etapa. Uma semana depois de eu haver ensinado a Respiração ovariana a Carmen, uma das minhas pacientes na menopausa, ela contou: "Antes de entrar para essa turma, eu nunca havia meditado e estou achando que as ondas de calor tremendas que tenho sentido estão se atenuando. Dormi melhor nas três últimas noites e a minha libido está bem alta." Nem todas obtêm benefícios tão imediatos, mas tenho me surpreendido com o número de mulheres que pratica a Respiração ovariana e tem poucos sintomas menopáusicos, ou não os tem. Como médica que trata de muitas pacientes na menopausa, considero isso quase miraculoso. Comentarei melhor as abordagens holistas da menopausa a partir da p. 215, mas eu recomendaria enfaticamente a toda mulher na menopausa que tentasse a prática regular da Respiração ovariana, pois ela é inteiramente segura e parece realizar o que as drogas e ervas não conseguem — uma transição menopáusica quase sem sintomas, com libido e lubrificação vaginal normais.

Se você sofreu remoção cirúrgica do útero e/ou dos ovários, você ainda pode beneficiar-se com essa prática. Os órgãos em si podem ter desaparecido, mas o campo energético dos órgãos permanece e pode ser equilibrado pela prática. Várias mulheres que perderam os órgãos pélvicos relataram que essa prática as ajudou a esclarecer sentimentos ambíguos que tinham depois da cirurgia. Também ajudou a melhorar o chi nas áreas pélvicas e a energia sexual dessas mulheres.

COMO EU RESPIRO COM OS OVÁRIOS?

A respiração é simplesmente a troca de energia entre o ar e o sangue. Isso se realiza dentro dos pulmões. Os taoístas comentam freqüentemente a "respiração" dos outros órgãos. Na realidade, toda célula no corpo "respira", trocando produtos residuais por nutrientes e oxigênio. De uma perspectiva taoísta, os órgãos respiram quando absorvem chi fresco do seu ambiente e liberam resíduos (que podem ser chi congestionado, emoções negativas, ou calor). A Respiração ovariana é a troca de energia (ou chi) entre o ovário e o resto do corpo.

Se você não menstrua mais, pode fazer a prática em qualquer momento. Se estiver grávida, é melhor não fazer essa prática, pois não vai querer desviar nenhuma energia do feto. Se você ainda menstrua, o ideal é fazer a Respiração ovariana entre o fim do ciclo menstrual e a ovulação (quando o óvulo está crescendo e se desenvolvendo). (Na p. 241, comento a determinação do período da ovulação.) Nesse momento, o chi principal do óvulo é yang e quente. Essa energia é propícia para a ação criativa e a revitalização. Para a maioria das mulheres, é um bom momento para agir nas suas vidas. É um período ideal para planejar atividades, grandes projetos e todo bom trabalho no mundo exterior.

Após a ovulação, a energia do óvulo passa a ser mais fria e yin. Durante essa fase "pré-menstrual", as mulheres podem beneficiar-se concentrando-se na cura e na exploração interior. Tenho observado em muitas das minhas pacientes que os sintomas de tensão pré-menstrual, tanto emocionais quanto físicos, são agravados pelas agendas cheias e pelas múltiplas exigências externas. Quando elas desafogam as agendas durante esse período e se concentram no acesso à riqueza dessa fase escura e yin, a irritabilidade e a depressão se atenuam. Pode ser difícil fazer isso no mundo corrido moderno, mas para qualquer tempo que você consiga destinar à reflexão durante a semana que precede e os primeiros dias das regras, as recompensas podem ser grandes. Muitas artistas realizam a sua obra mais criativa durante esse período reflexivo. Assim como a terra precisa do outono e do inverno para trocar as folhas e se recuperar, o nosso corpo precisa de repouso e concentração interior para nos nutrir e ajustar.

PRÁTICA DA RESPIRAÇÃO OVARIANA

Comece esta prática, como qualquer outra, reservando um tempo sem interrupções e encontrando uma posição confortável, com uma temperatura agradável. A Respiração ovariana é uma adaptação da Órbita microcósmica e pode ser realizada numa posição sentada (como a descrita para a Órbita microcósmica) ou de pé na postura de amazona. (Veja a ilustração na p. 210.) Comece a prática com a Massagem dos seios, que ajudará a despertar a energia dos ovários. Depois da Massagem dos seios, envie o chi desperto dos seios diretamente para os ovários. Se você encontrar dificuldade em sentir a energia sexual, talvez ajude sentar-se com uma bola firme, um pano enrolado ou um calcanhar de encontro à vagina e ao clitóris, para despertar a energia. Você também pode fazer essa prática deitada confortavelmente sobre o lado direito, com um travesseiro sob a cabeça, a perna esquerda dobrada, e a mão direita sustentando a cabeça e mantendo o ouvido levemente aberto. Manter os ouvidos abertos ajuda a equilibrar essa energia intensa na sua chegada à cabeça. Também é útil fazer o Sorriso interior antes da Respiração ovariana, a fim de abrir os canais para o fluxo da energia.

Sorria para o útero e os ovários. Para achar a localização do útero, também chamado Palácio ovariano, e dos ovários, coloque as mãos sobre o abdome com os polegares tocando o umbigo, como você fez na p. 145. Deixe os indicadores se encostarem, formando um triângulo, e os demais dedos abertos em leque sobre a barriga. Os dedos indicadores devem estar pousados sobre a localização aproximada do útero. Os dedos mínimos estarão aproximadamente sobre os ovários. Como já comentamos, cada mulher tem o útero e os ovários em pontos ligeiramente diferentes, mas uma aproximação bastará para esse exercício, pois é a concentração mental sobre os ovários e o útero que importa, não a exata localização anatômica.

Sorria para os ovários e esfregue-os com os dedos, visualizando o seu aquecimento. Ao mesmo tempo, comprima de leve o músculo PC e abra e feche a vagina, tão delicadamente quanto as pétalas de uma flor. Concentre-se nos ovários e sinta a energia agitar-se dentro deles. Você pode sentir calor, retesamento, formigamento etc. Se não sentir nada, simplesmente se concentre nos ovários e visualize o acúmulo de energia neles.

Inspire longa e suavemente pelo nariz e, com a mente, leve a energia dos ovários para o Palácio ovariano (situado perto do centro do útero). Algumas mulheres acham mais fácil mover o chi ovariano absorvendo o ar aos pouquinhos durante uma inspiração, como fazemos para levar o chi pela coluna vertebral acima, deixando o chi mover-se a cada inspiração curta. Relaxe e deixe a energia acumular-se durante a expiração. Continue comprimindo de leve o músculo PC para que a energia acumulada não escape pelo períneo. A contração do músculo PC é bem suave, quase nenhuma.

Em seguida, leve a energia do útero, através da vagina, até o períneo. A energia pode ir diretamente para o períneo ou pode mover-se pelos lábios e

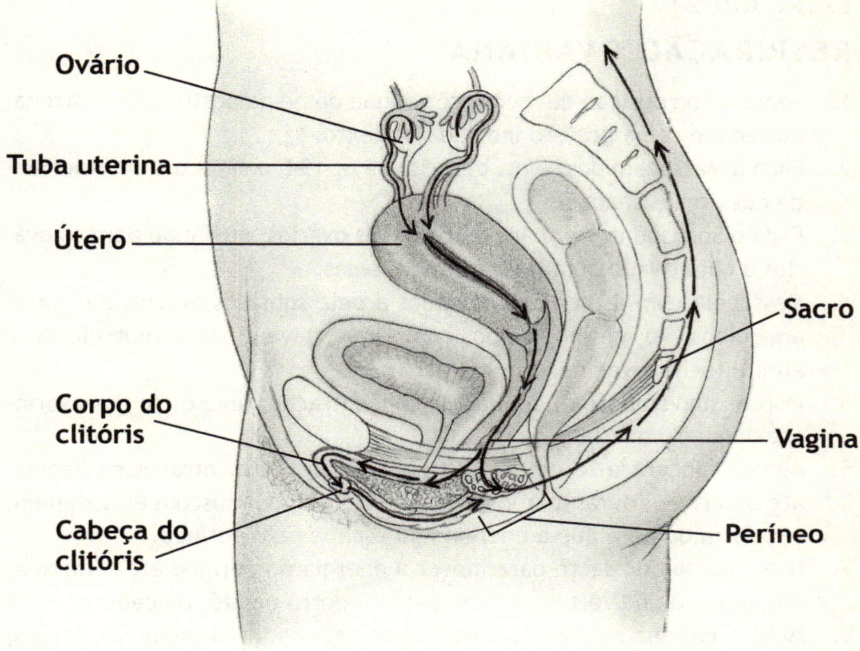

O caminho da energia na Respiração ovariana

depois voltar ao períneo. (Veja a ilustração acima.) Deixe a energia acumular-se no períneo. Descanse e sinta o fluxo tranqüilo de energia dos ovários até o períneo enquanto continua a respirar. Descansar é importante, pois às vezes a energia flui mais facilmente quando relaxamos e não a bloqueamos, mas mantenha o músculo PC suavemente contraído para que a energia não flua completamente para fora. Sinta a energia acumular-se no períneo. Se tocar o períneo a ajudar, sinta-se à vontade para fazer isso.

Use a bomba do sacro a fim de mover a energia ovariana do períneo para o sacro. Comprima o músculo PC e o ânus e gire os quadris, bombeando a energia para a parte inferior da coluna vertebral. Muitas mulheres sentem a energia ovariana mais densa do que o chi. Ela pode mover-se mais devagar, como o mel, e exigir uma utilização mais ativa da bomba do sacro para movê-la pela coluna vertebral acima.

Respirando aos pouquinhos, como se você estivesse puxando o chi para cima através de um canudinho, e usando as bombas do sacro e do crânio, mova a energia ovariana pela coluna vertebral acima e faça-a circular na ca-

EXERCÍCIO 24

RESPIRAÇÃO OVARIANA

1. Sente-se na posição de meditação, fique de pé na postura de amazona, ou recline-se na posição indicada no texto.
2. Faça a Massagem dos seios, descrita na p. 194, e sinta o chi despertando nos órgãos sexuais.
3. Faça o Sorriso interior para o útero e os ovários, enviando para os ovários o chi ativado pela Massagem dos seios.
4. Massageie com as pontas dos dedos a pele sobre os ovários e sinta-os aquecidos. Ao mesmo tempo, comprima suavemente o músculo PC e abra e feche a vagina.
5. Inspire suavemente e, com a sua concentração, leve o chi dos ovários até o Palácio ovariano.
6. Agora, concentre-se em levar a energia do útero, através da vagina, até o períneo, durante a inspiração. Mantenha o músculo PC levemente contraído para que a energia não escape pelo períneo.
7. Use a bomba do sacro para mover a energia do períneo até o sacro e, daí, pela coluna vertebral acima até o centro do alto da cabeça.
8. Mova a energia ovariana em espiral na cabeça, para dentro e, depois, para fora, a fim de nutrir o cérebro e as glândulas.
9. Toque o palato com a língua e leve a energia pelo Canal anterior abaixo, como na Órbita microcósmica.
10. Mova a energia em espiral no centro do coração, para dentro e, depois, para fora, sentindo o coração abrandar-se e abrir-se.
11. Leve a energia até o centro do umbigo e mova-a em espiral ali, para ser absorvida no centro abdominal e nos órgãos.

beça. Mova a energia em espiral para fora a partir do centro do cérebro, em seguida mova a energia para dentro de novo, como você aprendeu na Órbita microcósmica. Imagine a energia nutrindo o cérebro e as glândulas. Agora leve a energia pelo Canal anterior abaixo, tocando o palato com a língua, como você aprendeu na Órbita microcósmica. Você pode fazer a energia circular no centro do coração para nutrir a sua individualidade amorosa e alegre. Sinta o coração serenar e abrir-se. Leve a energia até o abdome e faça-a circular em torno do umbigo, para ser absorvida no centro abdominal e nos órgãos.

Assim como em todas as práticas, quando se começa, leva tempo para sentir a energia se ativar e se mover. Com a prática, ela flui mais facilmente.

Faça a prática quantas vezes quiser. Comece fazendo uma vez. Com experiência e habilidade, você pode fazer a Respiração ovariana nove vezes em cada sessão. A respiração e os movimentos a ajudarão a se concentrar no chi, mas assim que a concentração estiver treinada, você pode usar apenas a mente.

Tal como na Órbita microcósmica e no Movimento ascendente orgástico, é possível que o chi ovariano, que é yang e quente, pareça "emperrado" no cérebro. Use as recomendações no capítulo 6 para puxar a energia de volta ao abdome — Levar a energia para baixo, na p. 152, e Descarga, na p. 153 — quando for preciso, a fim de remover a energia da cabeça.

A Respiração ovariana pode ser útil ao longo da vida para tonificar os hormônios reprodutores e aumentar a energia. Pode ser ainda mais potente quando feita em conjunto com a prática do Ovo de jade, que você vai aprender em seguida.

A PRÁTICA DO OVO DE JADE

Na China antiga, a prática do Ovo de jade era usada exclusivamente pelas mulheres do Palácio Real, para fortalecer a vagina e os órgãos reprodutores. Com a inserção de um ovo de jade na vagina, essas mulheres conseguiam tonificar e fortalecer o músculo PC e os músculos pélvicos. Considerava-se que isso melhorava a saúde, tanto física quanto espiritualmente, já que esses exercícios proporcionam mais força ao músculo PC (e à bomba do sacro) para levar a energia sexual para dentro e para cima, onde será transformada em energia espiritual mais elevada. Com o ovo de jade na vagina, é mais fácil sentir e exercitar o músculo PC e desenvolver um controle mais consciente sobre a energia sexual. As técnicas para usar o ovo de jade são simples e você notará resultados (em força e sensibilidade aumentadas) em semanas. Se você tiver um parceiro, será capaz de usar as habilidades recém-descobertas para proporcionar a ele um prazer extraordinário durante o ato sexual.

A maioria das mulheres que usam o ovo nota um aumento na energia sexual, particularmente na área vaginal. Isso é útil para as mulheres que estão desenvolvendo a sensibilidade vaginal, tentando experimentar o orgasmo pélvico profundo ou ampliado, ou tentando abrir os Três Portões. Para as mulheres que já são "quentes" e têm energia sexual elevada, os exercícios com o ovo podem ser estimulantes demais para a sua energia sexual. Raven Cohan, instrutora do Tao universal, diz: "Acho que o exercício do ovo é bom para as alunas que precisam tonificar a energia sexual. Para quem já é muito quente por natureza, o exercício pode resultar em excesso." Já outras mulheres com energia "quente" acham que os exercícios com o ovo as ajudam a absorver e equilibrar a energia. Experimente e veja como eles funcionam para você.

Muitas mulheres acham que a prática com o ovo não só aumenta a energia sexual, como também é muito curativa. Isso provavelmente se deve ao fato, já mencionado, de que a vagina contém pontos de acupressura que se relacionam com todos os órgãos vitais do corpo. Muitas pessoas conhecem as técnicas de acupressura para massagem dos pés. Na medicina tradicional chinesa, o corpo inteiro — com todas as partes principais do corpo ou sistemas de órgãos — está representado por pontos de acupressura ao longo dos pés. Isso é igualmente válido para a vagina e o pênis. Estimular todas essas áreas durante a atividade sexual e a penetração pode promover o equilíbrio do chi de uma pessoa.

Massagear e estimular esses pontos pode exercer um efeito curativo sobre todo o seu ser. Uma praticante de 72 anos descreveu um efeito secundário da prática bastante curioso: "Quando uso o ovo, meu cabelo grisalho desaparece e eu me sinto cheia de disposição. Quando não uso o ovo, o cabelo grisalho volta." Embora

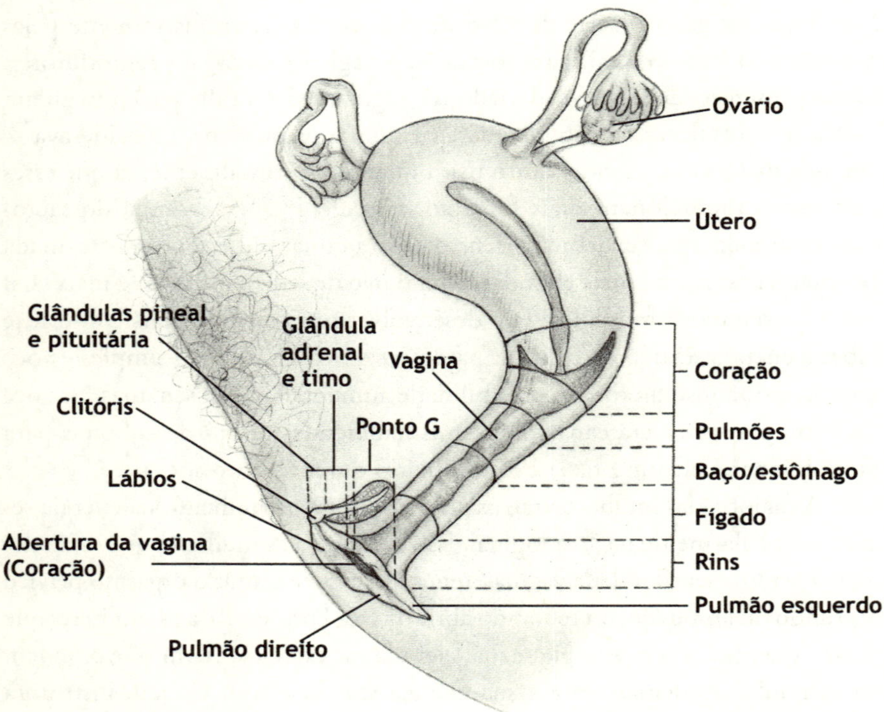

Pontos de acupressura dos órgãos genitais

eu não possa recomendar os exercícios em geral para melhorar a cor do seu cabelo, é verdade que eles ajudarão no seu equilíbrio e vitalização.

Apesar de os exercícios com o Ovo de jade serem em geral muito seguros, provavelmente é melhor evitar fazê-los durante a gravidez, ou se você tiver uma infecção ativa na vagina ou na bexiga.

ONDE ENCONTRAR UM OVO

Muitas lojas de pedras preciosas ou minerais têm ovos de pedra. Assim como todas nós temos alturas e pesos variáveis, a largura e o comprimento da vagina variam enormemente. Você deve escolher um ovo que lhe seja confortável. Em geral, quem nunca teve um parto por via vaginal talvez deva escolher um ovo menor. As mulheres de corpo maior ou que tenham dado à luz por via vaginal talvez devam escolher um ovo um pouco maior. O tamanho médio dos ovos feitos com essa finalidade é de cerca de 2,5cm de diâmetro e cerca de 4cm de comprimento. Eles variam, contudo, do tamanho de um ovo de codorna ao tamanho de um ovo de galinha extragrande.

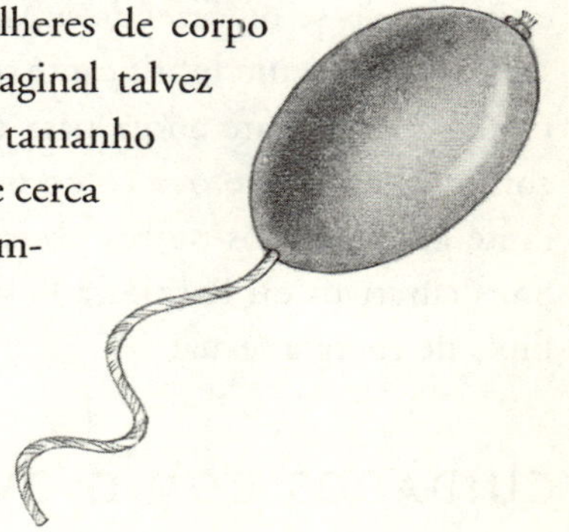

Os ovos de pedra são feitos de várias substâncias: jade, obsidiana, quartzo róseo, entre outros. Você pode usar qualquer delas que a agrade para os exercícios. Os ovos usados com mais freqüência para iniciantes são os de jade, pois eles suavemente acalmam e harmonizam o útero. (Na China antiga, a vulva e a vagina eram denominadas o Portão de jade.) Algumas mulheres se interessam pelas características energéticas ou curativas de outras pedras. Se for esse o seu caso, você talvez deva escolher a pedra depois de fazer uma pequena pesquisa. Recomendo enfaticamente que deixe a intuição guiá-la na seleção da pedra, pois você (e o seu corpo) sabe o que lhe será mais benéfico, melhor do que qualquer especialista nas características das pedras.[2]

Você pode adquirir ovos de pedra diretamente num centro de Tao curativo. Esses ovos são do tamanho "médio". São também perfurados verticalmen-

2 Maitreyi Piontek é uma instrutora de cura sexual taoísta para mulheres que fez o treinamento inicial com Mestre Chia. Ela mantém um site com informações a respeito de diferentes tipos de ovos: www.tao-of-sexuality.com.

te para que se possa passar um cordão através deles, o que permite a sua fácil remoção.

Quero enfatizar que você só deve fazer essas práticas *se elas parecerem boas no seu corpo*. Muitas mulheres sofreram estupro, incesto ou mesmo sexo consensual agressivo ou desagradável. Essas lembranças permanecem não só no cérebro, como igualmente na sensível área genital. Isso pode tornar qualquer tipo de penetração emocionalmente difícil. Se for esse o seu caso, não deixe de ir bem devagar com esses exercícios. Preste atenção às necessidades do seu corpo e *nunca force o ovo para dentro da vagina*. O corpo precisa estar receptivo e preparado antes da inserção do ovo.

O ideal é fazer esse exercício depois de a energia sexual já estar desperta-da e as secreções sexuais já terem começado a fluir. Você pode conseguir isso estimulando-se ou fazendo a Massagem dos seios. Se você for naturalmente seca, pode usar um lubrificante solúvel em água antes de inserir o ovo. A saliva também é bastante eficaz para essa finalidade. Depois que conseguir mover confortavelmente o ovo como descrito nos exercícios, você pode inseri-lo durante qualquer dos outros exercícios (Sorriso interior, Órbita microcósmica, Sons curativos ou Respiração ovariana), o que irá aperfeiçoar e intensificar o fluxo de energia sexual.

CUIDADOS COM O OVO

É importante que o ovo (e qualquer outra coisa!) esteja limpo antes de ser inserido na vagina. Antes de começar a prática, coloque o ovo na água e deixe ficar só até o ponto de fervura. Retire-o e deixe esfriar. Isso só é indispensável antes de usar o ovo pela primeira vez. Posteriormente, basta enxaguá-lo com água quente, depois de retirado da vagina. Se houver uma infecção vaginal, seria prudente ferver o ovo novamente depois de a infecção desaparecer.

Se o ovo for perfurado, verifique se todas as secreções vaginais foram removidas do furo. Se não foram, a maneira fácil de limpá-las é soprar em uma das pontas do ovo. Também dá certo deixar o ovo de molho durante a noite em uma solução de água e vinagre em partes iguais, que dissolverá as secreções. Se as secreções ainda estivem grudadas na parte interna, pode-se usar um limpador de cachimbo ou um outro objeto alongado e fino para removê-las.

É uma boa idéia de vez em quando, ou quando houver sangue ou outras secreções espessas, lavar o ovo com sabão e água. Lembre-se de que o tecido vaginal é muito sensível a fragrâncias e sabões, podendo ficar irritado com facilidade. Use um sabão delicado e sem perfume e, o mais importante, enxágüe bem.

Algumas mulheres se preocupam com a possibilidade de o ovo se "perder" na vagina. Em geral, o ovo pode ser facilmente expelido ao se ficar de cócoras, tossir ou fazer força para baixo, como numa evacuação intestinal. Até ser alcançado um bom controle sobre o movimento do ovo, é útil inserir um cordão no orifício perfurado para poder remover o ovo com facilidade. Passe um pedaço de cordão pela ponta mais estreita do ovo e amarre-o na parte externa da ponta mais larga. Ou dobre ao meio um pedaço de fio dental de mais ou menos 60cm, depois passe a ponta dobrada pela perfuração no ovo. Em seguida, passe as pontas soltas do fio dental pela alça que acabou de formar na outra extremidade e puxe firmemente. Se for difícil passar o fio pelo ovo, você também pode usar uma agulha de fundo largo para inserir o fio dental ou cordão, depois passar o fio pelo lado externo e amarrá-lo. Ter um cordão adequado também a ajudará a prender pesos no ovo, se você quiser, para maior fortalecimento vaginal.

A PRÁTICA DO OVO

Assim como em todas as práticas, você vai precisar de tempo e privacidade, bem como de uma atmosfera amorosa. Também ajuda muito ter bastante senso de humor, porque as primeiras tentativas nessa prática nunca deixam de ser desajeitadas! Depois de assimilados os procedimentos, a prática em si é realmente muito simples.

Sugiro que você inicie a prática travando conhecimento com o ovo. E não estou sugerindo que você tenha uma conversa com ele, embora certamente possa fazer isso, se quiser. Quero que você se sinta muito à vontade com o ovo, porque para essa prática, assim como para a vida em geral, nada (ou ninguém) devia chegar a estar dentro do seu corpo sem a sua permissão. Quero que você use a máxima delicadeza consigo mesma ao fazer essa prática. Ela deve enriquecê-la e animá-la, não lhe causar incômodo ou dor. Se em qualquer momento você sentir ansiedade ou incômodo, não deixe de interromper a prática. É mais importante você amar e respeitar os seus sentimentos do que fazer a prática "corretamente".

Comece deitando-se no chão e colocando o ovo sobre a barriga pélvica, logo abaixo do umbigo. Você pode segurar ou rolar o ovo sobre a barriga, tanto para deixar o corpo acostumar-se a ele quanto para fazê-lo chegar à temperatura do corpo. Se você já fez um exame pélvico com um espéculo frio, sabe como é difícil relaxar e receber bem aquela coisa quando ela parece uma invasão gelada. Na minha clínica, reservo tempo para aquecer os espéculos e lhe recomendo enfaticamente que reserve tempo para aquecer o ovo antes de inseri-lo na vagina.

Respire profundamente várias vezes, pelo nariz e até o abdome, e relaxe. Faça o Sorriso interior para o coração e sinta-o aquecer-se e abrir-se como uma rosa. Em seguida, sorria para os órgãos sexuais (útero, ovários, vagina e clitóris), sentindo-os encherem-se com a luz dourada do amor e começarem a se aquecer.

É ideal fazer a Massagem dos seios para aquecer mais o corpo e os órgãos sexuais. Como já comentamos, acaricie os seios de modo circular, usando pressões variadas para despertar o chi que naturalmente liga os seios aos órgãos genitais. Você deve massagear os seios e despertar o seu chi para que eles, por sua vez, permitam que o Portão de jade (a vulva) se dilate e se lubrifique, como preparativo para a prática do Ovo de jade.

Você pode inserir o ovo em qualquer momento, mas o ideal é que o Portão de jade esteja previamente lubrificado e preparado. Para despertar mais o chi sexual, você talvez deva fazer o auto-aperfeiçoamento, tocando o clitóris e a vagina. Quando o ovo estiver aquecido, coloque a ponta larga bem diante da abertura vaginal e acostume-se com o seu contato. Comece a contrair devagar o músculo PC em torno do ovo. Você talvez precise manter a mão sobre o ovo para fazer isso. Quando se sentir à vontade, faça uma ligeira pressão sobre o ovo e continue a contrair o músculo PC a fim de puxá-lo para dentro do corpo. Se você não estiver lubrificada, use um lubrificante solúvel em água ou óleo natural no ovo para facilitar a entrada.

Você pode notar que a parte "mais apertada" da vagina é o músculo PC e, depois de passar pelo músculo, o ovo desliza facilmente para dentro. Dependendo do tamanho do ovo e do tamanho da vagina, pode parecer que você está sendo esticada ou que não consegue sentir absolutamente nada (alguma coisa entrou mesmo ali?). As duas sensações são inteiramente normais. Se você teve dificuldade para sentir o ovo, fortalecer o músculo PC com os exercícios do capítulo 5 e fazer a prática do Ovo de jade aumentarão em muito a sua sensibilidade. É comum não sentir o ovo depois que ele passa pelo músculo PC (da mesma forma como você não nota um tampão que esteja ali).

Se você prendeu um cordão no ovo, puxe-o para fora ligeiramente enquanto contrai o músculo PC. Você deve sentir um leve puxão ou resistência. Se não sentir, talvez deva fortalecer mais o músculo PC, ou talvez precise de um ovo maior. Se teve filhos por via vaginal, e particularmente se o períneo se rompeu ou foi cortado durante o parto, pode ser difícil reter o ovo na vagina. Se for esse o seu caso, sugiro que continue a prática deitada ao comprido ou ligeiramente reclinada.

Se estiver confortável, fique de pé. A posição tradicional para essa prática é a da amazona. (Veja a ilustração na p. 210.) É uma posição muito vigorosa e a postura básica para a maioria das práticas de Chi kung. Chi kung é a prática de mover o chi pelo corpo enquanto se fazem movimentos básicos que facilitam o avanço do chi ao longo dos meridianos. A prática do ovo é semelhante a uma prática de Chi kung para os órgãos reprodutores. Fique com pés separados na largura dos ombros e firmemente assentados, os tornozelos e joelhos flexionados, a pelve retraída de modo que o sacro aponte para o chão, a coluna vertebral e o pescoço alinhados, a cabeça levemente curvada de modo que o alto da cabeça se projete para cima e o queixo fique retraído, e as mãos suavemente fechadas pousadas no alto das coxas, onde elas se unem aos quadris, com as palmas voltadas para cima, os cotovelos levemente dobrados.

Para manter o ovo na vagina, talvez você tenha de comprimir levemente o músculo PC. É útil usar roupa íntima, pois é provável que esses ovos escorregadios caiam freqüentemente no começo da prática e, se baterem no chão, eles podem quebrar. Como alternativa, você pode praticar nua, sobre uma toalha ou um tapete. Agora comprima suavemente a vagina em torno do ovo e veja se consegue senti-lo ali. (Veja a ilustração na p. 211.) Em nenhum momento durante os exercícios você deve sentir dor. Se sentir, pare e mude a posição do ovo ou o remova. É comum sentir quentura e/ou uma reação dolorida por usar músculos que não têm sido muito solicitados.

Agora tente mover o ovo para cima e para baixo (para dentro e para fora, se você estiver deitada), comprimindo e afrouxando o músculo PC. O ovo deve mover-se para cima em direção à cerviz, depois para baixo, até imediatamente antes do músculo PC. Se o ovo se mover para baixo (ou para fora) além do músculo PC, ele provavelmente cairá para fora (ou voará para fora, dependendo da força dos seus músculos!). Visualizar o ovo movendo-se na direção pretendida facilitará o seu deslocamento.

Se você quer verificar se o ovo está se movendo ou não, pode apalpar o cordão entre os dedos para ver se ele está se movendo para cima e para baixo. Outra alternativa é prender no cordão um pedaço de tecido, um pequeno anel ou outro objeto e observar como ele se move. Isso é mais fácil se você ficar de pé diante de um espelho. Você também pode colocar um dedo dentro da vagina e sentir se o ovo está se afastando do seu dedo e se aproximando dele de novo. O movimento para cima e para baixo ocorre entre o músculo PC e a cerviz.

Se o ovo não estiver se movendo, ele pode estar muito para cima na vagina. Tente empurrar o ovo para baixo (ou puxá-lo para baixo com o cordão) e recolocá-lo logo acima do músculo PC. Talvez ajude comprimir o músculo PC e empurrar para cima com a sua expiração. Empurre para baixo como se você estivesse tendo uma evacuação intestinal, a fim de mover o ovo para baixo

Postura de amazona

(ou para fora). Se você quiser expelir o ovo, empurre para baixo dessa maneira enquanto segura a respiração. No início, esses movimentos são difíceis porque não estamos acostumadas a usar os músculos pélvicos e o PC. Com prática, eles se tornarão muito mais fáceis.

Depois de conseguir mover o ovo para cima e para baixo, tente movê-lo para a esquerda e para a direita. Isso é um pouco mais difícil e exige o uso também de alguns músculos pélvicos e abdominais. Para mover o ovo para a esquerda, contraia o lado esquerdo do músculo PC e os músculos abdominais pélvicos à esquerda. Com a contração, ou o encurtamento, desses músculos, o ovo se moverá para a esquerda. Há outro músculo, o músculo perineal transverso, que pode ser fortalecido e treinado para auxiliar esse movimento. Ele é ativado pelos mesmos mecanismos. Contraia os mesmos músculos à direita a fim de mover o ovo para a direita. Mais uma vez, sinta o movimento do ovo com os dedos ou observe no espelho o movimento de um objeto a ele preso. O objeto pode balançar para trás e para a frente, como um pêndulo, enquanto você faz isso. Tente manter os quadris firmes e ainda fazer com que o objeto balance.

Em seguida, combine os movimentos, movendo para cima e para baixo, depois de um lado para o outro. Quando os músculos ficarem cansados ou você ficar sem fôlego, descanse. Com essas práticas, muito chi é produzido e você deve dar tempo aos órgãos sexuais para absorvê-lo.

Esse exercício pode ser integrado a muitas das outras práticas que você aprendeu. Para fazer a prática do Ovo de jade com a Respiração ovariana, prepare-se com a Massagem dos seios, depois insira o ovo. Mova o ovo para cima e para baixo e de um lado para o outro. O ovo pode ajudar a multiplicar a energia sexual na vagina e melhorar a prática da Respiração ovariana. Prossiga com a Respiração ovariana, usando a presença do ovo para aumentar a sua con-

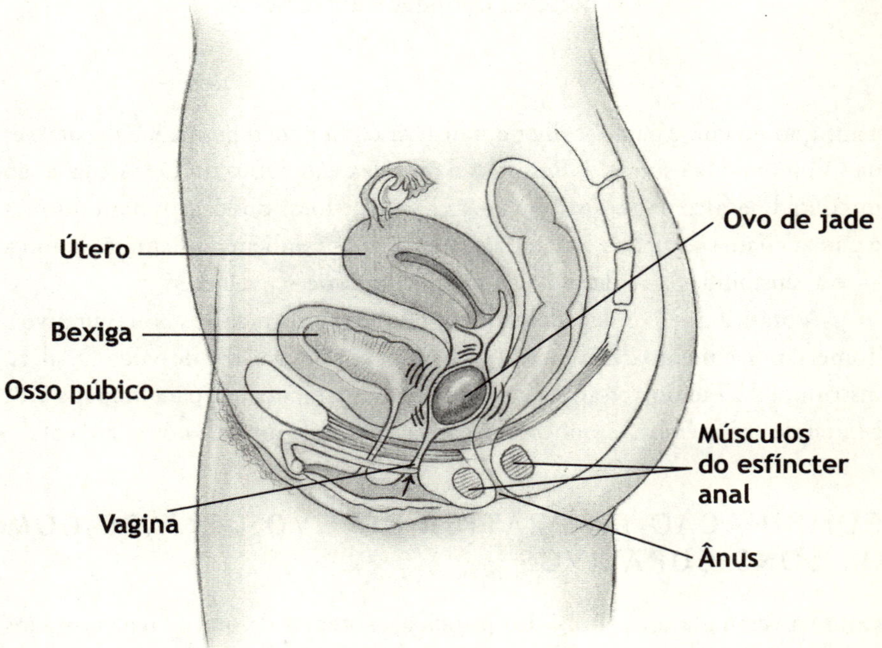

Compressão do Ovo de jade

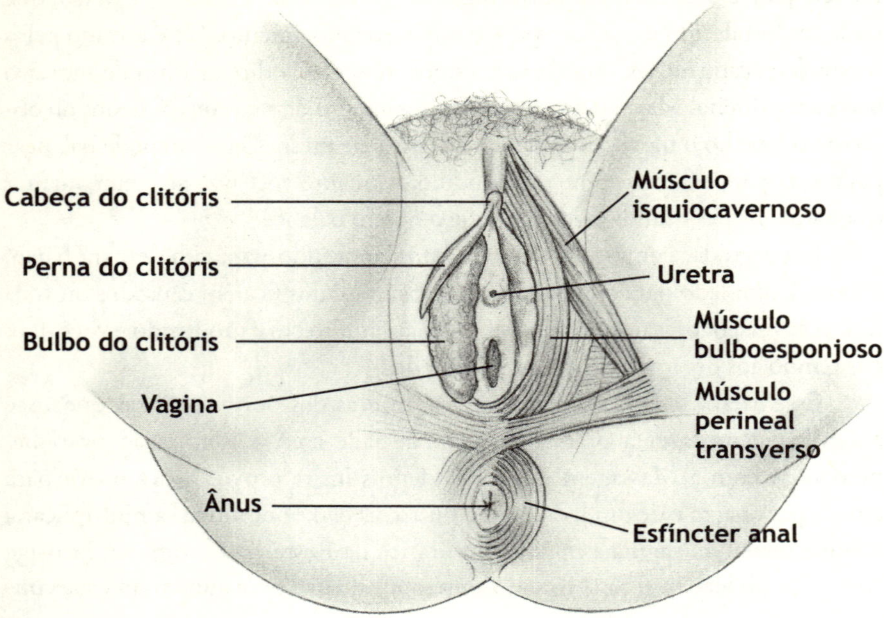

O músculo perineal transverso

centração no chi, e para recolher e transferir o chi para o períneo, e daí através da Órbita microcósmica. A Respiração ovariana e a prática do Ovo de jade são um duo dinâmico que contribuirá para a saúde e força dos órgãos reprodutores e para a chama sexual ao longo da sua vida. Elas também aumentarão a força — e a sensibilidade — da vagina à medida que você envelhecer.

A prática do Ovo de jade pode ser também integrada aos Sons curativos. Tomei conhecimento dessa prática inovadora por intermédio de Saida Desilets, instrutora do Tao universal, e a considero extremamente útil para limpar a área genital de experiências e emoções negativas que cada uma de nós guarda ali.

COMBINAÇÃO DA PRÁTICA DO OVO DE JADE COM OS SONS CURATIVOS

Como a vagina tem cada um dos principais sistemas de órgãos representados no seu interior, como se mostra na ilustração na p. 204, é possível fazer os Sons curativos para cada órgão enquanto o ovo de jade está na posição correlata na vagina. Para esse exercício, sugiro que você tenha à sua frente a folha de resumo dos Sons curativos (veja as p. 88-89). Prepare-se para a prática do Ovo de jade como já ensinado e insira o ovo; talvez você deva também fazer alguns dos movimentos básicos para despertar o chi vaginal. Você vai fazer contrações em torno do ovo em cada um dos principais pontos de órgãos enquanto faz o Som curativo para aquele órgão.

Você pode observar na ilustração que a área do coração fica tanto na entrada da vagina quanto na cerviz. Isso se deve ao fato de o útero ter o seu sistema de acupressura próprio, começando com o coração na cerviz e os pulmões em torno da cerviz. Os taoístas antigos ensinavam que é preciso abrir o coração de uma mulher antes de entrar na sua vagina porque a área do coração fica também na entrada da vagina. Se o seu coração estiver amoroso e aberto para com você mesma, o músculo PC na entrada da vagina relaxará e esse exercício será muito mais prazeroso. Se você estiver sentindo-se tensa ou pouco à vontade, fazer o Sorriso interior para o coração e os órgãos sexuais irá ajudá-la a relaxar e se abrir para a prática.

Comece deitando-se confortavelmente, estirada ou um pouco reclinada. Coloque o ovo entre os pequenos lábios, que simbolizam os pulmões. Sorria para os pequenos lábios e inspire profundamente. Expire, liberando qualquer mágoa que esteja associada aos órgãos sexuais e emita o som SSSSSS. Libere qualquer mágoa que você possa ter sentido, e guardado, nos órgãos genitais. Algumas mulheres acham útil visualizar a liberação das "emoções negativas" no ovo. Inspire a luz branca da coragem e sinta-a encher a vagina. Repita mais duas vezes, relaxando entre os sons. Assim como ocorre com os Sons curativos, você pode escolher qualquer emoção associada àquele órgão que se relacione mais com você.

Em seguida, coloque o ovo logo no começo da vagina na região dos rins, onde você pode comprimi-lo com o músculo PC. Assim como no exercício de Flexões do músculo PC, relaxe o músculo PC enquanto inspira e contraia enquanto expira. Inspire profundamente e depois expire, comprimindo o músculo PC em torno do ovo e emitindo o som TCHUUUUU. Expire, liberando para o chão ou para o ovo quaisquer sentimentos de medo que você mantenha na vagina. Não há necessidade de conservar medos do passado. Relaxe e deixe que eles fluam para fora do seu corpo. Enquanto relaxa, inspire a luz azul da suavidade. Assim como para todos os sons, repita duas vezes.

Agora mova o ovo para a região do fígado, logo depois do músculo PC. Como fez antes, expire e comprima o ovo, emitindo CHHH. Libere qualquer raiva que você guarde na vagina. Enquanto relaxa e inspira, encha a vagina com a brilhante luz verde da bondade.

Mova o ovo mais para dentro da vagina, até a área do baço e estômago no meio da vagina. Expire e comprima o ovo, emitindo RÔÔÔÔÔ. Libere qualquer culpa ou preocupação que você guarde nos órgãos genitais. Relaxe e inspire, enchendo a vagina com a luz amarelo-ouro da compaixão.

Por fim, mova o ovo o máximo possível para dentro, de modo que ele fique em contato com a cerviz. Simplesmente empurre o ovo com os dedos em direção ao fundo da vagina e ele provavelmente ficará junto à cerviz. Não se preocupe — o ovo não se "perderá", pois a vagina é um espaço fechado. Expire e faça compressão em torno do ovo, apertando a cerviz e o ovo simultaneamente, e expirando RÓÓÓ. Libere qualquer impaciência que possa ter sentido com a sua sexualidade para o chão ou para o ovo. Inspire, enchendo a vagina e a cerviz com a luz vermelha da alegria e da vivacidade. Lembre-se de que deixar a cerviz flexível e solta irá ajudá-la a abrir o terceiro portão das suas águas.

Deixe todas as cores e emoções positivas se misturarem dentro da vagina, agora cintilante com chi. Descanse alguns minutos e permita que a energia seja absorvida. Em seguida, remova suavemente o ovo. Se você visualizou as emoções negativas fluindo para o ovo, vai querer purificá-lo. Deixá-lo sob água corrente durante alguns minutos, ou de molho em água durante a noite, permitirá que as energias negativas fluam inofensivamente para fora e de volta à terra.

Os exercícios do Ovo de jade podem ajudar todas as mulheres a manter os órgãos sexuais tonificados e energizados. Isso é particularmente importante ao entrar nos anos maduros da vida, quando a tonicidade e a lubrificação vaginais podem diminuir. O Ovo de jade é uma das práticas que podem ajudar cada uma de nós a se tornar uma "coroa cheia de disposição".

ALÉM DA MENOPAUSA: TORNAR-SE UMA COROA CHEIA DE DISPOSIÇÃO

"A força mais criativa do mundo é a mulher na pós-menopausa com entusiasmo."

MARGARET MEAD

Antigamente ignorada ou vista como questão médica, a menopausa está enfim sendo levada a sério como a transição profunda, e às vezes penosa, que é. A experiência da menopausa de uma mulher varia extremamente, dependendo da sua fisiologia particular e das suas circunstâncias de vida. Tenho visto mulheres atravessarem a menopausa com poucos sintomas e certa alegria pelo fim da menstruação e pela passagem à fase seguinte da sua vida. Tenho visto outras mulheres, inteligentes e equilibradas, desabarem e se consumirem emocional e fisicamente, com a impressão de que a sua vida foi apanhada por um furacão. Não ajuda em nada o fato de que a perimenopausa e a menopausa freqüentemente ocorram na fase da vida em que os filhos estão às vezes nos anos difíceis da adolescência, e em que a saúde e independência dos pais estão muitas vezes declinando. Pode se difícil separar o que são sintomas da menopausa decorrentes de alterações da menopausa e o que podem ser fatores emocionais ocasionados por numerosos agentes estressantes.

A menopausa começa no dia em que o ciclo menstrual houver cessado por um ano. Entretanto, as alterações que levam à menopausa, como o declínio nos níveis de estrogênio e progesterona, começam até uma década antes da menopausa. Com freqüência, isso resulta em regras irregulares, que podem ser menores ou significativamente mais intensas. O desejo sexual pode flutuar com as modificações nos níveis de hormônios. Durante a transição da menopausa, até 85% das mulheres nos Estados Unidos sentem ondas de calor, segundo a Sociedade Norte-Americana para a Menopausa. Outros sintomas são comuns, mas de modo algum universais, incluindo perda de memória, pouca concentração e desconforto vaginal. Depois que o corpo da mulher completa a transição da menopausa, a maioria dos sintomas, com a exceção do ressecamento da vagina, desaparece. A geração de filhos pode não ser mais possível, mas o nascimento de uma nova individualidade criativa é, sem dúvida, possível.

A maioria das praticantes taoístas que entrevistei apresentou muito poucos sintomas de menopausa e terminou a menopausa com a vitalidade e a individualidade sexual intactas. Considerando-se como os sintomas da menopausa podem ser perturbadores para algumas mulheres, fiquei impressionada com a relativa facilidade com que as praticantes taoístas passam pela transição da menopausa. Tive a sorte de conhecer Andrea, uma vibrante instrutora do Tao curativo de 60 anos de idade, que me contou não haver apresentado sintomas da menopausa e que as suas regras simplesmente cessaram, sem ondas de calor, alterações emocionais nem desconforto vaginal. Ela continua tendo farta energia sexual e uma vida sexual satisfatória.

AJUDA PARA OS SINTOMAS DA MENOPAUSA

Tratar os sintomas da menopausa é importante para a realização sexual da mulher porque muitos dos sintomas — insônia, oscilações de humor, irritabilidade — afetarão intensamente o impulso sexual. Os sintomas da menopausa variam largamente entre mulheres e entre culturas. Como mencionei, até 85% das mulheres nos Estados Unidos sentem ondas de calor, enquanto no Japão isso só ocorre com 15% das mulheres. Essas diferenças podem ser genéticas, culturais ou dietéticas. Formulou-se a hipótese de que isso talvez se deva às quantidades muito maiores de produtos de soja na dieta asiática. Algumas mulheres atravessam a menopausa "naturalmente" enquanto outras são severamente atormentadas por sintomas emocionais, intelectuais e físicos. (Veja "Sintomas da menopausa".)

SINTOMAS DA MENOPAUSA

- Ondas de calor
- Insônia
- Dor de cabeça
- Dores nas articulações
- Ressecamento vaginal
- Cansaço
- Ansiedade
- Irritabilidade

O tratamento dos sintomas da menopausa poderia encher um livro inteiro, mas eu abordarei de forma breve os tratamentos holísticos que podem ser úteis. Recentemente demonstrou-se que a terapia hormonal com estrogênio, e às vezes progesterona — terapia antes considerada a "panacéia" para todos os distúrbios da menopausa —, aumenta o risco, ainda que ligeiramente, de câncer de mama, doença cardíaca, derrame, coágulos sanguíneos e demência. Por isso, é essencial que as mulheres tirem o máximo partido de estratégias que não envolvam hormônios e só usem a terapia hormonal quando absolutamente imprescindível para alívio de sintomas e durante o menor tempo possível.

PRÁTICAS MEDITATIVAS TAOÍSTAS

Alguns sintomas da menopausa são suscetíveis de tratamento que não envolve hormônios. As praticantes taoístas parecem sentir ondas de calor em quantidade e intensidade menores quando fazem as práticas da Respiração ovariana e Órbita microcósmica. Rayna, uma instrutora do Tao curativo, descreve a sua experiência: "Quando entrei na menopausa e comecei a sentir ondas de calor aos 45 anos de idade, a Respiração ovariana me fez passar rapidamente por qualquer desconforto. Podia livrar-me de uma onda de calor em três a cinco minutos. Já há cerca de seis anos não tenho sintoma algum e estou quase com 58 anos." Se você está tendo sintomas da perimenopausa ou da menopausa, experimente fazer a Respiração ovariana diariamente e veja se ela ajuda.

Diversos estudos recentes sugeriram que qualquer prática meditativa pode reduzir as ondas de calor em até 50%. E o exercício — além de reduzir a doença cardíaca, desenvolver a massa óssea e melhorar o sono — também reduz os sintomas da menopausa. Tanto a obesidade quanto fumar cigarros pioram as ondas de calor, portanto perder peso e deixar de fumar ajudarão nos sintomas da menopausa e também reduzirão o risco de doença cardíaca e osteoporose. Evitar os "desencadeadores" de ondas de calor também é útil. (Veja "Desencadeadores de ondas de calor".) Muitas das minhas pacientes têm se beneficiado da assistência de um praticante da medicina tradicional chinesa, usando ervas e acupuntura para tratar os seus sintomas.

DESENCADEADORES DE ONDAS DE CALOR

- Álcool
- Cafeína
- Alimentos quentes ou picantes
- Estresse
- Bebidas quentes
- Ambiente quente

CIMICÍFUGA

A cimicífuga é uma planta que parece reduzir as ondas de calor e outros sintomas da menopausa. É bem tolerada pela maioria das mulheres, embora algumas possam sentir náusea, suor e alterações visuais. Recomendo o uso de suplementos herbáceos de distribuidores bem-conceituados, pois o conteúdo dos suplementos não é controlado pela Anvisa e com freqüência varia muito. Pedir informações a um especialista em ervas, na loja de produtos naturais ou no herbanário locais, irá ajudá-la a determinar quais marcas na sua área merecem confiança. A maioria dos estudos foi realizada usando a marca Remifemin, que é um extrato padronizado. As dosagens variam de 20mg a 1.000mg, duas a três vezes ao dia. Tal como para todos os medicamentos, use somente o que você necessita para o efeito desejado. A ingestão com alimentos reduzirá a náusea.

FITOESTROGÊNIOS

Atualmente, cerca de metade dos muitos estudos clínicos realizados confirmam a eficácia dos fitoestrogênios no alívio das ondas de calor, ao passo que cerca da metade dos estudos não a confirmam. Evidentemente, essa não é uma razão decisiva para sair correndo e comprar um suplemento de fitoestrogênio, mas aumentar a quantidade, na dieta, de alimentos com fitoestrogênios naturais pode ser uma boa idéia, pois eles trazem muitos benefícios à saúde — e podem também reduzir as ondas de calor. Os fitoestrogênios são compostos semelhantes ao estrogênio encontrados nas plantas; são muito menos potentes do que o próprio estrogênio. Em alguns tecidos, eles agem como o estrogênio; em outros, eles podem opor-se à ação do estrogênio.

Existem três categorias de fitoestrogênios — isoflavonas, lignanos e cumestranos. (Veja o quadro na p. 219.) As isoflavonas, especialmente as da soja, são os fitoestrogênios mais potentes e, de longe, os mais extensamente estudados e os mais amplamente disponíveis. As isoflavonas da soja estão presentes em soja verde ou cozida (*edamame*), tofu, leite de soja e outros derivados da soja. A soja tem muitos outros efeitos benéficos para a saúde, como reduzir o colesterol e o risco de doença cardíaca e estimular a função imunológica.

Embora os países com a maior quantidade de fitoestrogênios na dieta pareçam apresentar uma incidência *menor* de câncer de mama, existe certa preocupação acerca dos efeitos dos fitoestrogênios sobre as células mamárias. Alguns estudos em laboratório demonstraram que os fitoestrogênios podem aumentar o crescimento de tecido mamário humano normal, levando-nos a questionar se eles poderiam aumentar o risco de câncer de mama. Os fitoestrogênios na dieta parecem ser seguros para todas, mas muitos especialistas alertariam as mulheres com câncer de mama, ou com um histórico familiar de casos de câncer de mama, para não tomar um suplemento de fitoestrogênio concentrado. Da mesma forma, tenha cautela se estiver tomando o fluidificador sanguíneo warfarina (Coumadin), pois a soja pode alterar os seus efeitos.

Além de aumentar a quantidade de soja e outras leguminosas na alimentação, acrescentar linhaça à dieta pode ser benéfico por muitas razões. Duas colheres de sopa de linhaça por dia podem reduzir as ondas de calor. A linhaça também contém ácidos graxos ômega-3, que melhoram o colesterol, reduzem o risco de doença cardíaca e têm um efeito antiinflamatório geral que pode ser útil para eczema, artrite e outros quadros inflamatórios. Pode-se ingerir óleo de linhaça se ele for mantido frio e não for aquecido antes do uso (por exemplo, usado em saladas, não em cozimento). Em geral, encorajo as mulheres a usarem a linhaça, que tem a vantagem de também ser um ótimo suplemento de fibras, mas ela precisa ser moída em um moedor de café reserva (ou não utilizado para outros fins) imediatamente antes do uso para liberar os seus óleos. O pó deve então ser salpicado sobre flocos de cereais ou saladas, ou colocado em vitaminas.

CLASSE DE FITOESTROGÊNIOS	FONTE ALIMENTAR
Isoflavonas	Leguminosas (soja, grão-de-bico, trevo-vermelho, lentilha)
Lignanos	Linhaça, quantidades menores na lentilha, cereais integrais, grãos, frutas, verduras
Cumestranos	Trevo-vermelho, semente de girassol, couve-de-bruxelas

SUPLEMENTOS NUTRITIVOS

Pode ser difícil obter da dieta todos os nutrientes de que você precisa. Recomendo a todas as minhas pacientes, mas especialmente às mulheres na menopausa, um bom complexo vitamínico que contenha mais do que a dose diária recomendada de complexo B. As vitaminas B podem ajudar nos sintomas dos seios e também contribuir para a prevenção de doença cardíaca. A vitamina E, de 200 a 300UI, pode também exercer um efeito benéfico sobre os sintomas da menopausa. Ingerir cálcio sob qualquer forma, 500mg duas vezes ao dia com 200 a 400UI de vitamina D, é importante para a prevenção da osteoporose. Às vezes, recomendo que as minhas pacientes preparem uma nutritiva vitamina "menopáusica" pela manhã, com um suplemento de cálcio em pó ou líquido, um complexo vitamínico em pó ou líquido, duas colheres de sopa de linhaça moída, tofu ou leite de soja, adoçante (eu prefiro a stévia, que pode ser encontrada nas lojas de produtos naturais) e a polpa congelada da sua fruta preferida (as frutinhas vermelhas acrescentam antioxidantes). Essa mistura energética proporciona um reforço nutritivo no início do dia e pode reduzir os sintomas da menopausa.

TERAPIA HORMONAL

Depois de tentar todas as recomendações mencionadas, algumas das minhas pacientes continuam apresentando ondas de calor debilitantes, oscilações emocionais, insônia ou dificuldades com a memória ou a concentração. Nesses casos, receito hormônios, na dose mais baixa que seja eficaz e somente enquanto for necessário. Em geral, tento desacostumar as mulheres do estrogênio por volta da idade em que o processo da menopausa naturalmente termina — 55 anos em média. Atualmente temos prova de que continuar com o estrogênio por mais de cinco anos depois do período da menopausa aumenta o risco de câncer de mama, por isso encorajo as minhas pacientes a suspenderem o estrogênio antes dessa época, se possível.

Os estudos de confiança de que dispomos sobre a terapia de reposição hormonal usam um estrogênio sintético, Premarin, que é diferente dos estrogênios que o corpo produz naturalmente. Não dispomos de estudos que indiquem que os "estrogênios bioidênticos" — isto é, os que são idênticos aos produzidos no corpo — sejam mais seguros quando usados na menopausa. Quando receito hormônios, contudo, tem sentido para mim usar estrogênios e progesteronas que o corpo já esteja acostumado a receber. Estradiol, estriol e estrona são estrogênios bioidênticos que se acham disponíveis em comprimidos, adesivos e cremes. Esses estrogênios podem ser combinados, por uma farmácia de manipulação, em cremes, cápsulas ou pastilhas com sabor, que dissolvem na boca. Comprimidos e adesivos sob receita estão também disponíveis com estradiol.

Se você ainda é a orgulhosa proprietária do seu útero, precisará tomar progesterona junto com o estrogênio para evitar o câncer uterino. A progesterona impede que o revestimento do útero "prolifere" ou fique tão espesso que seja maior a probabilidade do desenvolvimento de células cancerosas. A "progesterona natural" (vendida sob o nome comercial de Prometrium) está disponível em cápsulas para essa finalidade. Algumas das minhas pacientes que devem evitar o estrogênio têm experimentado cápsulas ou cremes com progesterona natural para o tratamento de ondas de calor com grande êxito.[3]

SEXO E MENOPAUSA

Uma das principais queixas que ouço das minhas pacientes na perimenopausa e na menopausa é que o impulso sexual diminuiu. Psicologicamente, o impulso sexual é acionado fundamentalmente pela testosterona, que também se reduz com a menopausa. É importante observar, porém, que essas mulheres não sentem uma redução na *satisfação* sexual. Como o sexo e o prazer trazem muitos benefícios — aumento dos hormônios sexuais, intimidade e bem-estar geral —, encorajo as minhas pacientes a reservarem tempo para ter intimidade sexual, quer elas sintam ou não o mesmo desejo ardente de quando tinham 30 anos. Como disse uma das minhas pacientes, de 52 anos: "Agora a minha mente tem de fazer o trabalho que o meu corpo costumava fazer." A maioria das minhas pacientes na menopausa consegue ter orgasmo com a mesma in-

3 Os cremes com progesterona natural terão de ser preparados por uma farmácia de manipulação. Muitos cremes com progesterona de inhame-selvagem podem ser comprados sem receita médica, mas as pesquisas ainda não comprovaram a sua eficácia.

tensidade de antes e, depois que resolvem fazer sexo, elas ficam contentes por terem feito! Quando conversei com a minha paciente Danya sobre as suas experiências com o desejo depois da menopausa, ela disse: "De forma generalizada comigo e com as minhas melhores amigas — e todas nós éramos 'fogosas' assumidas no passado —, o desejo simplesmente sumiu. Todas nós sentimos a mesma coisa: muito bem, maridos, vocês têm de fazer por onde, vocês têm de nos deixar interessadas. Mas depois que ficamos interessadas, é tão bom quanto antes, se não melhor."

É interessante que as mulheres na pós-menopausa que são praticantes do taoísmo parecem continuar a ter uma libido plena e ativa. Como elas desenvolvem a energia sexual na sua prática diária, faz sentido que a sua energia sexual, ou jing chi, permaneça alta. Na realidade, o fenômeno "use ou perca" tem também uma base fisiológica. Quando se faz sexo e se tem orgasmo, muitos hormônios são liberados, incluindo testosterona, estrogênio e DHEA, que ajudam o corpo a querer ser sexual mais uma vez. Embora essa cadeia de realimentação positiva (o sexo aumenta o desejo, que leva a mais sexo) aconteça ao longo de toda a vida, ela é particularmente importante durante a vida mais madura, quando os hormônios sexuais são naturalmente mais baixos.

Muitas ervas e muitos suplementos são formulados para supostamente aumentar a libido. Contudo, não existem atualmente nos Estados Unidos estudos seguros que demonstrem a sua eficácia. E, embora a ingestão de estrogênio suplementar evidentemente auxilie na lubrificação vaginal, o estrogênio não aumenta necessariamente o impulso sexual. Por outro lado, muitos estudos comprovaram que a suplementação com testosterona aumenta o interesse sexual. O que você talvez *não* saiba é que a testosterona também atua como antidepressivo em ambos os sexos. Infelizmente, outros sinais da testosterona ativa incluem a redução do cabelo na cabeça e o crescimento de pêlos em locais tradicionalmente masculinos — queixo, lábio superior, peito e barriga — e, em níveis mais altos, a mudança da voz para um tom mais grave. Curiosamente, a testosterona é aumentada pela atividade ou por pensamentos sexuais, pelo exercício físico e pelo êxito em competições e discussões. Ela é mais elevada do que a média nas mulheres que têm uma profissão, mas é *essencial* para o bem-estar das mulheres na pós-menopausa. Os níveis de testosterona diminuem depois da menopausa, porém, proporcionalmente, os níveis de estrogênio na verdade diminuem *mais*, de modo que o corpo pode reagir a um nível de testosterona *relativamente mais elevado* e manifestar *mais* efeitos de testosterona. Talvez seja essa a razão por que algumas mulheres tenham a libido *aumentada* (assim como mais pêlos no queixo) depois que as alterações hormonais da menopausa se completam.

As mulheres cujos ovários foram removidos perdem uma fonte de testosterona pós-menopáusica (e igualmente de estrogênio). Depois de ter o útero e os ovários removidos aos 50 anos e de se submeter à reposição hormonal, Danya observa: "A minha libido realmente caiu. Fiquei muito triste com isso. Ela não sumiu, mas antes eu era realmente quente. Foi como: o que aconteceu aqui?" Para essas mulheres, muitos médicos recomendam a reposição de estrogênio e testosterona até o que teria sido a idade natural da menopausa. Infelizmente, não dispomos de estudos a longo prazo sobre o uso da testosterona em mulheres na pós-menopausa. Sabemos, porém, que a testosterona piora as taxas de colesterol e o risco cardíaco da mulher quando administrada por via oral. Eu receito testosterona sob a forma de um creme que pode ser aplicado na pele ou na vulva. Usar um creme previne o efeito negativo que a testosterona oral pode exercer sobre o colesterol. Como a testosterona pode potencialmente estimular os órgãos reprodutores, existe também certa preocupação sobre se o uso de testosterona irá aumentar os índices de câncer de mama, ovariano ou uterino. Algumas das minhas pacientes, contudo, sentem uma perda tão profunda de impulso sexual que devem continuar a suplementação de testosterona. Isso talvez seja ainda mais adequado para as mulheres cujos ovários foram removidos, pois os seus níveis de testosterona são naturalmente mais baixos. Para as mulheres cujos ovários foram removidos bem antes da idade da menopausa, em geral receitamos estrogênio, progesterona *e* testosterona.

Outra queixa sexual comum durante e após a menopausa é que os tecidos vaginais podem ficar mais finos e menos elásticos em razão das quantidades menores de estrogênio. O tecido vaginal mais frágil também secreta menos lubrificação, tornando a penetração às vezes desconfortável. Se a mulher continuar sexualmente ativa — especialmente se isso envolver a penetração —, os tecidos vaginais conservarão maior elasticidade e serão mais resistentes a lesões e infecções. A prática do Ovo de jade é uma excelente maneira de manter a força e a flexibilidade dos tecidos vaginais após a menopausa. Algumas mulheres sexualmente ativas, porém, ainda sentirão dor com a penetração. Usar um lubrificante durante o sexo é útil. (Veja a lista na p. 240.) Outros lubrificantes se destinam ao uso mais regular, para aliviar sintomas contínuos de ressecamento vaginal — quer você esteja ou não fazendo sexo. Esses "hidratantes vaginais" contêm carbopols, que aderem às células vaginais por vários dias. Replens é uma marca comum e é geralmente usado duas a três vezes por semana, ou mais quando necessário para o sexo. Alguns estudos indicam que a ingestão de mais fitoestrogênios pode também diminuir o ressecamento vaginal.

Se o sexo continua sendo desconfortável, em geral receito um creme, anel ou comprimido vaginal com estrogênio para aumentar a espessura e a elasticidade da vagina. Os cremes com estrogênio podem ser aplicados na vagina diariamente durante duas semanas e, depois, uma ou duas vezes por semana para aumentar a lubrificação e o conforto. Os comprimidos com estrogênio são usados com a mesma freqüência do creme, mas lambuzam um pouco menos. Em virtude das quantidades muito pequenas de estrogênio que são absorvidas na vagina e passam para a circulação com esses tratamentos em doses baixas, não se julga que eles aumentem o risco de câncer de mama ou uterino ou de coágulos sanguíneos. Contudo, ainda não dispomos de estudos sobre o uso a longo prazo. Toda mulher que teve câncer de mama provavelmente deve evitar qualquer tipo de tratamento com estrogênio, inclusive estrogênio vaginal.

Devido às alterações na elasticidade vaginal, as mulheres na pós-menopausa que não sejam sexualmente ativas de forma regular podem sofrer um estreitamento da abertura vaginal, tornando dolorosos o sexo e mesmo exames pélvicos futuros. Reiniciar a atividade sexual requer toques suaves e bastante lubrificação. Para essas mulheres, em geral recomendo um estrogênio vaginal. Se isso ainda não resolver, recomendo o uso de dilatadores graduados, tubos de tamanho progressivo, que podem aos poucos ir alargando a vagina no decorrer de algumas semanas, até a penetração ser confortável.

A penetração e o ato sexual são, naturalmente, partes opcionais da sexualidade. Muitas mulheres consideram o sexo oral e a estimulação manual ainda mais satisfatórios do que o ato sexual. E muitos homens mais velhos se vêem às voltas com a ereção. Portanto, não se esqueça de que existem muitas alternativas disponíveis na grande diversidade do toque sexual. Se a penetração não dá certo para você, experimente outras opções. Danya, por exemplo, recentemente começou um relacionamento com um ex-namorado que está com 79 anos. "Ele ainda não consegue manter a ereção e eu nem ligo. Ele não pára de agradecer a minha paciência e não há necessidade disso. O que as mulheres em geral não recebem em quantidade suficiente são todas as outras coisas (beijar, tocar, sexo oral). Tenho Viagra comigo e ele está disposto a tomar, mas não tenho vontade de lhe dar o comprimido. Estou gostando de todas essas outras coisas." Muitos casais mais velhos acham que, em vez de limitar as suas possibilidades sexuais, o afinamento vaginal e a dificuldade de ereção abrem um leque mais amplo e ainda mais satisfatório de possibilidades sexuais.

Cuidar-se bem — comer de forma adequada, fazer exercícios físicos, fazer as práticas meditativas taoístas e ter uma vida sexual ativa e entusiasmada — irá ajudá-la a se tornar a mulher mais velha vigorosa, animada e sensata que Margaret Mead descreveu como a força mais criativa do mundo. Isso reflete a experiência de Saskia, uma instrutora holandesa do Tao universal, que me contou: "No meu caso, a combinação da alimentação natural, sem carne, laticínios, açúcar ou álcool, com a Respiração ovariana me ajudou a não ter onda de calor alguma e de repente, mais ou menos aos 48 anos, a minha menstruação cessou completamente." A experiência da menopausa é diferente para cada mulher, mas tive o privilégio de ver um grande número de amigas e pacientes chegar ao outro lado da menopausa e se assumir em toda a sua força como mulheres sensatas e pessoas sensuais. O término dos anos reprodutivos de uma pessoa pode abrir espaço para o seu renascimento, com novas maneiras de encarar a espiritualidade, a criatividade e a sexualidade. Minha paciente Danya, que agora está com 63 anos anos, entrou no período mais dinâmico, criativo e sexualmente satisfatório da sua vida. Ela me contou: "Mais do que em qualquer época da minha vida, consigo nessa idade ser por inteiro quem eu sou sexualmente e ainda tenho a impressão de que há um caminho a percorrer. De certo modo, quero saber até onde posso ir e se existe um fim. Não tenho certeza de que *existe* um fim!" Quando perguntei a Danya o que contribuiu para que se sentisse mais sensual e mais livre agora do que em qualquer outra época da sua vida, ela respondeu: "Pela primeira vez em *toda* a minha vida, concentro-me só em mim mesma. Não tenho de cuidar de ninguém. Estou no meu ritmo." Espero que todas vocês que estão fazendo a transição para serem "coroas cheias de disposição" — ou que já o são — se dêem tempo para se concentrar em si mesmas, para descobrir o seu ritmo e explorar plenamente os limites da sua vida sexual. Talvez vocês também descubram que não existe fim.

A prática taoísta oferece muitos caminhos para desenvolver a saúde e, em particular, a saúde sexual, ao longo da nossa existência. Entretanto, por mais experiente que você seja na prática taoísta, provavelmente ainda haverá momentos em que se verá diante de problemas físicos — infecções genitais e dor — que podem impedir que você sinta o seu pleno prazer sexual. No capítulo seguinte, comentaremos uma abordagem abrangente e holística da saúde genital de modo que, quando for necessário, você tenha o poder de curar a si mesma.

CAPÍTULO 9

SAÚDE SEXUAL E CURA

Se você fizer os exercícios taoístas deste livro, ou qualquer prática espiritual que se concentre na compaixão e no amor-próprio regularmente, irá melhorar a saúde e fortalecer o sistema imunológico. Todos nós temos um poder extraordinário dentro do nosso corpo e, se praticarmos regularmente e nos alimentarmos de bom chi, adoeceremos menos. Isso não significa que nunca ficaremos doentes. Como médica, sei que às vezes a doença simplesmente se manifesta nos pacientes. Todos nós temos corpos que sofrem lesões e há momentos em que a resistência à doença está reduzida por causa de agentes estressantes físicos e morais. E a maioria de nós tem padrões de corpo particulares que expõem as nossas vulnerabilidades nos momentos de estresse. Dor lombar, dor no pescoço, dor de cabeça, garganta irritada, doença respiratória e dor de estômago são comuns, assim como as infecções genitais e a dor genital nas mulheres.

As mulheres são um tanto vulneráveis à dor e a infecções freqüentes nas áreas genitais em razão da sensibilidade dos tecidos e da natureza interna dos órgãos reprodutores. Apesar de a vagina e a vulva terem uma capacidade de cura surpreendente, mesmo depois de um trauma considerável como o parto, muitas mulheres vão sofrer, uma vez ou outra, dor ou infecções vaginais. E muitas vezes, além do incômodo físico, é também emocionalmente aflitivo sentir dor ou desconforto nos órgãos genitais, já que eles estão ligados tão fortemente à nossa identidade sexual e feminina. Em virtude dos tabus sociais a respeito do corpo das mulheres, é difícil discutir algo tão normal quanto a menstruação, quanto mais aquelas bolotas que apareceram na vulva ou aquela secreção vaginal de cheiro esquisito. Mas é praticamente impossível ter uma vida sexual erótica e divertida se as coisas não estiverem indo bem "lá embaixo". E quase toda mulher terá, uma vez ou outra, um problema com a saúde genital.

INFECÇÕES GENITAIS COMUNS

Quase toda mulher terá, em algum momento da vida, uma infecção vaginal ou do aparelho urinário. Comentarei em detalhes as medidas preventivas simples que podem ser adotadas para evitar esses episódios irritantes e sem dúvida dolorosos. Algumas mulheres podem ter problemas recorrentes com dor ou infecção genital que afetam significativamente a sua vida sexual. Dou orientações para o tratamento holístico de infecções persistentes, a fim manter equilibradas a saúde e a vida sexual.

INFECÇÕES DO APARELHO URINÁRIO

Por causa da nossa anatomia, as mulheres são particularmente vulneráveis a infecções genitais e urinárias, sobretudo quando são sexualmente ativas. A distância entre a uretra externa e a bexiga é curta, o que facilita bastante a viagem para as bactérias invasoras. As infecções do aparelho urinário (IAU) foram muitas vezes apelidadas de "cistite de lua-de-mel" porque o vaivém do ato sexual ajuda a levar bactérias para dentro da uretra feminina, onde elas então "sobem" até a bexiga, causando uma "infecção na bexiga". (As infecções no "aparelho urinário" dizem respeito a infecções da uretra, bexiga, ureter ou rins. A mais comum delas é a infecção da bexiga.) Isso ocorre com maior freqüência em casais recentes porque as bactérias ainda estão "se conhecendo". Por motivos que ainda não compreendemos totalmente, os casais de mais longa data são menos vulneráveis a esse fenômeno, teoricamente porque a pessoa cria defesas imunológicas contra as já conhecidas bactérias do parceiro e fica menos vulnerável.

Independentemente de você ter ou não um relacionamento agora, vale a pena seguir duas regras simples para evitar as infecções do aparelho urinário. *Beba bastante água*, para que o fato de urinar com freqüência enxágüe quaisquer bactérias potenciais. *Sempre urine depois de qualquer atividade sexual.* Se bactérias foram impelidas para dentro da uretra pelo sexo, você deve enxaguá-las.

Se, apesar dessas medidas, você começar a ter sintomas de uma IAU (veja "Sinais e sintomas de uma IAU"), mas não tiver febre nem dor lombar, comece imediatamente a beber grande quantidade de água — pelo menos dois a três litros por dia. Se beber bastante água, em alguns casos você pode enxaguar as bactérias mais depressa do que elas podem se multiplicar. Tomar um copo de suco de oxicoco (*cranberry*) ou de mirtilo (*blueberry*) (de preferência, não adoçado) ou comprimidos de oxicoco concentrado (em geral mais fácil, porque você obtém o oxicoco benéfico sem o açúcar existente nos sucos de oxicoco prontos comuns) ajudará você. Os comprimidos de oxicoco variam, mas em geral tomar o equivalente a 1.200mg uma ou duas vezes por dia será suficiente. O oxicoco e o mirtilo contêm uma substância natural que impede as bactérias de subirem pela uretra até a bexiga. Abstenha-se do ato sexual ou penetração de qualquer tipo até os sintomas desaparecerem. Talvez seja necessário continuar com os líquidos suplementares e o suco ou comprimidos de oxicoco durante três a cinco dias.

Se os sintomas se agravarem, persistirem por mais de três dias ou estiverem associados a febre ou a sintomas semelhantes aos da gripe, não deixe de procurar assistência médica. Depois que a infecção se instala, pode ser difícil tratá-la com métodos naturais. Em geral, uma série curta de antibióticos (três dias) cura uma infecção simples da bexiga, mas consulte o seu médico se continuar tendo sintomas. Se deixada sem tratamento, uma infecção na bexiga pode avançar pelo aparelho urinário e causar uma infecção renal (também chamada pielonefrite), que se evidencia pelos sintomas de uma IAU juntamente com febre, dor lombar e sintomas semelhantes aos da gripe. Uma infecção renal, como poderá confirmar qualquer mulher que a tenha sofrido, é uma infecção *grave* e precisa ser tratada com uma série mais longa de antibióticos fortes. Infecções renais não tratadas podem evoluir para infecções do sangue, ou sépsis, que podem ser fatais. Muitas mulheres podem ser tratadas de infecções renais em casa, mas algumas são tão graves que exigem a hospitalização. Se você estiver em dúvida quanto ao tratamento dos seus sintomas, não deixe de procurar o conselho do seu médico. Às vezes, as infecções do aparelho urinário podem ser confundidas com outras doenças e haver necessidade de testes de laboratório.

Se você continuar a ter infecções do aparelho urinário apesar de beber grande quantidade de água e de urinar depois de fazer sexo, tome diariamente um copo de suco de oxicoco ou três comprimidos de oxicoco concentrado. Se estiver usando diafragma, capuz cervical ou espermicida, tente um método anticoncepcional diferente, pois esses podem aumentar as IAU. Evite também os

SINAIS E SINTOMAS DE UMA IAU

- Ardência ao urinar
- Sentir necessidade de urinar com maior freqüência, mesmo quando muito pouca urina é expelida
- Dor difusa ou cólica logo acima do osso púbico
- Urina escura, sanguinolenta ou turva
- Qualquer dos sintomas acima, combinado com febre, dor lombar e sintomas semelhantes aos da gripe (o que pode indicar uma infecção renal)

preservativos revestidos com espermicida. Evite a estimulação regular e firme da área do ponto G, pois isso pode causar inflamação ou irritação da uretra. A acupuntura pode ser útil no tratamento de IAU recorrentes. Alguns praticantes holistas acreditam que suplementos acidófilos são úteis para repor, no cólon, na vagina e na vulva, as bactérias normais "benéficas" que são destroçadas por antibióticos, espermicidas e alguns lubrificantes. O desenvolvimento de bactérias benéficas mantém num nível mais baixo o total de bactérias prejudiciais que contaminam o aparelho urinário. No sistema taoísta, os rins estão relacionados com a bexiga e todos os órgãos sexuais, portanto use o Sorriso interior e os Sons curativos para enviar chi aos rins.

Finalmente, se você continuar tendo IAU, tomar um comprimido de antibiótico de "curto espectro" imediatamente antes da atividade sexual pode evitar o desenvolvimento de novas infecções. Um antibiótico de curto espectro é específico para as bactérias infectantes em questão, com menor probabilidade de destruir *todas* as suas bactérias benéficas. Normalmente, uma mulher teria de continuar a tomar o comprimido antes do sexo durante seis meses. Isso possibilita que a irritação crônica do aparelho urinário decorrente de infecções repetidas se cure. Ocasionalmente, tive pacientes que precisaram continuar com antibióticos preventivos durante anos, mas isso é raro. Se você está tomando um antibiótico regularmente, seria prudente tomar também um suplemento "pró-biótico", que repõe as bactérias benéficas eliminadas pelo antibiótico, de modo a evitar outras infecções, tais como as infecções por levedura. Na seção seguinte, comentarei os pró-bióticos com maiores detalhes.

INFECÇÕES VAGINAIS POR LEVEDURA

A vagina é um ambiente quente, úmido e propício para organismos. Quando tudo vai bem, a vagina abriga muitas bactérias benéficas, especialmente lactobacilos, que competem com o fungo e outras bactérias prejudiciais e as mantêm sob controle. Os lactobacilos secretam substâncias que prejudicam o desenvolvi-

SINAIS E SINTOMAS DE INFECÇÕES VAGINAIS POR FUNGO

- Prurido, dor ou ardência nas áreas vaginal e vulvar
- Secreção vaginal branca e espessa
- Dor durante o sexo com penetração, especialmente na entrada da vagina
- Dor ao urinar, em decorrência do contato da urina com a vulva inflamada

mento de outras bactérias e conservam a vagina em um estado acidífero saudável. Uma infecção por fungo ocorre quando esse equilíbrio se rompe e o fungo se desenvolve em grande quantidade. O fungo produz substâncias irritantes que causam a maioria dos sintomas de infecção por levedura: dor, ardência e prurido na vulva. Na maioria das vezes as mulheres apresentam sintomas associados a infecções por fungo (veja "Sinais e sintomas de infecções vaginais por levedura"), mas nem sempre. Ao contrário das infecções do aparelho urinário, é improvável que as infecções vaginais por fungo não tratadas sejam perigosas para a saúde. Se você tem sintomas, contudo, eles são *fatais* para o seu conforto e a sua vida sexual. A dor e o prurido podem ser bastante intensos.

A causa mais comum das infecções vaginais por fungo talvez sejam os antibióticos. Os antibióticos matam as bactérias benéficas que competem com o fungo pelas reservas e possibilitam que o fungo prospere. Por isso é importante tomar suplementos pró-bióticos durante e após toda série de antibióticos.

As infecções por fungo são mais comuns nas mulheres que têm parceiros sexuais masculinos. Parte disso pode dever-se ao fato de que o sêmen do seu amado altere a acidez e talvez as bactérias benéficas na vagina. Se você tem sofrido infecções por fungo e tem um parceiro, talvez deva pedir a ele que não ejacule dentro da sua vagina, use um preservativo ou, de preferência, passe a ter orgasmo múltiplo a fim de poder desfrutar do próprio prazer, sem atrapalhar a sua acidez vaginal. Alguns homens podem opor resistência a isso, mas explique que uma infecção por fungo vai afastá-lo completamente dos prazeres da sua câmara de jade, portanto é da máxima conveniência dele achar outros escoadouros, por assim dizer. Como ocorre com a maioria das infecções vaginais, parece ser maior a probabilidade de haver problemas quando se tem diversos ou novos parceiros do que quando se tem um parceiro de longa data. Com o tempo, um casal monogâmico provavelmente "equilibra" as bactérias e as reações imunológicas mútuas (parece romântico, não é mesmo?). Apesar de serem sexualmente *associadas*, em geral as infecções por fungo não são sexualmente transmitidas; ou seja, normalmente você não infecta o seu parceiro que, em seguida, a infecta de volta. Se você é sexualmente ativa com uma mulher e tem algum tipo de infecção vaginal, é importante não compartilhar brinquedos sexuais e evitar o contato de vulvas até se tratar. Em casos raros, mulheres com infecções por fungo crônicas podem estar sendo reinfectadas por parceiros masculinos. O fungo pode sobreviver sob o prepúcio do pênis não-circuncidado e nas vesículas seminais, que produzem parte do sêmen quando um homem ejacula. Se houver essa preocupação, o seu médico pode fazer uma cultura do esperma.

Qualquer elevação no estrogênio também elevará o risco de infecção por levedura. Isso inclui tomar pílulas anticoncepcionais, usar adesivos ou anéis anticoncepcionais e usar hormônios na pós-menopausa. Como seria previsível, os níveis mais elevados de estrogênio e progesterona durante a gravidez (assim como os níveis mais elevados de açúcar na vagina) *também* elevam o índice de infecções por levedura. Curiosamente, os dispositivos intra-uterinos (DIU) elevam o risco de infecções por levedura, não porque alterem os níveis de estrogênio, mas provavelmente em razão do efeito que os "filamentos" dos DIU exercem sobre a capacidade vaginal para remover organismos.

Algumas mulheres têm infecções vaginais por fungo somente durante ou após a menstruação, seja em decorrência da flutuação hormonal ou porque o sangue torna a vagina menos acidífera *e* mais úmida. Às minhas pacientes que sofrem esse problema, recomendo que usem o tratamento acidificante com ácido bórico, comentado na p. 232, de uma a três vezes durante a menstruação. Isso pode geralmente evitar a infecção menstrual por levedura.

As mulheres diabéticas são também muito mais propensas a infecções vaginais por levedura. Isso pode ocorrer porque os níveis elevados de açúcar nas secreções vaginais proporcionam uma fonte alimentar ideal para o fungo. É também provável que as defesas imunológicas prejudicadas por causa do diabetes sejam um fator. Dados existentes sugerem que o consumo de grande quantidade de açúcar ou de laticínios na dieta pode favorecer infecções por levedura. Manter uma dieta normal e bem equilibrada, restringindo os doces e laticínios, é sempre uma boa idéia para a sua saúde total, mas se as infecções por fungo recorrentes são um problema para você, experimente consumir menos açúcar concentrado e refinado e laticínios. Existem também cada vez mais indicações de que algumas mulheres com infecções por fungo recorrentes podem ter baixas reações imunológicas vaginais às leveduras em conseqüência de uma predisposição genética.

Existem medidas simples que você pode adotar para evitar as infecções vaginais por levedura. Mantenha a vulva e a vagina relativamente "secas", no sentido de que a lubrificação normal esteja presente nos pequenos lábios e na vagina, mas sem umidade excessiva (de suor, água etc.). O fungo gosta de viver em lugares quentes e úmidos. Sei que, em todo o resto do livro, estivemos falando sobre como *tornar* você quente e úmida, mas queremos reservar essa vulva ardente e molhada para a relação sexual. Quando não estiver envolvida no prazer sexual, você pode manter a vagina em ordem evitando o uso prolongado de roupas molhadas (como roupas de banho ou de ginástica). Use roupas íntimas de algodão (em vez de sintéticas), que têm menor probabilidade de reter a umidade e, assim, permitem que a vagina "respire". Isso é especialmente importante se você vive em um clima quente e úmido. As calças largas e as saias têm menor probabilidade de reter a umidade e irritar a vulva do que calças apertadas e shorts. As meias-calças são duplamente irritantes, por serem justas e sintéticas, e podem reter organismos levedados. Se você tem de usar meias-calças para trabalhar, pense também nas meias 7/8 ou nas antiquadas mas sempre sensuais cintas-ligas. Durante as regras, se você é propensa a infecções por levedura, troque os absorventes e tampões com maior freqüência, ou pense em usar uma ventosa menstrual macia, que recolhe o fluxo menstrual na cerviz (está disponível na maioria das farmácias). Usar protetores de calcinha regularmente (não só durante a menstruação) pode também aumentar a umidade vaginal — porque eles retêm o suor natural — e o prurido. E, por fim, algumas mulheres acham útil usar um secador de cabelos (com regulagem baixa, não quente demais) sobre a vulva depois do banho para manter a área seca. A sensação também é ótima!

Se você apresenta os sintomas de uma infecção por fungo e essa for a primeira ocorrência, vale a pena consultar o médico, pois outras infecções, mais comumente a vaginose bacteriana (de que falaremos em seguida), podem ser confundidas com uma infecção por levedura. Se você já sofreu infecções por fungo e tem plena certeza de que está tendo mais uma, é válido tentar tratá-la por si mesma, usando um creme ou supositório fungicida de venda livre, ou qualquer das estratégias holísticas comentadas a seguir, que tratam eficazmente a maioria das infecções por levedura. O alívio deve ocorrer dentro de dois a três dias, mas se os sintomas persistirem, consulte o médico para um diagnóstico definitivo. A minha experiência clínica é de que os tratamentos de um dia não funcionam tão bem quanto os de três ou sete dias, e a infecção freqüentemente reaparece. Esses tratamentos são seguros e são boas estratégias para mulheres que só raramente têm infecções por levedura. Um comprimido, fluconazol de 150mg, também está disponível sob receita médica. Uma dose irá curar uma infecção por fungo simples, mas, para aquelas mulheres que têm infecções com freqüência, em geral

FATORES QUE PREDISPÕEM ÀS INFECÇÕES VAGINAIS POR LEVEDURA

- Antibióticos
- Pílulas anticoncepcionais
- Terapia hormonal
- Gravidez
- Dispositivo intra-uterino (DIU)
- Manter a vagina em um ambiente úmido
- Diabetes

recomendo combinar o fluconazol com um creme fungicida, bem como pôr em prática as medidas preventivas comentadas antes e as opções holísticas comentadas nas páginas seguintes. Se você tem infecções por fungo recorrentes (mais de três em um ano), ou se os seus sintomas não forem aliviados pelo tratamento fungicida, não deixe de consultar o médico, pois outras infecções podem assemelhar-se às candidíases, e determinadas formas raras de cândida exigem tratamentos fungicidas diferentes e mais longos.

Se os sintomas não forem graves, evitar o que predispõe às infecções por fungo (veja "Fatores que predispõem às infecções vaginais por levedura") e tomar um pró-biótico, como um suplemento acidófilo de lactobacilo oral com um a dois bilhões de organismos vivos diariamente, pode ser útil para a prevenção ou o tratamento. Na Europa, há um lactobacilo idêntico aos lactobacilos humanos e, teoricamente, é mais eficaz, mas caso não encontre algo assim, eu sugiro simplesmente que se adquira um suplemento de lactobacilo de boa qualidade. Se a infecção por fungo estiver ativa, você pode auxiliar a cura, colocando um pouco do pó pró-biótico dentro da vagina. Se você mesma estiver inserindo um pró-biótico na vagina, pode simplesmente pegar uma pitada do pó entre os dedos polegar e indicador e inseri-lo; se o pó estiver acondicionado em cápsulas, você precisará abrir a cápsula ou, como alternativa, pode inserir a própria cápsula. O único inconveniente é que a substância da cápsula então se dissolverá e pingará da vagina, o que pode ser irritante se a vulva já estiver inflamada. Se estiver comprando cápsulas para essa finalidade, você terá de usar as cápsulas feitas de gelatina verdadeira, pois as cápsulas de gel vegetal não se dissolverão na vagina. Insira uma cápsula duas vezes por dia, durante duas semanas. Essa é também uma boa orientação a seguir durante e após o uso de antibióticos, para reconstituir as bactérias naturais.

Restabelecer o equilíbrio ácido da vagina é outra boa medida preventiva e um bom tratamento, especialmente quando os medicamentos fungicidas não estão dando certo. O ácido bórico é um pó branco que se encontra em qualquer farmácia e tem se mostrado eficaz no tratamento das infecções por levedura. Parece assustador, mas o ácido bórico é muito brando e é seguro para uso tópico. Insira uma pitada de ácido bórico na vagina antes de dormir quando estiver infectada, ou de dois em dois dias durante a menstruação, para prevenir infecções vaginais por levedura. A maioria dos estudos considerou o uso duas vezes por dia, com um total de aproximadamente 600 mg de ácido bórico. Como a secreção vaginal aumentada associada a ele pode ser irritante, sugiro começar usando uma vez por dia, à noite. Você pode também acondicionar o pó em cápsulas de gelatina e inseri-las na vagina, o que algumas mulheres acham mais fácil. Se preferir, peça ao seu médico para receitar cápsulas de ácido bórico equivalentes a 600 mg, que podem ser preparadas em uma farmácia de manipulação e usadas de uma a duas vezes por dia, durante 14 dias. O ácido bórico é eficaz para tratar mesmo infecções por fungo que não reagem ao tratamento com fungicida quando usado em uma dosagem de uma a duas cápsulas diariamente, durante duas semanas. Para infecções mais típicas, basta somente uma semana. *Nunca* tome o ácido bórico, pois ele é venenoso se for ingerido. Seria também prudente usá-lo quando necessário, em vez de regularmente, para evitar absorção sistêmica excessiva.

Como um pó seco está sendo colocado na vagina, a vagina vai "suar" e você vai notar uma secreção aquosa enquanto usar o ácido bórico. Por essa razão, é mais conveniente inseri-lo à noite. Em geral, isso não é problema, mas, quando a vulva está muito irritada, a secreção pode piorar a irritação. Nessa circunstância, recomendo usar um ungüento na vulva para protegê-la das irritantes secreções vaginal e de leveduras, possibilitando à vulva curar-se mais facilmente. Desculpe a comparação, mas a estratégia é semelhante àquela para evitar assaduras: usar um ungüento para separar a pele da umidade irritante. Um ungüento não-alergênico simples, que não contenha perfume, ervas ou óleos essenciais (que podem causar irritações), servirá. Algumas mulheres usam até um creme contra assaduras, mas tenha em mente que o componente zinco (que torna o creme branco) pode ser muito secativo para a pele. Uma alternativa natural que é calmante e funciona muito bem é um preparado de azeite de oliva, cera de abelha e geléia real, chamado Egyptian Magic. Pode ser encontrado nas lojas de produtos naturais e na internet, e também faz as vezes de um lubrificante cômodo se você não estiver usando métodos anticoncepcionais com látex. Outros médicos tiveram sucesso com vaselina simples. Todos esses "ungüentos" podem decompor preservativos, capuz cervical e diafragma de látex, portanto evite aplicá-los imediatamente antes de fazer sexo se você estiver usando látex.

VAGINOSE BACTERIANA

Muitos dos princípios para manter a vagina saudável e livre de infecções por fungo se aplicam igualmente à vaginose bacteriana (VB). A VB ocorre quando o equilíbrio natural das bactérias vaginais é perturbado e uma determinada bactéria, *gardnerella*, ou um outro tipo de bactéria chamado anaeróbica se desenvolvem em grande quantidade. À medida que as bactérias tomam conta da

SINAIS E SINTOMAS DA VAGINOSE BACTERIANA

- Irritação das áreas vaginal ou vulvar
- Secreção rala, de branca a cinza, com cheiro de peixe ou malcheirosa
- Dor no ato sexual (raramente)

população vaginal, por assim dizer, elas alteram o estado naturalmente acidífero da vagina, criado pelos lactobacilos. Quando a vagina fica menos acidífera, prosperam bactérias e outros organismos adversos, como os tricômonas. A VB é a infecção vaginal mais comum e é freqüentemente assintomática, ou seja, a mulher não faz a menor idéia de que está com esse problema. Muitas vezes verifico que uma mulher tem VB quando ela é descoberta durante um teste de Papanicolau rotineiro. Quando a VB provoca sintomas (veja "Sinais e sintomas de vaginose bacteriana", acima), é difícil distingui-los de outras infecções vaginais.

A VB sempre foi considerada uma infecção potencialmente irritante, mas benigna quanto aos outros aspectos. A maioria dos médicos só a tratava se incomodasse. Isso mudou um pouco na década passada, quando ficou evidente que a VB pode predispor as grávidas ao trabalho de parto prematuro. Dados mais recentes mostram que a presença da VB aumenta a probabilidade de a mulher apresentar testes de Papanicolau anormais. A VB provoca inflamação da cerviz, que pode ser confundida com as condições pré-cancerosas que o teste de Papanicolau busca detectar. A fim de distinguir entre a inflamação causada pela VB e as alterações pré-cancerosas reais, outros exames minuciosos, inclusive a repetição de testes de Papanicolau ou mesmo biópsias, podem ser necessários. Além disso, a VB pode, em raros casos, avançar da cavidade vaginal para o útero, causando uma infecção mais séria, a doença inflamatória pélvica (DIP). Ainda é verdade que a maioria das mulheres com VB não terá nenhum problema de saúde grave, mas talvez seja do seu máximo interesse tratá-la se for diagnosticada. Se você apresenta sintomas de VB, consulte o médico para fazer o diagnóstico com um exame pélvico, uma verificação do pH vaginal e uma análise das secreções vaginais por microscópio.

Como as infecções vaginais por levedura, a VB prospera quando as bactérias normais são destruídas por antibióticos ou aplicação de duchas. Ela também gosta de um ambiente menos ácido e, assim, tende mais a crescer quando substâncias como o sangue menstrual e o sêmen reduzem a acidez vaginal. Por isso, muitas das mesmas estratégias para as infecções por fungo igualmente prevenirão e tratarão as VB. Evite as duchas em todos os casos, pois elas desorganizam as bactérias. Tome pró-bióticos oralmente e pense em inseri-los na vagina quando estiver tomando antibióticos.

É provável que o seu médico receite um antibiótico, metronidazol ou clindamicina, que é formulado, teoricamente, para não eliminar as bactérias benéficas. Tanto os preparados orais quanto os vaginais são muito eficazes. A dificuldade com a VB é a recorrência freqüente, o que exigirá a repetição do tratamento. Nos casos muito recalcitrantes, usar o ácido bórico nas mesmas doses utilizadas para as infecções por fungo — 600mg inseridos na vagina, uma ou duas vezes ao dia — tratará a infecção. É também possível prevenir as infecções recorrentes inserindo uma pitada de ácido bórico uma ou duas vezes por semana. Às vezes, o uso de uma série prolongada de metronidazol vaginal ou oral (de 10 a 14 dias) é exigido para as infecções recorrentes.

DOENÇAS SEXUALMENTE TRANSMISSÍVEIS

Embora uma discussão minuciosa das doenças sexualmente transmissíveis (DST) esteja além do objetivo deste livro, a maioria de nós ou já teve uma DST ou já fez sexo com receio de contrair uma DST, portanto vou fazer breves comentários a respeito. As DST mais comuns, papilomavírus humano (HPV) e herpes genital, são transmitidas pelo contato de pele. Infelizmente, isso significa que, embora os preservativos reduzam a transmissão, eles não podem preveni-la totalmente, pois muito contato de pele acontece fora do preservativo. O herpes genital é doloroso, mas em geral não é perigoso e pode ser tratado convenientemente com medicamentos antivirόticos sob receita médica. Infelizmente, quando se tem herpes, é para sempre. O papilomavírus é a DST mais comum, que às vezes causa verrugas genitais e ocasionalmente provoca alterações pré-cancerosas e cancerosas na cerviz. As medidas mais importantes que você pode adotar para se proteger são limitar o número de parceiros sexuais e fazer testes de Papanicolau anualmente, para detectar a presença de câncer cervical. Sífilis e infestação de chatos são DST menos comuns que também podem ser transmitidas pelo contato de pele. Ao contrário do herpes e do HPV, porém, essas infecções podem ser facilmente tratadas e em geral curadas; portanto, se você tiver prurido, dor ou erupções que não consegue explicar, não deixe de procurar auxílio médico.

Clamidíase e gonorréia são DST comuns que podem ser prevenidas pelo uso de preservativo. É importante que as mulheres jovens façam testes quanto a essas doenças depois de terem novos parceiros sexuais, pois elas podem causar infecções assintomáticas do útero e dos ovários que podem prejudicar a fertilidade futura. Tricomoníase é uma infecção vaginal cuja transmissão diminui significativamente com o uso de preservativo. HIV e hepatite B são DST graves cuja transmissão pode ser significativamente reduzida pelo uso regular de preservativo. Assim, se você deseja ampliar a sua atividade sexual, não se arrisque. Use preservativos para o ato sexual com todos os parceiros novos, e preservativos ou barreiras dentais para o sexo oral. Se você mantém um relacionamento de longa data, faça os testes para DST antes de abolir os preservativos. Você pode salvar não só a sua vida sexual, como a sua vida.

DOR E PRURIDO GENITAIS

E se você *continuar* sentindo dor ou prurido genital e o seu médico tiver confirmado que você não está com infecção vaginal ou DST? Infelizmente, você não é a única. Muitas mulheres sofrem dor genital e dor com o sexo. Como a pele da vulva é extremamente sensível (uma coisa boa para o prazer), ela é também facilmente irritada (uma coisa ruim para o prazer). Se você parece ter uma "vulva ou vagina sensível", pense nela como um espetacular carro de corrida italiano, que precisa de muita manutenção, mas "Ah, quando está funcionando bem, cuidado!". Existem diversos princípios básicos para ajudá-la a manter os órgãos genitais em perfeita ordem de funcionamento.

EVITAR OS IRRITANTES CONHECIDOS

Se você tem irritação vaginal ou vulvar, evite as roupas justas ou sintéticas. A vulva precisa "respirar" e não ser apertada. Evite as duchas. Evite usar sabonete na vulva ou, se for necessário, use um sabonete suave e sem perfume. (Dove, Neutrogena e Basis são adequados.) Tente não usar protetor de calcinha diariamente. Tire logo as roupas suadas ou molhadas. Evite outros potenciais irritantes e alérgenos que possam estar irritando a sua pele sensível. (Veja "Substâncias potencialmente irritantes para a vulva" e "Potenciais alérgenos em produtos para os órgãos genitais".)[1]

---

1 Muitíssimos agradecimentos à dra. Elizabeth Stewart por comentá-los em detalhes no seu livro *The V Book* (p. 259).

SUBSTÂNCIAS POTENCIALMENTE IRRITANTES PARA A VULVA

- Sabonetes perfumados ou adstringentes
- Banho de espuma
- Alguns lubrificantes
- Alvejantes e amaciantes, especialmente quando em tiras
- Perfume, xampu e condicionador de cabelo
- Nonoxinol-9 e outros espermicidas
- Detergente para roupas perfumado
- Óleo de árvore-do-chá (tópico)
- Produtos de higiene desodorantes
- Papel higiênico perfumado

POTENCIAIS ALÉRGENOS EM PRODUTOS PARA OS ÓRGÃOS GENITAIS

- Benzocaína (anestésico tópico)
- Neomicina (antibiótico tópico)
- Gel de clorexidina em K-Y
- Desinfetantes
- Fragrâncias
- Propilenoglicol (encontrado em muitos lubrificantes)
- Cremes fungicidas
- Preservativos, diafragmas e capuzes cervicais de látex
- Corantes
- Sêmen (raro, mas acontece!)
- Preservadores (inclusive metil- e propilparabeno)

USAR LUBRIFICAÇÃO E HORMÔNIOS LOCAIS

Algumas mulheres simplesmente *necessitam* de mais lubrificação do que outras, e poucas coisas são mais irritantes para a vulva e a vagina do que fricção sem lubrificação (ui!). Pode haver necessidade de mais lubrificação em determinados períodos do mês devido a alterações hormonais, e o uso de tampões também resseca a vagina. As mulheres que tomam pílulas anticoncepcionais, estão amamentando ou estão na menopausa apresentam uma predisposição hormonal a ter menos lubrificação natural. Algumas mulheres que estão amamentando e muitas mulheres na menopausa necessitam de estrogênio vaginal adicional, a fim de restabelecer a espessura, a elasticidade e a lubrificação normais da vulva e da vagina, como observamos no capítulo anterior. Alguns medicamentos (inclusive para alergia ou anti-histamínicos) também podem secar as secreções vaginais quando tomados por muito tempo.

Os lubrificantes podem ser úteis em qualquer dessas situações e talvez sejam indispensáveis com o uso prolongado de brinquedos sexuais ou mesmo preservativos (que exigem mais secreções para deslizar suavemente sobre a pele). Há muitos lubrificantes disponíveis com propriedades diferentes. Se você estiver usando preservativo, diafragma ou capuz cervical, precisará usar um lubrificante solúvel em água ou à base de silicone, pois os lubrificantes à base de óleo causarão a decomposição do látex.[2] Quando os lubrificantes solúveis em água começarem a ressecar, simplesmente acrescente mais água (ou saliva) para "umedecê-los" de novo. Por serem solúveis em água, eles facilmente escorrem para fora da vagina. Os lubrificantes solúveis em água que contêm glicerina permanecem úmidos por mais tempo, mas algumas mulheres acham que a glicerina pode causar irritações ou contribuir para as infecções vaginais. Os lubrificantes sem glicerina simplesmente precisarão ser renovados (com água) ou reaplicados com maior freqüência. Os lubrificantes solúveis em água variam de finos e deslizantes (o que imita as secreções naturais da vagina) a mais espessos e semelhantes a gel. Os lubrificantes mais espessos permanecem por mais tempo e são úteis para a atividade clitoriana e para facilitar a penetração anal.

Os lubrificantes à base de silicone permanecem "mais úmidos" por mais tempo do que outros lubrificantes solúveis em água. Como não são absorvidos pelos tecidos vaginais, eles permanecem sobre a superfície da vulva e da vagina, o que os torna duradouros, mas impede a sua remoção com água. Algumas empresas fabricam produtos "detergentes" para remover os lubrificantes com silicone após o uso. Usar um sabonete suave também dá resultado, se não for irritante para a sua pele. Os lubrificantes com silicone são seguros para o látex, mas podem causar a decomposição de brinquedos sexuais de silicone.

Se a sua vulva for sensível, qualquer dos produtos químicos nos lubrificantes artificiais pode ser irritante e causar ardência ou prurido. A maioria das mulheres não apresenta reação aos lubrificantes, mas os ingredientes conhecidos por causar sensibilidade incluem propilenoglicol, nonoxinol-9 e os "parabenos" (como metilparabeno e propilparabeno), que são usados como substâncias preservativas. Se você tem sensibilidade, não deixe de ler os rótulos. As mulheres propensas a infecções vaginais devem evitar substâncias semelhantes ao açúcar nos lubrificantes, incluindo glicerina e sorbitol. Os "lubrificantes naturais" são feitos à base de plantas e às vezes de materiais orgânicos. Eles podem conter ou não os alérgenos já mencionados; você tem de verificar os rótulos. Alguns contêm outros extratos de plantas que também podem ser irritantes. A melhor maneira de encontrar um lubrificante adequado para você é experi-

---

2 Uma exceção a isso são os preservativos sem látex (Avanti e o preservativo feminino Reality) e luvas feitas de poliuretano. Ao que parece, um fabricante está também começando a produzir um capuz cervical sem látex, mas ele ainda não é encontrável com facilidade. Você pode comprar itens de sexo seguro sem látex em lojas de varejo e on-line.

mentá-los. Muitas lojas de alta qualidade de produtos para sexo têm amostras de muitos dos lubrificantes. Quase todas as lojas incluem os ingredientes dos produtos e as recomendações para os lubrificantes nos seus websites. Assim você pode informar-se para escolher antes de comprar.

Os lubrificantes à base de óleo incluem tudo, de vaselina e gordura vegetal hidrogenada a loções e óleos vegetais. Todos colocam em risco os preservativos, diafragmas, capuzes cervicais e barreiras dentais de látex. Se você não usa látex, os óleos podem ser usados com segurança. Por não serem solúveis em água, os óleos permanecerão na vagina após o sexo por mais tempo do que os lubrificantes solúveis em água. Existem conjecturas sobre se isso prejudica o equilíbrio normal da vagina, mas nenhuma pesquisa indica essa ocorrência. Se você é sensível aos lubrificantes artificiais, os óleos podem ser a sua melhor opção e eu recomendo escolher um óleo natural sem fragrância adicionada — como de amêndoa ou oliva — que tem menor probabilidade de ser irritante. As loções não são bons lubrificantes porque secam depressa e contêm outros produtos químicos e óleos essenciais que podem irritar a vagina.

CONSULTAR O MÉDICO EM CASO DE DOR PÉLVICA

A maioria das infecções e sensibilidades discutidas podem causar dor ou irritação na vulva e na entrada da vagina, tornando a penetração dolorosa. Algumas mulheres, contudo, sentem dor, não com a penetração inicial, mas com a penetração profunda. Se isso só lhe acontece de vez em quando, pode ser que o seu parceiro esteja atingindo a sua cerviz. É maior a probabilidade de isso acontecer nas posições que permitem a penetração profunda (por exemplo, a posição papai-e-mamãe, com as suas pernas ou os joelhos erguidos, ou praticamente qualquer posição por trás). Tocar a cerviz com certa força provocará uma dor profunda, parecida com cólica, que passará lentamente, dentro de alguns minutos.

Se você sente dor constante com a penetração profunda e sobretudo se é tipicamente no mesmo lugar e com a mesma posição, isso pode ser decorrente de muitos outros problemas médicos. As causas comuns incluem cistos ovarianos (mais comum por volta da ovulação), endometriose (anomalia dolorosa em que o revestimento uterino se implanta *fora* do útero) ou doença inflamatória pélvica (infecção do útero e das tubas uterinas). Seja como for, você deve consultar o seu médico para avaliação, caso continue a sentir dor.

LUBRIFICANTES RECOMENDADOS E SUAS PROPRIEDADES*

LUBRIFICANTES SOLÚVEIS EM ÁGUA	LUBRIFICANTES SOLÚVEIS EM ÁGUA "NATURAIS"	LUBRIFICANTES À BASE DE SILICONE	ÓLEOS
Astroglide e Astrogel	Bliss Lube	Eros	Amêndoa
Embrace	Hathor Aphrodisia	ID Millenium	Oliva
Eros (fórmula com água)	O'My	Wet Platinum	Óleo de semente de uva
ForPlay	Probe	–	(sem perfume adicionado)
Hydra-Smooth	Sensua Organics	–	–
ID Glide	Sylk	–	–
K-Y Liquid	–	–	–
Liquid Silk	–	–	–
Maximus	–	–	–
Pleasure Glide	–	–	–
Slippery Stuff	–	–	–

CONSULTAR UM ESPECIALISTA EM CASO DE DOR CONTÍNUA

Infelizmente, o treinamento que muitos médicos recebem sobre saúde sexual é, na melhor das hipóteses, precário. Combine-se isso com qualquer constrangimento pessoal quanto ao assunto e é possível que você encontre um médico que não consiga responder às suas perguntas nem ajudá-la a resolver os seus problemas. Peça a indicação de um especialista com experiência em dor genital. Um número cada vez maior de mulheres apresenta um quadro de dor genital crônica sem causa conhecida denominado *vulvodinia*. Existem tratamentos eficazes disponíveis, mas você terá de consultar um médico especializado no tratamento de vulvodinia. Muitas vezes será um ginecologista, mas mesmo alguns ginecologistas estão desinformados sobre esses problemas. O *biofeedback*, a medicina tradicional chinesa e a acupuntura podem ser acréscimos úteis a um plano de tratamento para a vulvodinia.

ANTICONCEPÇÃO, FERTILIDADE E SEXO MAIS SEGURO

Para muitas mulheres, a anticoncepção é uma faca de dois gumes. O método anticoncepcional pode interferir na espontaneidade ou no prazer da vida sexu-

* Algumas dessas marcas só poderão ser encontradas no exterior. (N. da E.)

al, mas o receio de engravidar *também* interfere na satisfação sexual. Depois de chegar à menopausa, Desiree confidenciou: "Depois que não precisei mais de anticoncepcional, o sexo realmente melhorou muito. Antes, eu estava usando diafragma e gel, e havia a interrupção, mas havia também a barreira. Senti que fez tanta diferença não ter aquela barreira física. Acho que é também uma coisa psicológica, aquele receio de engravidar quando não se quer. Quando não tive mais aquilo, fez realmente diferença." Hanna, uma paramédica internacional de 24 anos, queixou-se: "Perdi todo o desejo com a pílula anticoncepcional e só me dei conta disso quando parei com ela. Agora entendo por que ela funciona tão bem — você nunca quer fazer sexo!"

O que uma garota deve fazer para evitar a gravidez e ainda alimentar o seu desejo? As opções anticoncepcionais disponíveis para as mulheres estão longe do ideal, mas em geral consigo auxiliar as minhas pacientes a encontrar uma opção que seja eficaz e não as deixe loucas. Encontrar uma opção anticoncepcional que não diminua a libido nem interfira de forma significativa no fluxo da vida sexual é importante para manter o pleno desejo.

Para entender as opções anticoncepcionais, é preciso entender o sistema reprodutor. Em um mundo ideal, todas as moças seriam cuidadosamente instruídas sobre os ciclos dos seus corpos quando entram na adolescência. Mas para a maioria de nós, isso não ocorre. Recomendo a todas as minhas pacientes em idade fértil, queiram elas ou não ter filhos e independentemente da sua orientação sexual, que aprendam alguns dos fundamentos das funções do sistema reprodutor. A razão para isso é que você entenderá muito mais as flutuações mensais de humor, desejo e secreção vaginal a fim de poder acompanhar os seus ciclos, em vez de ser controlada por eles. Por exemplo, se souber que fica com pouca paciência na etapa pré-menstrual, você poderá evitar sobrecarregar-se para cuidar-se mais quando estiver nessa fase do ciclo. Se souber que fica mais emotiva durante a ovulação, compreenderá melhor por que está chorando durante o noticiário da manhã. E se você estiver usando qualquer tipo de anticoncepcional que não seja hormonal, conhecer o seu ciclo irá ajudá-la a torná-lo mais eficaz.

COMPREENDER OS SEUS CICLOS (OU PLANEJAMENTO FAMILIAR NATURAL E FERTILIDADE)

A idéia por trás do planejamento familiar natural *ou* de tentar potencializar a sua fertilidade é que prever a ovulação é possível para a maioria das mulheres.

Se souber quando vai ovular, então você pode evitar o ato sexual, ou não deixar de realizá-lo se quiser engravidar. A maioria das mulheres tem ciclos menstruais que ocorrem com certa regularidade (variando de 21 a 40 dias). Você também pode ser uma das mulheres que não têm ciclos regulares, o que é simplesmente outra variante normal de como os nossos corpos funcionam. Os ciclos irregulares só são um problema se você passar mais de três meses sem menstruar; nesse caso, você precisa consultar o seu médico para determinar o motivo. Os ciclos irregulares realmente dificultam a previsão da ovulação e eu recomendaria que você usasse outro método anticoncepcional junto com o planejamento familiar natural para evitar a gravidez.

Aproximadamente duas semanas antes de começar a menstruar, a maioria das mulheres ovula, liberando do ovário um óvulo que, durante as 48 horas seguintes, percorre uma das trompas uterinas até o útero. Se o óvulo se encontra com um espermatozóide propício, a fertilização pode ocorrer e o zigoto (as células iniciais de um bebê) se fixa no útero e começa a gravidez. Se não ocorrer fertilização, duas semanas depois o óvulo (mais ou menos do tamanho de uma cabeça de alfinete) e o revestimento uterino se desprendem, causando um período menstrual. A maior parte disso provavelmente deve ser conhecida, mas muitas mulheres não sabem que, quando ovulam, o colo do útero se amacia e se move para trás. Além disso, o colo do útero começa a secretar um muco viscoso que se assemelha a clara de ovo (embora algumas das minhas pacientes o descrevam como "catarro") para facilitar o nado daqueles espermatozóides diretamente até o seu alvo. A temperatura basal (temperatura do corpo em repouso) cai imediatamente antes da ovulação e, depois, sobe depressa. Todos esses sinais são usados para prever a ovulação.

Com exceção do anticoncepcional hormonal (pílulas, adesivos e anéis vaginais, que abordaremos a seguir), outros métodos anticoncepcionais lhe permitem continuar ovulando e saber *quando* você está ovulando pode reduzir significativamente as chances de engravidar com o uso de preservativos, diafragma ou capuz cervical. Se você está tentando engravidar, saber quando ovula pode ajudá-la a conceber com maior eficiência. Algumas mulheres sentem uma intensificação do desejo e algumas mulheres ficam emocionalmente muito sensíveis em virtude das alterações hormonais que acompanham a liberação dos óvulos. Não é incomum uma mulher sentir o óvulo eclodir de dentro do folículo no ovário, o que em geral é percebido como uma sensação aguda ou de aperto na pelve direita ou esquerda.

Usar apenas o planejamento familiar natural como método anticoncepcional pode ser eficiente para as mulheres que seguem à risca o processo e particularmente para as mulheres com ciclos regulares. Não é, como se suporia, infalível. Quando usado com precisão, ou seja, que você verifique regularmente as temperaturas do muco cervical e basal do corpo, para determinar o período de fertilidade máxima, e que *nunca* faça sexo durante o período fértil (cinco dias no mês), o índice de gravidez em um ano ainda é próximo de um em 10. A prática média do planejamento familiar natural, com falha uma vez ou outra, tem um índice de gravidez anual de um em cinco. Se você realmente não está disposta a engravidar, mas se interessa pelo planejamento familiar natural, sugiro que o combine com outros métodos, como preservativos, diafragma, capuz cervical ou coito interrompido. (No coito interrompido, o parceiro retira o pênis da vagina antes da ejaculação. Observe-se que a prática sem a ejaculação não é, em si, suficientemente adequada para evitar a gravidez porque parte do fluido seminal com espermatozóides ativos pode pingar do pênis antes da ejaculação.) Se é realmente importante para você não engravidar, escolha um método mais eficaz, como os que comentarei em seguida.

PÍLULAS, ADESIVOS E ANÉIS VAGINAIS

Método anticoncepcional de uso mais comum na América do Norte, a "pílula" é conveniente e confiável. É composta de formas sintéticas de estrogênio e progesterona (de diversos tipos) que ignoram os ciclos hormonais do corpo e "induzem" o seu corpo a pensar que você está grávida, evitando assim a ovulação. Você ainda terá os períodos menstruais na semana em que suspender a pílula (ou tomar as pílulas "vazias"). Em geral, a menstruação é menos intensa e menos dolorosa com a pílula e às vezes eu a receito apenas por essa razão. Algumas pílulas também têm o benefício potencial de diminuir a acne. Os novos anticoncepcionais em forma de adesivo (Ortho Evra) e anel vaginal (NuvaRing) agem do mesmo modo que a pílula, mas os hormônios são constantemente secretados e absorvidos em pequenas quantidades através da pele, em vez de através do sistema digestivo. Algumas das minhas pacientes sentem menos náusea e efeitos colaterais emocionais com esses métodos que não utilizam a via oral.

É impossível prever se você vai sofrer efeitos colaterais com a pílula, pois isso é diferente para cada mulher. E algumas mulheres se sentirão ótimas com uma marca de pílula e se sentirão péssimas com outra marca. Não há como saber qual é mais compatível com o seu corpo sem experimentá-las. Em geral, as pílulas com menores dosagens têm menos efeitos colaterais, mas podem causar sangramento irregular em algumas mulheres. Para as mulheres que têm menstruações muito dolorosas ou sintomas pré-menstruais intensos, ou para aquelas que simplesmente não querem menstruar, é seguro tomar a pílula continuamente durante 12 semanas, em seguida parar e ter uma menstruação regular. Seasonale é uma nova pílula anticoncepcional formulada para ser tomada exatamente assim, embora você possa usar qualquer pílula anticoncepcional que não seja "de fase" — isto é, que não varie em conteúdo ao longo do ciclo. Sei que isso soa "antinatural", mas, na verdade, a pílula já está controlando o seu ciclo na totalidade, e menstruar com freqüência maior do que a cada três meses não a torna mais saudável. Algumas mulheres tomam a "minipílula", que só contém progesterona. Em geral, os efeitos colaterais são semelhantes aos de uma pílula combinada (com estrogênio e progesterona), exceto que a maioria das mulheres terá menstruações irregulares ou pequeninos sangramentos entre os ciclos com a minipílula. Geralmente, receito essa pílula para mulheres que estão amamentando (porque é mais segura para o bebê) e para mulheres que sofrem efeitos colaterais com os estrogênios, como enxaquecas freqüentes.

De uma perspectiva sexual, a pílula permite espontaneidade e de 97 a 99,9% de eficácia contra a gravidez. (Veja "Métodos anticoncepcionais e sua eficácia", na p. 246.) Infelizmente, a pílula pode também suprimir o impulso sexual, às vezes de forma significativa. Marcas diferentes podem ter efeitos diferentes, portanto não perca a esperança se você toma a pílula e está sentindo a libido diminuída. Também é verdade que você pode ficar mais seca, com menos secreções vaginais. As mulheres que tomam a pílula também têm um risco maior de infecções vaginais por levedura. E como a pílula não proporciona barreiras, ela não protege contra as doenças sexualmente transmissíveis. Apesar de tudo isso ser verdadeiro, algumas mulheres têm tamanha redução nos sintomas pré-menstruais, nas menstruações dolorosas ou nos sangramentos intensos que essa compensação vale a pena e, como resultado, a sua vida sexual melhora. Além disso, para as mulheres que tomam a pílula durante seis ou mais anos, o risco de câncer ovariano diminui em quase *50%*, uma redução impressionante de uma doença muito rara. Estudos recentes também indicaram que o uso prolongado da pílula anticoncepcional (mais de quatro anos) pode reduzir igualmente o risco de câncer endometrial e cervical. Na mulher média, a pílula não aumenta o risco de câncer de mama. Contudo, alguns estudos que examinaram mulheres com um histórico significativo de câncer de mama na família (isto é, a mãe ou uma irmã com a doença) indicaram que essas mulheres poderiam aumentar o risco de câncer de mama com o uso prolongado do anticoncepcional. A pílula também causa um pequeno aumento no risco de coágulos sanguíneos. O risco se torna mais preocupante nas mulheres acima de 35 anos e nas fumantes.

PRESERVATIVOS, DIAFRAGMAS E CAPUZES CERVICAIS

Ao contrário da pílula, esses métodos de barreira não afetam o ciclo e a mulher continua a ovular e menstruar quando os está usando. Os preservativos têm a vantagem de reduzir significativamente a transmissão de DST, particularmente HIV, clamidíase, gonorréia, tricômonas e hepatite B. Os preservativos também reduzem, mas não eliminam, a transmissão de herpes, papilomavírus e sífilis. Por essa razão, recomendo enfaticamente a todas as minhas pacientes, leitoras, amigas, familiares e pessoas encontradas ao acaso para usar preservativos com todos os parceiros novos. Respeite a si mesma e respeite o seu corpo não correndo riscos. Um preservativo feminino também se acha disponível, embora apresente maior probabilidade de "deslizar" e aumentar a chance de gravidez do que a versão masculina. Se você for alérgica a látex, existem disponíveis preservativos sem látex fabricados com diversos materiais. Esses preservativos, com exceção daqueles feitos com pele animal, também protegem contra as DST. Em geral, eu não recomendo o uso de preservativos com espermicidas, pois o espermicida pode ser irritante para os tecidos vaginais e, por isso, pode até aumentar a transmissão das DST (devido à inflamação vaginal). Os preservativos lubrificados ajudam no aumento de lubrificação que pode ser necessário ao usá-los. Já comentamos em detalhes neste capítulo os lubrificantes compatíveis com preservativos.

Se você tem um parceiro regular, o diafragma e o capuz cervical oferecem um anticoncepcional de barreira alternativo que age cobrindo a sua cerviz, em vez do pênis do homem (é por isso que eles praticamente não protegem contra as DST). O diafragma é uma barreira maior de látex macio, do tamanho de um quarto de xícara, que se ajusta em torno da área da cerviz. O capuz cervical é uma cúpula menor, do tamanho de uma colher de sopa, que se ajusta por sucção à própria cerviz. Enche-se o interior da cúpula de ambos com gel ou espuma espermicida, para matar aqueles pequenos espermatozóides nadadores antes que eles consigam penetrar na cerviz. O diafragma, por ser maior, precisa receber mais espermicida, cerca de duas colheres de sopa. O capuz cervical exige cerca de uma colher de chá de espermicida. Isso é importante se você for sensível a espermicida, o que pode aumentar as infecções vaginais e do aparelho urinário, ou simplesmente causar uma reação alérgica da vulva. Felizmente, a maioria das mulheres *não* é sensível a espermicida, e muitas das minhas pacientes que querem evitar anticoncepcionais hormonais estão satisfeitas com o diafragma ou o capuz cervical.

MÉTODOS ANTICONCEPCIONAIS E SUA EFICÁCIA

MÉTODO ANTICONCEPCIONAL	ÍNDICE DE FALHA COM USO CORRETO	ÍNDICE DE FALHA COM USO TÍPICO	POTENCIAIS EFEITOS COLATERAIS SEXUAIS
Planejamento familiar natural	1 a 9%	20%	Impossibilidade de fazer sexo durante o período fértil
Pílula anticoncepcional combinada	0,1%	3%	Impulso sexual reduzido, ressecamento vaginal
Minipílula (somente progesterona)	0,5%	3%	Impulso sexual reduzido, ressecamento vaginal, sangramento irregular
Preservativo masculino	3%	14%	Alergia ao látex, sensação do pênis reduzida
Preservativo feminino	5%	21%	Sensação vaginal reduzida, espontaneidade diminuída
Diafragma	6%	20%	Alergia ao látex, infecções na bexiga, sensibilidade vaginal ao espermicida, espontaneidade diminuída
Capuz cervical	6%	18%	Alergia ao látex, sensibilidade vaginal ao espermicida, espontaneidade diminuída
Coito interrompido	4%	19%	Possível frustração para o homem
Somente espermicida	6%	26%	Sensibilidade vaginal ao espermicida, espontaneidade diminuída
DIU	0,1 a 0,6%	0,1 a 0,8%	Não seguro com múltiplos parceiros, infecções vaginais aumentadas
Depo-Provera	0,3%	0,3%	Impulso sexual reduzido, ressecamento vaginal, sangramento irregular
Norplant	0,05%	0,05%	Impulso sexual reduzido, ressecamento vaginal, sangramento irregular
Vasectomia	0,1%	0,15%	Nenhum
Esterilização tubária	0,5%	0,5%	Nenhum

Tanto o capuz cervical quanto o diafragma precisam ser inseridos antes do ato sexual e deixados no local durante seis a oito horas depois. Se você fizer sexo de novo durante esse período de tempo e estiver usando um diafragma, precisará inserir outro aplicador cheio de espermicida. O capuz cervical pode ser deixado no local durante 48 horas. Tanto o diafragma quanto o capuz cervical precisam ser sob medida e receitados por um médico.

A maior vantagem de todos os métodos de barreira é que eles não afetam o ciclo hormonal. A maior desvantagem é que eles são muito menos eficazes que outros métodos. No uso médio — o que significa que nem sempre ele é colocado ou inserido suficientemente cedo, ou da maneira correta —, o índice de gravidez após um ano de uso do preservativo é de 15%. Com o diafragma ou capuz cervical, é de 20%, ou um em cinco. Se o diafragma e o capuz cervical forem usados de acordo com as instruções, o índice de gravidez em um ano é de apenas 6%. Com o uso correto do preservativo, o índice de gravidez cai para 3% em um ano. É possível aumentar a eficácia dos preservativos e diminuir o índice de gravidez em um ano se eles forem usados com espermicida. Isso significa que o preservativo é colocado e o espermicida é aplicado dentro da vagina antes do ato sexual. A todas as minhas pacientes que usam esses métodos, recomendo que a mulher acompanhe o seu ciclo e fique conhecendo bem o momento em que ovula, pois ela só é fértil durante cinco dias no mês. Usar um método adicional de prevenção da gravidez durante esses cinco dias pode significar reduzir a chance de engravidar. Por exemplo, use um preservativo com o diafragma ou o capuz cervical quando estiver fértil. Ou combine o coito interrompido (a retirada do pênis antes de o homem ejacular) com qualquer desses métodos para diminuir a chance de gravidez. Se o seu homem tem orgasmos múltiplos e consegue controlar a ejaculação, qualquer desses métodos será obviamente mais eficaz.

DISPOSITIVO INTRA-UTERINO (DIU)

O DIU está emergindo da controvérsia que começou a cercá-lo na década de 1970, em razão dos graves efeitos adversos do Escudo de Dalkon, um DIU que foi retirado do mercado. Atualmente existem dois tipos de DIU novos e bastante testados, disponíveis nos Estados Unidos (e outros em outros países). Depois da esterilização, o DIU é o anticoncepcional mais comum no mundo, provavelmente porque é o mais eficaz além da vasectomia ou das injeções hormonais (que têm muitos efeitos colaterais). O DIU é um pequeno dispositivo em forma de T que é inserido no útero num consultório médico e ali permanece de cinco a 10 anos, dependendo do tipo utilizado. Ele age principalmente prejudicando a capacidade do espermatozóide de chegar ao óvulo na tuba uterina. Quando o espermatozóide consegue chegar ao óvulo, o DIU impede que o óvulo fertilizado se implante no revestimento uterino. Quando usado na fixação correta, o DIU apresenta um índice muito baixo de complicações.

Algumas mulheres terão menstruações mais intensas e mais dolorosas com o DIU de cobre (ParaGard). Se isso ocorrer, o DIU Mirena pode ser a solução. É preparado de forma a liberar aos poucos uma pequena quantidade de progesterona na cavidade uterina. Por isso, a maioria das mulheres com esse DIU tem regras menos intensas e, ocasionalmente, não tem regras. A progesterona nas pílulas anticoncepcionais pode causar efeitos colaterais, como já mencionei, mas até agora não há indicação de que a pequena quantidade secretada no útero pelo DIU Mirena tenha quaisquer efeitos sistêmicos.

Como o DIU tem filamentos que pendem abaixo da cerviz e se ligam ao DIU na cavidade uterina, isso pode facilitar o avanço de DST (especialmente gonorréia e clamidíase) até o útero e as tubas uterinas, causando uma infecção grave chamada doença inflamatória pélvica. Essa inflamação é tratável, mas pode deixar cicatrizes no útero e nas tubas que podem impedir a gravidez. Por causa desse risco, só coloco o DIU em mulheres que sejam monógamas e já tenham pelo menos um filho, ou que não queiram filhos. Isso obviamente limita o seu uso, mas ele é uma boa opção para mulheres que se enquadrem nesse caso, pois proporciona um excelente controle anticoncepcional, total espontaneidade e praticamente nenhum efeito colateral.

IMPLANTES E INJEÇÕES HORMONAIS

Ambos os métodos usam uma forma de progesterona com ação prolongada para proporcionar um controle anticoncepcional de longo prazo. A injeção (Depo-Provera) oferece proteção contra a gravidez durante três meses. Os implantes de progesterona (Norplant) são inseridos cirurgicamente logo abaixo da pele da parte interna do braço e permanecem ativos e eficazes por cinco anos. Ambos os métodos têm índices de falha extremamente baixos e permitem a espontaneidade sexual. Na minha experiência, porém, muitas mulheres apresentam efeitos colaterais significativos, tanto emocionais quanto físicos, aos níveis elevados de progesterona sintética, incluindo depressão, aumento de peso, acne, impulso sexual diminuído e menstruações irregulares. Muitas mulheres param completamente de menstruar com essa forma de anticoncepcional. Se você já usou esse método antes e não apresentou efeitos colaterais, é válido tentá-lo de novo, pois ele tem muitos benefícios. Para quem quer experimentar um desses métodos, porém, costumo recomendar vários meses de minipílula (pílulas só de progesterona) para simular os efeitos, antes de receber uma injeção de três meses que não pode ser revertida e cujos efeitos colaterais (interrupção das regras normais) podem durar seis meses. Da mesma forma, antes de fazer a inserção do Norplant, um ato cirúrgico simples, aconselho as mulheres a experimentar primeiro a minipílula ou Depo-Provera.

ESTERILIZAÇÃO

Se você tiver certeza de que não deseja fertilidade futura, a esterilização é uma opção confiável que oferece uma sexualidade espontânea, sem hormônios sintéticos. Se uma mulher já vai submeter-se a uma cirurgia pélvica, como uma cesariana, é possível "acrescentar" uma ligadura de trompas (cortar e "atar" as tubas uterinas), sem aumentar muito o risco para a mulher. Em qualquer outra circunstância, porém, a vasectomia (cortar e atar os túbulos seminais no escroto masculino) é uma opção muito mais segura e ainda mais confiável. É realizada por um médico como uma intervenção cirúrgica ambulatória que é simples e relativamente segura. Convencer um homem a deixar alguém fazer uma incisão no seu escroto, porém, freqüentemente não é nem um pouco simples. Na minha opinião, uma vez que a mulher em geral segura a barra da anticoncepção, gravidez, parto e a maioria das infecções e DST, isso é o mínimo que ele pode fazer. Posso também compreender, contudo, a relutância masculina em fazer uma cirurgia na parte mais sensível do seu corpo. Existem relatos raros de homens que sentiram dor recorrente após vasectomias de rotina e, embora isso seja uma exceção, é sem dúvida uma preocupação válida. A decisão terá de ser tomada entre você e o seu parceiro, pesando todos os riscos e benefícios.

O mais importante a considerar ao fazer uma esterilização é a sua certeza de que não deseja mais fertilidade. É quase impossível reverter uma ligadura de trompas e pouquíssimo menos que isso reverter uma vasectomia. Tenha plena certeza de que você e o seu parceiro não querem mais filhos em hipótese alguma.

SEGREDOS DA SEXUALIDADE FEMININA

Espero que este capítulo lhe sirva como uma fonte de informações para a manutenção da sua saúde e espontaneidade sexual. O corpo feminino tem uma capacidade verdadeiramente excepcional de se recuperar de desequilíbrios, doenças e traumas, e ainda sentir enorme prazer. Use as informações neste capítulo para ajudá-la a se recuperar de qualquer desconforto genital que possa experimentar e para manter seus órgãos sexuais vibrantes com chi revigorante e prazer.

Tive o prazer de compartilhar com você alguns dos conhecimentos vitalizadores da sexualidade feminina que tive a sorte de receber de muitos professores importantes. Espero que essas práticas a tenham ajudado a perceber o verdadeiro valor da paixão e energia sexual. Essas práticas, como você sem dúvida entendeu, dizem respeito à descoberta do pleno desejo, prazer e vitalidade; elas não foram criadas apenas para ajudá-la a ter mais pulsações orgásticas. Essas práticas certamente podem ser, e realmente são, as técnicas mais eficazes que encontrei para aumentar o prazer do orgasmo, mas isso é só o começo dos benefícios que elas podem oferecer. Essas práticas podem ajudá-la a manifestar um nível inteiramente novo de energia, saúde e bem-estar.

Durante milhares de anos, essas práticas foram segredos cuidadosamente guardados, transmitidos por uma iniciada a outra. Mantak Chia e eu acreditamos que, na nossa época, as mulheres em todo o mundo precisam ter acesso a esses ensinamentos poderosos e profundos. O mundo precisa de mulheres que estejam em contato com a sua força, sua vitalidade e sua intuição. Não valorize menos essas práticas porque você não precisou ser aprendiz durante anos para conhecê-las. Elas são uma dádiva para você e para qualquer pessoa com quem decidir partilhá-las. Quando você se amar verdadeiramente e reivindicar o seu direito inato como um ser plenamente sexual e espiritual, será ainda mais capaz de conceder as suas dádivas às pessoas amadas e ao mundo. E o nosso mundo precisa das dádivas que você tem a oferecer. Abençoado seja o seu caminho.

NOTAS SELECIONADAS SOBRE O TEXTO

CAPÍTULO 1

P. [28]: Lilka Woodward Areton. Factors in the sexual satisfaction of obese women in relationships. *Electronic Journal of Human Sexuality*, v. 5, Jan. 15, 2002.

CAPÍTULO 2

P. [56-57]: Sachman e Ramamurthy. In: *Behavioral Medicine in Primary Care: a Practical Guide*. Organizado por Mitchell D. Feldman e John E. Christensen. Nova York: Appleton and Lange, 1997.

P. [62]: Sandra Blakeslee. Complex and hidden brain in the gut makes stomachaches and butterflies. *New York Times*, Jan. 23, 1996.

CAPÍTULO 5

P. [118-119]: Natalie Angier. *Woman: an Intimate Geography*. Boston: Houghton Mifflin Company, 1999, p. 58.

CAPÍTULO 7

P. [181]: C. A. Darling, J. K. Davidson Sr. e C. Conway-Welch. Female ejaculation: perceived origins, the Grafenberg spot/area and sexual responsiveness. *Archives of Sexual Behavior*, 19(6):607-11, 1990.

P. [182]: Alice Kahn Ladas, Beverly Whipple e John D. Perry. *The G-spot and Recent Discoveries about Human Sexuality*. Nova York: Henry Holt and Company, 2005.

F. Cabello Santamaria e R. Nesters. Female ejaculation: myths and reality. Artigo apresentado ao 13º Congresso de Sexologia, Barcelona, Espanha, 29 ago. 1997, e citado em Chalker, *The Clitoral Truth*.

Josephine Lowndes Sevely. *Eve's Secret: a New Theory of Female Sexuality*. Nova York: Random House, 1987, p. 47-8.

P. [183]: Dr. Desmond Heath. An investigation into the origins of a copious vaginal discharge during intercourse: enough to wet the bed that is not urine. *Journal of Sex Research*, 20(2):197, May 1984.

CAPÍTULO 8

P. [216]: M. G. Glazier e M. A. Bowman. A review of the evidence for the use of phytoestrogens as a replacement for traditional estrogen replacement therapy. *Archives of Internal Medicine*, 161:1.161-72, 2001.

P. [217-218]: D. H. Upmalis, R. Lobo, L. Bradley et al. Vasomotor symptom relief by soy isoflavone extract tablets in postmenopausal women: a multicenter, double-blind, randomized, placebo-controlled study. *Menopause*, 7:236-42, 2000.

G. L. Burke, C. Legault, M. Anthony et al. Soy protein and isoflavone factors on vasomotor symptoms in peri- and postmenopausal women: the soy estrogen alternative study. *Menopause*, 10:147-53, 2003.

E. E. Krebs, K. E. Ensrud, R. MacDonald e T. J. Wilt. Phytoestrogens for treatment of menopausal symptoms: a systematic review. *Obstetrics and Gynecology*, 104:824-36, 2004.

CAPÍTULO 9

P. [226-227]: A. E. Sobota. Inhibition of bacterial adherence by cranberry juice: potential use for the treatment of urinary tract infections. *Journal of Urology*, 131:1.013, 1984.

P. [231]: Elizabeth Stewart. *The V Book: a Doctor's Guide to Complete Vulvovaginal Health.* Nova York: Bantam Books, 2002, p. 205-6.

ANEXO 1

DOENÇAS COMUNS E MEDICAMENTOS QUE PODEM AFETAR O PRAZER SEXUAL

DISTÚRBIOS COMUNS QUE PODEM DIMINUIR A LIBIDO OU A FUNÇÃO ORGÁSTICA

Alcoolismo
Ansiedade
Asma (grave)[1]
Câncer de qualquer tipo
Crise convulsiva
Depressão
Derrame
Diabetes melito
Distúrbio obsessivo-compulsivo
Distúrbios alimentares
Distúrbios do sono
Doença cardíaca
Doença de Addison
Doença de Parkinson
Doença pulmonar obstrutiva crônica
Doença vascular
Dor crônica
Epilepsia do lobo temporal
Esclerose múltipla
Esquizofrenia
Fadiga crônica
Fibromialgia
Hipercolesterolemia
Hipertensão
Hipotireoidismo (tireóide deficiente)
Infecções crônicas
Insuficiência renal
Lúpus sistêmico
Síndrome do pânico
Tabagismo
Toxicomania de qualquer tipo

ESTADOS HORMONAIS COMUNS QUE PODEM DIMINUIR A LIBIDO OU A FUNÇÃO ORGÁSTICA

Amamentação
Menopausa
Remoção cirúrgica dos ovários

---

1 A asma em si não diminui a libido, mas as pessoas com asma grave podem sofrer pioras com a atividade sexual que limitam a sua capacidade de desfrutar do sexo. Otimizar o tratamento preventivo da asma é importante para o pleno desfrute das atividades sexuais.

CIRURGIAS E LESÕES COMUNS QUE PODEM DIMINUIR A LIBIDO OU A FUNÇÃO ORGÁSTICA

Cirurgia pélvica de qualquer tipo (inclusive histerectomia)[2]
Fraturas ou trauma pélvicos
Lesões na medula espinhal
Lesões causadas por queda (cair sobre uma estaca ou viga com as pernas abertas e sofrer lesão na área púbica)
Uso prolongado da bicicleta[3]

DROGAS RECREATIVAS QUE PODEM DIMINUIR A LIBIDO

Cocaína (uso constante)
Heroína, metadona, opiatos, tranqüilizantes
Maconha

DROGAS COMUNS QUE PODEM DIMINUIR A LIBIDO

Acebutolol (Sectral)
Acetato de medroxiprogesterona (Amen, Curretab, Cycrin, Depo-Provera, Provera)
Acetazolamida (Diamox)
Amiodarona (Cordarone, Pacerone)
Amitriptina (Elavil, Vanatrip)
Atenolol (Tenormin)
Barbituratos, como butalbital (Fiorinal)
Betaxolol (Kerlone)
Bisoprolol (Zebeta)
Carbamazepina (Atretol, Carbatrol, Epitol, Tegretol)
Carteolol (Cartrol)
Carvedilol (Coreg)
Cimetidina (Tagamet)
Flurazepam (Dalmane)
Gem-fibrozil (Lopid)
Hidroclorotiazida (Dyazide, HCTZ, Microzide, Oretic)
Imipramina (Tofranil)
Interferon
Isocarboxazida (Marplan)
Ketoconazola (Nizoral)
Labetolol (Normodyne, Trandate)
Lítio
Maprotilina (Ludiomil)
Megestrol (Megace)
Metadona
Metildopa (Aldomet)
Metoclopramida (Reglan)
Metoprolol (Lopressor)

---

2 A cirurgia pélvica pode prejudicar o suprimento de nervos ou sangue à vagina e ao clitóris, resultando em perda de sensibilidade ou em falta de excitação ou lubrificação. As lesões nem sempre ocorrem. A histerectomia às vezes afeta a excitação sexual e às vezes isso não acontece. Para mais detalhes, ver o capítulo 5.

3 A pressão constante do selim tradicional da bicicleta pode prejudicar os nervos e o fluxo sanguíneo para o clitóris, reduzindo a sensibilidade.

Clomipramina (Anafranil)
Clonidina (Catapres)
Clorazepato (Tranxene)
Clorodiazepóxido (Librium)
Cloropromazina (Thorazine)
Clorotalidona (Thalitone)
Desipramina (Norpramin)
Digoxin (Digitek, Lanoxin)
Doxepin (Sinequan, Zonalon)
Esmolol (Brevibloc)
Espironolactona (Aldactone)
Estazolam (ProSom)
Etosuximida (Zarontin)
Famotidina (Pepcid)
Fenfluramina (Pondimin)
Fenobarbital (Luminal)
Fenotoína (Dilantin)
Nadolol (Corgard)
Nizatidina (Axid)
Noretindrona (Aygestin, Norlutate)
Nortriptilina (Aventiyl, Pamelor)
Penbutolol (Levatol)
Pílulas anticoncepcionais
Pindolol (Visken)
Primidona (Mysoline)
Procloroperazina (Compazine)
Progesterona (Prometrium)
Propranolol (Inderal)
Protriptilina (Vivactil)
Ranitidina (Zantac)
Reserpina (Serpasil)
Risperidona (Risperdal)
Timolol (Blocadren)
Tranilcipromina (Parnate)
Trimipramina (Surmontil)

DROGAS RECREATIVAS QUE PODEM INIBIR O ORGASMO

Álcool (mais de um copo e meio de cerveja, meio copo de vinho, ou uma dose de bebida destilada ao dia)
Cigarros
Ecstasy
Heroína, metadona, opiatos, "tranqüilizantes"

DROGAS COMUNS QUE PODEM INIBIR O ORGASMO

Acebutolol (Sectral)
Álcool
Amitriptina (Elavil, Vanatrip)
Atenolol (Tenormin)
Betaxolol (Kerlone)
Bisoprolol (Zebeta)
Carbamazepina (Atretol, Carbatrol, Epitol, Tegretol)
Carteolol (Cartrol)
Carvedilol (Coreg)
Citalopram (Celexa)
Fluoxetina (Prozac)
Fluvoxamina (Luvox)
Hidrocodona (Lorcet, Lortab, Maxidone, Vicodin)
Hidromorfona (Dilaudid)
Imipramina (Tofranil)
Ketoconazola (Nizoral)
Labetolol (Normodyne, Trandate)
Loxapina (Loxitane)
Maprotilina (Ludiomil)
Meperidina (Demerol)

Clomipramina (Anafranil)
Clonidina (Catapres)
Clorazepato (Tranxene)
Clorodiazepóxida (Librium)
Cloropromazina (Thorazine)
Cloroprotixeno (Taractan)
Clorotiazida (Diuril)
Codeína (Tylenol com codeína)
Desipramina (Norpramin)
Dexmetilfenidato (Focalin)
Dextroanfetamina (Adderall, Dexedrine, Dextrostat)
Diltiazem (Cardizem, Cartia, Dilacor, Diltia, Diltiazem, Taztia, Tiazac)
Dissulfiram (Antabuse)
Doxepin (Sinequan, Zonalon)
Escitalopram (Lexapro)
Esmolol (Brevibloc)
Estazolam (ProSom)
Etosuximida (Zarontin)
Fenfluramina (Pondimin)
Fenobarbital (Luminal)
Fentanil (Actiq, Duragesic adesivos)
Fentermina (Adipex-P, Ionamin, OBY-trim, Phentercot, Phentride, Pro-Fast, Teramine)
Flufenazina (Prolixin)
Mesoridazina (Serentil)
Metadona
Metildopa (Aldomet)
Metilfenidato (Concerta, Metadate, Methylin, Ritalin)
Metoprolol (Lopressor)
Metotrexato (Rheumatrex, Trexall)
Modafinil (Provigil, Alertec)
Morfina (Avinza, Kadian, M-eslon, MS Contin, Oramorph, Roxanol, Statex)
Nadolol (Corgard)
Nifedipina (Adalat, Procardia)
Nortriptilina (Aventyl, Pamelor)
Oxazepam (Serax)
Oxicodona (Endocodone, OxyContin, OxyFAST, OxyIR, Percocet, Percodan, Percolone, Roxicet, Roxicodone, Supeudol, Tylox)
Oximorfona (Numorphan)
Paroxetina (Paxil)
Penbutolol (Levatol)
Perfenazina (Trifalon)
Pimozida (Orap)
Pindolol (Visken)
Primidona (Mysoline)
Procloroperazina (Compazine)
Propoxifeno (Darvocet, Darvon, Wygesic)
Propranolol (Inderal)

ÍNDICE REMISSIVO*

* Referências de páginas sublinhadas indicam texto em quadros.
Referências em negrito indicam ilustrações.

B

C

M

P

R

T

U

Este livro foi impresso na
LIS GRÁFICA E EDITORA LTDA.
Rua Felício Antônio Alves, 370 – Bonsucesso
CEP 07175-450 – Guarulhos – SP – Fax: (11) 3382-0778
Fone: (11) 3382-0777 – e-mail: lisgrafica@lisgrafica.com.br